図説 損害保険代理店
ビジネスの新潮流

株式会社トムソンネット [編]
鈴木 治・岩本 堯 [著]

一般社団法人 金融財政事情研究会

はじめに

　2000年7月、名実ともに保険料率の自由化に突入したわが国損害保険産業は、その後深刻な業績悪化に苦しんでいます。

　損害保険の本業は、2008年度以降4年間連続して赤字の状態に陥っています。大きな自然災害の発生もあって、2011年度決算は戦後最悪のものとなりました。2012年度の決算では前年よりはかなり改善されそうですが、それでも損害保険産業を取り巻く厳しい経営環境は今後とも続きそうです。

　特に、損害保険商品の原価に相当する損害率は、今後も70％程度を下限として推移するものと考えざるをえないようです。各損害保険会社は、損害率の悪化を食い止めるべく必死の努力を重ねるのは当然ですが、料率の自由化や業態間の競争の激化は、良好な損害率の長期継続を許しません。悪いことに、地球温暖化の進行による気象災害が増加しており、地震等の自然災害も発生しやすくなっています。

　そのため、損害保険事業の本業で利益を挙げる体質へ転換するためには、業界全体で34％程度の現在の事業費率を30％未満、できれば27％程度に抑え込むことが必要となります。事業費率の圧縮のためには、人件費や物件費などの社費と代理店手数料双方の圧縮に向けた取組みが必須です。

　一方、事業費率で7％の圧縮を単純に金額に直すと業界全体で約5,000億円にもなるため、事業費率の改善を分子の改善だけに求めるのはのずから限界があります。

　より大事なことは、分母である売上高（保険料収入）の拡大に向けた新しい成長モデルの実現です。個人物件に重点をおいて拡大してきたわが国損害保険事業のビジネスモデルを見直し、売上（保険料）を再び力強い成長軌道に乗せる必要があります。そのためには、欧米に比べて開拓が遅れている企業物件、特に中堅・中小企業市場分野の開拓・深耕に本腰を入れて取組む必要があります。

　事業費の削減と新成長戦略の実現の双方でそのカギを握っているのが、損

害保険の流通のほとんどを担っている損害保険代理店の存在です。自由化時代にあっては流通の構造改革が何より重要です。

　嬉しいことに、保険流通の分野に、リスクのプロを自認し、高い生産性を誇る"日本版独立代理店"が勃興してきており、大きな潮流になろうとしています。

　損害保険会社と損害保険代理店はパートナーを組んで、お客様のニーズに応える仕組みをつくり、お客様、代理店、保険会社がウィン、ウィン、ウィンの関係になるようにすることが求められます。

　今般、好評をいただいている前著『図説　損害保険ビジネス』の姉妹本を出すこととなったのは、損害保険事業をめぐるこのような環境の変化があったためでした。

　㈱トムソンネットでは、2011年11月以来、シニアビジネスパートナーから構成される「代理店改革研究会」を立ち上げ、わが国の保険業界の現状と今後の展望について論議を重ねてきました。

　この間、全国の主要保険代理店への実態調査と長時間にわたる議論も行ってきました。この本が、保険代理店の経営者のみならず、保険業界に関係する多くの方々のお役に立てれば幸いです。

2013年3月

　　　　　　　　　　　　　　　　　　　　　　　　　　　　編著者一同

編著者紹介

鈴木　治（すずき　おさむ）

金融システムコンサルタント、㈱トムソンネット　シニアビジネスパートナー
東京海上火災保険（現東京海上日動火災）出身。商品開発部門勤務以後、IT企画部門にて、第二次オンライン、第三次オンライン計画のプロジェクトマネージャーを務める。その後、安全サービス部長（リスクマネージメントサービス）、盛岡支店長、内部監査部主任内部監査役等を歴任。2006年に岩本堯氏と共著で『図説　損害保険ビジネス』を出版。また、『システムリスクに挑む』（金融財政事情研究会）を共同執筆（ペンネーム小俣龍）。

岩本　堯（いわもと　たかし）

㈱トムソンネット　シニアビジネスパートナー
三井住友海上火災保険出身。入社以来一貫してシステム・事務部門に勤務し、情報戦略からシステムの企画・開発・運用に至るあらゆる業務分野に携わる。代理店システム部長として代理店のシステム化を推進。また、業界の共同ネットワークの構築では中心的役割を果たす。
技術士（情報工学）、情報処理システム監査技術者、産業カウンセラー。2006年に鈴木治氏と共著で『図説　損害保険ビジネス』を出版。

森川　勝彦（もりかわ　かつひこ）

㈱トムソンネット　代表取締役社長
大東京火災海上保険（現あいおいニッセイ同和損保）出身。入社以来一貫してシステム部門に勤務。1980年代の第二次オンラインより代理店システムの開発・展開に携わる。情報システム部長として同社のシステム戦略の構築に中心的役割を果たす。
現在は専業プロ代理店のアドバイザーとして活動。

≪㈱トムソンネット代理店改革研究会≫

2011年11月以来、トムソンネットのシニアビジネスパートナー11人で構成される研究会を立ち上げ、わが国の保険代理店の現状と今後の展望について論議を重ねてきた。メンバーは前記の鈴木、岩本、森川に加え、下記メンバーである。

中島龍樹（安田火災海上出身、経営戦略と営業戦略担当）
村上公祥（三井住友海上出身、企業営業、システム戦略担当）
小島修矢（あいおい損害保険出身、リスクマネージメント、欧州保険事情担当）
山下　透（あいおい損害保険出身、損害処理、ロスコントロール担当）
吉田友作（あいおい損害保険出身、システム戦略担当）
寺元洋二（ニッセイ同和出身、リスクマネージメント、システム技術担当）
佐藤康夫（日本IBM出身、システム戦略、米国代理店事情担当）
宮平順子（米・NY在住、米国保険ブローカー経営担当）

目　次

序　章
損害保険代理店をめぐる今日的課題

- 序-1　損害保険代理業は1兆円ビジネス……2
- 序-2　日本における損害保険代理店の誕生……4
- 序-3　保険の流通を担うのは、「代理店」「仲立人」と「直販」……8
- 序-4　保険代理店の権利と義務および責任（その1）……10
- 序-5　保険代理店の権利と義務および責任（その2）……12
- 序-6　米国・保険専門誌『Best's Review』に載った提言……14
- 序-7　損害保険代理店の誕生から100年、当時の課題と展望……18
- 序-8　損害保険代理店……その今日的課題……20

第1章
戦後における損害保険代理店発展の歴史

- 1-1　昭和20年代―戦後の混乱と規制の枠組みの確立―……24
- 1-2　昭和30年代―新商品ラッシュと業務規制強化―……26
- 1-3　昭和40年代―モータリゼーションの進展と"専業プロ第一世代"の誕生―……28
- 1-4　昭和50年代―個人物件路線の進展と"専業プロ第二世代"―……32
- 1-5　昭和60年代―積立型商品ブームと"専業プロ第三世代"―……34
- 1-6　「戦後における損害保険代理店の歴史」を総括する……36

第2章
日米保険協議の決着と自由化への突入

- 2-1　⑴日米保険協議の決着（1996～1997年）……42
- 2-2　⑵算定会料率制度の改革（1998～1999年）……50
- 2-3　⑶保険料率と代理店制度の自由化（2000～2001年）……52
- 2-4　⑷新商品開発ラッシュと自然災害の多発（2002～2004年）……56
- 2-5　⑸保険金不払問題と東日本大震災の発生（2005年～）……58
- 2-6　三大損害保険グループの決算をみる（2012年3月期）……60

第3章
自由化の進展と損害保険代理店をめぐる環境の激変

- *3-1* 1996年以降の収入保険料と支払保険金の推移……*64*
- *3-2* 損害率、事業費率、合算比率（C/R）の年度別推移……*66*
- *3-3* 損保各社の事業費率、損害率の年度別推移（単体決算ベース）……*68*
- *3-4* 日米損保産業の事業成績比較（2010年）……*70*
- *3-5* （米国と韓国）損害率、事業費率、C/Rの年度別推移……*72*
- *3-6* 日・米・欧・韓の主要経営指標比較（2010年度）……*74*
- *3-7* ビジネスモデル別にみた損益構造比較（2010年度）……*76*
- *3-8* 損害保険代理店数と代理店手数料率の推移……*80*
- *3-9* 日米間の代理店手数料率比較（個人自動車保険）……*82*
- *3-10* 今後の収益環境の見通しと改善対策……*84*
- *3-11* 代理店と営業課支社機能の抜本的改革（方向性）……*86*

第4章
米国にみる損害保険会社の保険代理店戦略

- *4-1* 米国損害保険市場の特徴……*90*
- *4-2* 米国個人物件市場の商品構成と代理店構成（2010年）……*92*
- *4-3* 米国個人自動車保険の会社別保険料シェア（2010年）……*94*
- *4-4* 米国ホームオーナーズ保険の会社別保険料シェア（2010年）……*96*
- *4-5* Allstate（オールステート）の保険代理店戦略……*100*
- *4-6* Allstate（オールステート）のマルチ販売チャネル戦略……*102*
- *4-7* Progressive（プログレッシブ）の保険代理店戦略
  ―戦略の骨子と背景―……*104*
- *4-8* Progressive（プログレッシブ）の戦略の詳細①
  ―保険代理店と通販の融合ビジネスモデル―……*106*
- *4-9* Progressive（プログレッシブ）の戦略の詳細②
  ―アンダーライティングと保険料決定の仕組み―……*108*
- *4-10* 米国の企業物件市場の商品構成と代理店構成（2010年）……*110*
- *4-11* 米国企業物件市場の会社別保険料シェア（2010年）……*112*
- *4-12* Safeco（セーフコ）の保険代理店戦略……*116*
- *4-13* Safeco（セーフコ）のITによる代理店戦略……*118*
- *4-14* Philadelphia Insurance（PHLY）の市場開拓戦略……*120*
- *4-15* PHLYのニッチ市場開拓のビジネスモデル……*122*

目　次

第5章
海外にみる保険代理店／保険ブローカーの先進的ビジネス

- 5-1　米国の独立代理店と専属代理店……*126*
- 5-2　米国独立代理店／保険ブローカーのビジネスモデル……*128*
- 5-3　米国独立保険代理店＆ブローカー協会の活動……*130*
- 5-4　米国独立代理店の大型化……*134*
- 5-5　米の先進的代理店／保険ブローカーの紹介……*138*
- 5-6　英国の事例紹介……*150*

第6章
わが国における損害保険代理店ビジネスの現状

- 6-1　損害保険会社における営業の業務……*156*
- 6-2　損害保険会社・支店の機構・機能と代理店の位置づけ……*158*
- 6-3　損害保険代理店の役割と業務……*160*
- 6-4　日本における代理店形態の特徴……*162*
- 6-5　保険募集に従事する人たち……*164*
- 6-6　日本における代理店のビジネスモデル……*166*

第7章
東日本大震災の発生で見直された損害保険代理店の役割

- 7-1　東日本大震災の概要と被害規模……*178*
- 7-2　東日本大震災による家計分野の保険金支払実績……*182*
- 7-3　(家計地震保険) 見直された地元保険代理店の役割……*186*
- 7-4　(企業向け地震保険) 大手企業の加入状況……*188*
- 7-5　保険代理店の役割、大事なのはR/Mと危機管理……*192*

第8章
日本版独立代理店の誕生

- 8-1 専業プロ代理店の実態調査と訪問ヒアリング……196
- 8-2 日本版独立代理店の誕生……198
- 8-3 保険会社とこれからの保険代理店の関係を考える……202
- 8-4 （課題その１）新成長戦略の実現とR/Mの推進……204
- 8-5 （課題その２）保険会社の果たすべき営業推進機能……208
- 8-6 （課題その３）保険商品の開発と既存商品の改善……210
- 8-7 （課題その４）代理店の業績評価と新しい代理店手数料体系……212
- 8-8 （課題その５）保険会社と代理店双方の業務の効率化……214

第9章
損害保険代理店の経営課題と今後の方向

- 9-1 保険代理店経営を成功に導く視点……218
- 9-2 保険代理店の経営課題①：ビジネスモデルの確立……220
- 9-3 保険代理店の経営課題②：従業員の採用・育成と報酬制度……222
- 9-4 保険代理店の経営課題③：取引保険会社の選択……224
- 9-5 保険代理店の経営課題④：経営効率化のためのシステム活用……226

第10章
結びにかえて—損害保険業界のさらなる発展に向けて—

- 10-1 自由化の進行は損害保険業界をどう変えたのか？……232
- 10-2 企業物件市場の開拓と新たな損害保険市場の創設……234
- 10-3 損害保険代理店の役割と社会的認知の向上に向けて……236

事項索引……238
参考文献……240

目　次

コラム

1	中世海上保険にみるリスク仲立人の誕生	6
2	A.M.ベスト社による保険会社の格付け	16
3	自動車保険の急激な収支悪化と引受規制	30
4	保険会社からみた保険代理店のメリットとデメリット	38
5	保険仲立人制度発足の沿革とその制度内容	44
6	損害保険会社による生保参入とビジネスモデルの変革	46
7	損害保険通販の歴史と日本における現状	48
8	代理店制度の自由化に伴う代理店手数料体系の改革	54
9	直接販売の類型とそれぞれのメリット／デメリット	78
10	ホームオーナーズ保険をめぐるトピックスから	98
11	米国損害保険ビジネスを支える業界協調の枠組み	114
12	米国企業物件向けのサープラス市場（2010年）	148
13	発生が予想されていた東日本大震災	180
14	家計地震保険の商品内容とポイント	184
15	世界的保険ブローカーの東日本大震災対応事例	190
16	日本版独立代理店の典型的な経営形態	200
17	R/M推進用の情報系DBの整備	206
18	（米国独立代理店）システム利用の目的と効果	228

各章の扉に掲示するFire Markについて

　ロンドン大火（1666年）のあと、ニコラス・バーボン医師が創設した世界最初の火災保険引受会社（「the Fire Office」）では家屋に契約の目印として「Fire Mark」を掲示していた。保険会社の私設消火隊は、これを目印に消火活動をするが、実際には火災保険の広告としても利用していたようで、各社の宣伝ロゴマークともなっていたようだ。Fire Markは公共の消防システムができるまでの約250年間続くが、各社ごとさまざまに趣向を凝らしたものが今やコレクターの対象となっているほどである。

　（注）　本紙に掲載するFire Markは、Mr. Roy Addis（Webサイト：http://www.firemarks.co.uk/home.htm）の提供による。

序章

損害保険代理店をめぐる今日的課題

Bristol Crown

序-1 損害保険代理業は1兆円ビジネス

　日本における損害保険代理店は、損害保険業の発展とともに拡大・進化を遂げてきた。

　明治初期に誕生したわが国の損害保険業は、いまや日本経済を支える巨大産業に発展している。その市場規模（正味収入保険料）は約7兆円に達し、損害保険会社で働く従業員の数は10万人を超える。また、いたずらに数の多さを誇るわけにはいかないが、保険代理店の数はほぼ20万店にのぼる。

　そもそも、損害保険とは、地震や台風などの自然災害や交通事故、工場火災などの「偶然な事故」によって生じた「経済的損失」を補償するのが本質的な役割である。そのため、損害保険は、"経済的損失を発生させる不確実性（リスク）の存在"、がその存立基盤をなしている。

　損害保険と同じく、リスクを存立基盤としている生命保険は、"人の生死"を対象としているのに対し、損害保険が補償するリスクは多種多様であり、巨大台風や巨大地震等の発生によって支払う保険金支払額は、時に天文学的な数字となる。たとえば、2011年3月に発生した東日本大震災による保険金支払額は、家計地震保険だけでも約1兆2,000億円に達した。

　このため、損害保険の経営を安定させるためには、可能な限り保険商品を普及させ、多くの契約者から保険料を集めることが必要になる。

　「個々にとっては偶然な事故であっても、十分に多数な母集団になれば、その発現の確率は予定できる」、これが、"大数の法則"であり、保険を支える根幹の理論となっているからである。

　リスク対策の提言を行い、多くの契約者に保険商品を勧め、保険会社から代理店手数料を得るビジネスを展開しているのが損害保険代理店である。

　2011年度において損害保険会社が、保険代理店などに支払った代理店手数料の総額は、約1兆1,900億円である（『インシュアランス損害保険統計号〔平成24年度版〕』）。この数字は、即、保険代理店の売上高ということになる。損害保険産業が売上高（正味収入保険料）1兆円を超えたのは1972年度である。

　それから40年、損害保険代理業も1兆円ビジネスに成長したのである。

[序-1] 損害保険代理業は1兆円ビジネス

損害保険とは 「一定の偶然の事故によって生じた損害をてん補する」のが損害保険である（保険業法、保険法）。

> 損害保険業は、経済的損失を発生させる
> 不確実性（リスク）が存立基盤。

> 損害保険代理店は、リスク対策の提言と損害保険の普及を業としており、損害保険商品の販売によって代理店手数料を得るビジネスである。

損害保険産業の現在 （2011年度、2012年3月末）

- 正味収入保険料（売上規模） ： 7兆1,161億円
- 損害保険会社の従業員数 ： 10万2,200人強
  （含む、再保険会社） （含む嘱託、外務員）
- 損害保険代理店数 ： 19万7,000店強
- 代理店手数料の総額 ： 約1兆1,900億円
  （含む、仲立人）
- 損害保険の商品数 ： 30種類以上
  （自動車保険や火災保険以外に、航空保険、家計地震保険など多数）
- 東日本大震災による
  家計地震保険の保険金支払額 ： 1兆2,000億円強

（2012年5月末実績。日本損害保険協会発表）

（出典）『インシュアランス損害保険統計号〔平成24年度版〕』（保険研究所刊）、日本損害保険協会ホームページ

序-2 日本における損害保険代理店の誕生

　日本に西洋の保険制度を紹介したのは福沢諭吉である。1866年（慶応2年）に著した『西洋事情』のなかで、「火災請負ヒ、海上請負ヒ」に言及している。翌年、二度目の渡米を行い、今度は『西洋旅案内』を著し、さらに詳しく生命保険や火災保険など損害保険の内容を紹介している。

　日本において、損害保険会社や損害保険代理店が営業を開始したのは、徳川幕府が鎖国政策に終止符を打った1859年（安政6年）のことである。

　横浜、長崎、函館が開港され、英ジャーディン・マディソン商会等の外国商社に続いて、外国損害保険会社が日本での営業を開始したのである。

　保険の募集形態としては、欧米において18世紀末から19世紀にかけて発達をしていた保険代理店制度を、そのままわが国にも持ち込んだのである。

　当初、彼らが対象とした顧客は外国企業と外国人だけであった。

　日本企業や日本人を相手とする保険代理店は、1873年（明治6年）に創立された「内外用達会社」が初めてである。同社は、翌年1月9日付の郵便報知新聞に、自社の広告を掲載する。代理店が自らのブランドを広告に出した初の出来事である。この代理店は、生命保険も扱っていた。

　日本資本による日本で最初の損害保険会社は、1879年（明治12年）に創立された東京海上（現東京海上日動）である。蜂須賀茂韶、毛利元徳等の華族（もとは各藩の殿様）25人と岩崎弥太郎などが興した東京海上は、当初から代理店制度を利用して積極的な営業展開を行う方針を明確にしていた。

　海上保険だけを取り扱っていた東京海上に対し、火災保険初の損害保険会社が東京火災（現損保ジャパン）である。東京海上が、三菱会社や三井物産等の商社や銀行等の企業を代理店として開拓をしていったのに対し、東京火災は地方の名士等の個人にも積極的に代理店委嘱を進めていった。

　東京火災が制定をした「代弁店心得」は現在の代理店委託契約書の原型となっている。

　代理店の職務として満期管理の徹底や物件選択の基本を説くなど、いまみても優れた内容となっている。同社の代理店手数料水準は5〜8％であった。

[序-2] 日本における損害保険代理店の誕生

「保険制度」の日本への紹介 福沢諭吉：『西洋事情』
　　　　　　　　　　　　　（1866年、慶応2年）
「火災請負ヒ」、「海上請負ヒ」に言及
　（火災保険）　　（海上保険）

損害保険会社と損害保険代理店の誕生

年代	損害保険会社の動向	損害保険代理店関連の動向
1859年 (安政6年)	●開港条約の締結。横浜、長崎、函館が開港 ●外国保険会社の進出	●外国保険会社の代理店が営業開始（外国企業、外国人向け）
1873年 (明治6年)		●「内外用達会社」設立 日本人相手の初の代理店(外国損保会社の委託代理店)
1879年 (明治12年)	●東京海上(現東京海上日動)設立	●東京海上、国内最初の損保代理店を函館に設置：「第百十三銀行」
1887年 (明治20年)	●東京火災(現損保ジャパン)設立	●東京火災、国内最初の火災保険代理店(取次所)を全国に設置、個人へも委嘱
1893年 (明治26年)	●東京火災、「代弁店心得」の改正	●「代理店委託契約書」の原型

(出典) 『損害保険の軌跡』(木村栄一監修、日本損害保険協会刊)、㈱ライフ社編『安田火災百年史』(安田火災海上保険刊)、塙善多著『損害保険代理店　100年の歩みと今後の展望』(損害保険企画刊)、日本経営史研究所編『東京海上の100年』(東京海上火災保険刊)

コラム1　中世海上保険にみるリスク仲立人の誕生

　現在あるような損害保険が誕生したのは、地中海交易を舞台とした14世紀のイタリアである。海上貿易で多額な利益をあげる商人が船の難破や海賊による略奪等のリスクに備える海上保険（船舶保険、貨物保険）を生み出した。『海上保険史研究』（近見正彦著、有斐閣刊）によると、海上保険の創成期から、海上保険契約はすでに「仲立人」を介して締結をされていたという。

　保険契約の流通に「代理店」が絡んでくるのは、17世紀以降のことであり、損害保険の誕生当初、損害保険の流通を担っていたのは、"リスクの引受人"（後の保険会社）と保険契約者の間に立って、中立的な立場から保険契約の媒介を行う「仲立人（保険ブローカー）」であった。

　世界最古の海上保険証券は1347年にジェノヴァで発行されている。

　この頃には、保険契約は公証人による公正証書によって結ばれるのが一般的であった。保険契約の締結には、きわめて専門的で法律的な知識が必要なためである。また、当時はいまだに保険契約の有効性が確定されていない時代であり、契約の拘束力を確保するうえでもこれは必要な手段であったのだ。

　1369年に発布されたジェノヴァ海上保険条例では、「保険契約は有効である」との宣言が出された。これは、"高い保険料は、13世紀に、時の法王・グレゴリー9世が発布した「利息（暴利）禁止法」に触れ、保険契約自体が無効である"、という訴訟が相次ぎ、これを否定する必要があったためである。

　このような時代にあって、当時の仲立人はリスクの仲介役であると同時に、リスクの引受人に対して約束を守らせる監視の役割も担っていたようである。

　一方、仲立人は、その役割の厳格な遂行が求められており、違反者には厳しい罰則が科せられていた。1421年のヴェネツィア条例によれば、違反者には200リーブリの罰金と、10年間の業務停止処分が科されたのである。典型的な違反事例が、外国船舶・貨物の契約の獲得であった。

　その後、海上保険はロンドンに渡り、右ページの「チャンドラー事件」の発生を契機として現在のような組織化された保険仲立人の誕生へとつながる。

序章　損害保険代理店をめぐる今日的課題

〈コラム１〉　中世海上保険にみるリスク仲立人の誕生

海上保険の誕生
　…イタリアの商人（14世紀）
　…交易品：絹、綿布、香料、コーヒー

　海上保険の創成期に仲立人が誕生

海上保険の沿革

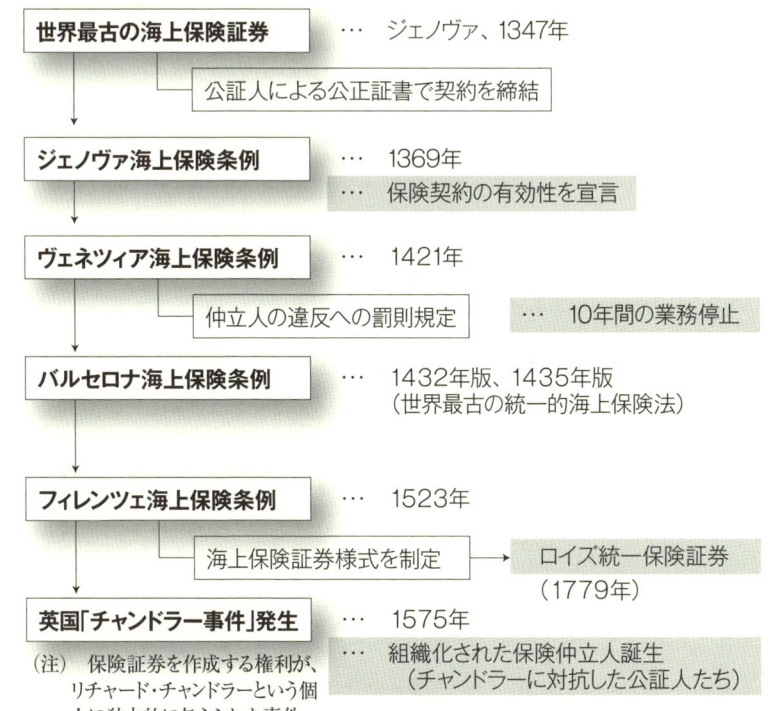

| 世界最古の海上保険証券 | … | ジェノヴァ、1347年 |
| 　└ 公証人による公正証書で契約を締結 |
ジェノヴァ海上保険条例	…	1369年
	…	保険契約の有効性を宣言
ヴェネツィア海上保険条例	…	1421年
└ 仲立人の違反への罰則規定	…	10年間の業務停止
バルセロナ海上保険条例	…	1432年版、1435年版（世界最古の統一的海上保険法）
フィレンツェ海上保険条例	…	1523年
└ 海上保険証券様式を制定	→	ロイズ統一保険証券（1779年）
英国「チャンドラー事件」発生	…	1575年
	…	組織化された保険仲立人誕生（チャンドラーに対抗した公証人たち）

（注）　保険証券を作成する権利が、リチャード・チャンドラーという個人に独占的に与えられた事件。

（出典）　近見正彦著『海上保険史研究』（有斐閣刊）、日吉信弘著『保険ブローカー』（保険毎日新聞社刊）、『損害保険の軌跡』（日本損害保険協会）

序-3 保険の流通を担うのは、「代理店」「仲立人」と「直販」

　日本の場合、損害保険流通の主役を担っているのは保険代理店である。

　2011年度末取扱シェアをみると、代理店扱い（92.0％）、直販（7.6％）、そして保険仲立人（保険ブローカー、0.4％）となっている。直販は、「直扱い」ともいい、保険会社と雇用関係のある役職員、外勤社員等による契約の直接募集のことを指している。近年は、インターネットや電話等による通信販売（通販）が大きな伸びを示しているが、これも直販である。

　保険仲立人は1996年の保険業法改正によって生まれた制度である。日本では成立して日が浅く、参入条件が厳しいため、いまだに例外的な存在であるが、欧米では損害保険市場における中心的な流通チャネルを構成している。

　右ページの図にみるとおり、保険代理店と保険仲立人では、立ち位置が違っている。保険代理店は、「保険会社の委託を受けて、その保険会社の商品を販売する」、という役割を担っている。会社法に定める「代理商」に該当しており、"競業避止義務"を負う。そのため、代理店は2社目からの乗合には、先発保険会社の承認が必要となる。この規定は、代理店委託契約書にも明記されているが、その根拠となっているのがこの"競業避止義務"である。

　一方、保険仲立人は、商法に定める「仲立人」に該当している。

　保険仲立人は、「保険会社から独立して、顧客から指名を受け、顧客のために保険契約の媒介を行う」、ことが役割である。そのため、保険業法299条では、保険仲立人に対し、"誠実義務（ベストアドバイス義務）"を課している。保険仲立人は、自己の知りうる保険商品のなかから、顧客に最も適切と考えられる保険商品を助言する法律上の義務を負う。

　保険仲立人が、保険契約の媒介をめぐる過誤等によって顧客に損害を与えた場合は、自らその損害賠償の責任を負うのはこのためである。

　ただ、欧米と比べると、わが国における保険流通の制度は柔軟性に欠ける。保険仲立人になるためのハードルは高く、代理店が他の保険会社に乗り合うのは容易ではない。契約者利便の観点に立った見直しを行う時期に来ている。

序章　損害保険代理店をめぐる今日的課題

[序-3]　保険の流通を担うのは、「代理店」「仲立人」と「直販」

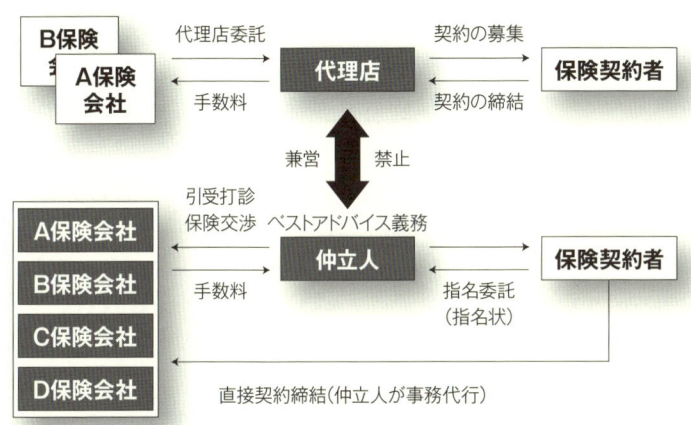

	損害保険代理店	保険仲立人
法的性質	会社法に定める「代理商」に該当する。独立した商人で、保険会社の代理・媒介を業としている。	商法に定める「仲立人」に該当する。独立した商人で、保険契約の媒介を業としている。
保険会社との関係	保険会社から委託されて、継続的に業務を行う。	保険契約者と保険会社との間に立って、中立的な立場から保険契約の締結の媒介を行う。
複数保険会社の商品の取扱い	2社目以降の保険会社に乗り合う場合は、既乗合保険会社の承認が必要。 (注)　代理商は、"競業避止義務"を負っている。	複数保険会社の商品から選択が可能。ただし、ベストアドバイス義務を負う。
契約者への賠償責任義務	所属保険会社が賠償責任を負う。ただし、保険会社は、代理店に対して求償することができる(保険業法283条)。	保険仲立人が賠償責任を負う。

(出典)　保険大学校講座・保険概論「代理店委託契約書」(日本損害保険代理業協会、日本代協保険大学校)、日本保険仲立人協会ホームページ

序-4 保険代理店の権利と義務および責任（その1）

　保険代理店は、保険会社との間で代理店委託契約を結び、募集活動を開始することになる。代理店が果たすべき役割や義務・責任、あるいは、保険会社に対してもつ権利等を規定しているのが「代理店委託契約書」である。

　委託契約書は、かつては全社横並びであったが、2001年に移行が始まる代理店制度の自由化以降は、各社各様の内容に変わっている。

　契約書では、契約の主要部分である「1．委託業務」にはじまり、「2．法令遵守」「3．募集関連の事務処理」などが順次規定されている。

　これらの規定のなかから、重要な事項に絞ってその背景を解説する。

　損害保険会社は保険代理店に対して"保険契約の締結権"を付与しているが、この契約締結権には大きな制約が設けられているのが実情である。

　実は、教科書的な意味で、契約締結権がそのまま行使できるのは、個人が契約者である場合に限定されるといっても過言ではない。

　個人契約の場合であっても、リスクの高い契約については、代理店は契約締結に先立って、保険会社に事前照会を行うことが義務づけられている。

　これは、保険会社が「適正な物件選択」、いわゆるアンダーライティングを行うためである。契約相手が企業物件ともなると、そのリスクは多様であり、場合によっては、契約の引受けを拒否せざるをえない事例もある。

　このため、企業物件の場合は大抵の場合が事前照会となる。代理店の判断だけで契約が締結に至るケースはごく限定された場合に限られる。企業物件に限ると、代理店と保険仲立人の差はほとんどないというのが実態である。

　一方、代理店に対して、契約者への「最適アドバイス」を努力義務として規定している会社がある。代理店と仲立人の差が急接近をしている。

　保険会社の内情に詳しくない読者の方にとって奇妙に思われる規定が、"業務の自立遂行"、である。残念なことに、保険代理店の業務を自立して行えない代理店がいまだに存在しているのである。これをいわゆる「二重構造問題」という。

　保険会社が代理店の量的拡大に走った時代の「負の遺産」である。

序章　損害保険代理店をめぐる今日的課題

[序-4]　保険代理店の権利と義務および責任（その1）

代理店委託契約書　代理店委託契約の内容を文書化し、書面にしたもの。各社によって、一定の様式を定めている。

保険会社と代理店の間における権利、義務および責任を規定することが目的

1. 委託業務
- 募集関係業務
  - 契約締結の代理等　…　引受制限がある（適正な物件選択）
  - 保険契約の媒介　…　生保の第三分野商品（代理店には契約締結権がない）
  - 付随業務　…　保険料の領収、返還　等
- 損害調査関係業務　…　①事故通知　②損害調査の補助（被保険者への適切な助言など）
- 最適アドバイスの努力義務　…　（一部の保険会社が規定）
- 業務の自立遂行　…　保険会社と代理店との二重構造問題

（続く）

(出典)　保険大学校講座・保険概論「代理店委託契約書」（日本損害保険代理業協会、日本代協保険大学校）

序-5 保険代理店の権利と義務および責任（その2）

次いで、「2．法令遵守」である。保険代理店はその業を行うためには登録が必要である（保険業法276条）。保険代理店の登録申請は実務的には各地にある財務局に対して行われるが、この申請は代理店の所属保険会社が行うのが我が国で長く続く慣行である。これを、「代理申請（代申）制度」という。

保険業法284条による"所属保険会社による代理店の登録申請"規定は、「することができる」となっており、例外的ケースとして認められているにすぎない。それが一件の例外もなく、原則のように運用されているのである。

「代理申請」保険会社は、以後、代理店に対してコンプライアンス徹底等で指導責任を負うことになる。非自立代理店が多数を占めていた時代にあっては「代申制度」も一定の役割を果たしていた。一方、自立した代理店が当たり前の現在にあっては、代理店を保険会社の庇護のもとに置くような現行の慣行を見直し、原則への復帰を検討する時期にきているように思われる。

法令遵守でもう一つ大事な規定が、他社乗合に代表される"事前承認事項"である。保険代理店が他の損害保険会社に乗り合う場合は、先に乗り合っていた保険会社の承認を得る必要がある。保険会社による「承認ルール」は以前に比べれば一歩前進しているが、その内容はどうみても"保険会社寄り"の内容になっているため、これも契約者視点から見直しが必要である。

最後に残されたのが"満期表所有権"の帰属問題である。満期表所有権とは、満期を迎える保険証券の日付と明細の記録（得意先リスト）に関する排他的な権利のことである。米国の独立代理店では、この権利が確立しており、代理店の保有する貴重な財産となっている。ただし、米国の場合でも、専属代理店にはこの権利は認められていない（第5章-1参照）。

わが国では、満期表所有権という権利は物件としては法定されていないが、代理店の保有する保険契約の買取りは市場で頻繁に行われており、事実が先行している。この問題についてもあるべき方向性の検討が必要である。

総じて、代理店のもつ権利についての規定が少ない。こうみてくると、代理店の役割と地位向上の観点から見直しを行う必要がある。

序章　損害保険代理店をめぐる今日的課題

[序-5] 保険代理店の権利と義務および責任（その2）

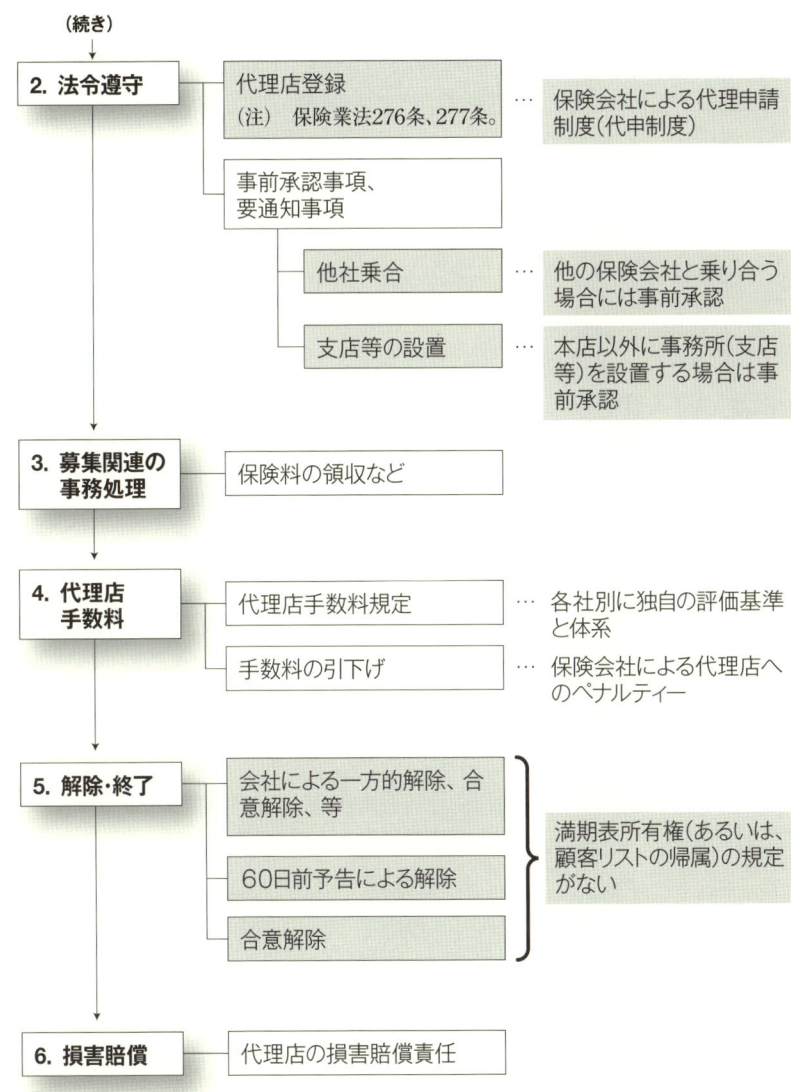

（出典）　保険大学校講座・保険概論「代理店委託契約書」（日本損害保険代理業協会）

序-6　米国・保険専門誌『Best's Review』に載った提言

　東日本大震災の発生から1年間を経過した2012年3月、米国の損害保険専門誌『Best's Review』に興味深い記事が投稿された。投稿をしたのは、当時慶應義塾大学大学院特任教授であった保井俊之氏と、米国で保険ブローカーを経営する野田節子氏である。

　記事は、東日本大震災の発生後の保険金支払を通して、日本の損害保険会社や保険代理店、保険ブローカーなどの活躍が契約者から高く評価され、保険金不払問題で失っていた面目を回復している、と紹介している。

　一方、大災害の発生を通して、わが国損害保険業界が直面している諸課題が浮き彫りになったことを強調し、損害保険業界は行政とともに、"Changes Ahead（変革を進めよ）"、と訴えている。

　日本の損害保険市場は、保険料総額では世界第3位だが、1人当りでみれば世界第9位と低い。これは、日本の保険市場が顧客ニーズを正しく満たしていないからである、というのが両氏の訴える骨子である。

　また、「日本の保険代理店は、保険会社の勧めるままに保険を販売してきた。今回の大震災の発生によって、家計地震の支払等では評価を受ける一方、「事業継続保険」など間接損害のための保険の普及には務めてこなかったことが明らかになった。日本の代理店の多くが、"顧客のリスクを評価し、適切な保険を提供する"ように訓練されていない」と結論づけている。

　両氏は、保険代理店や仲立人が、「"価値協創（co-creation）"のために、顧客との相互コミュニケーションの基本にならなければならない」とし、保険会社と顧客間の媒体になることの重要性を訴えている。

　以上の問題意識から、両氏は日本の市場と規制に関し、いくつかの重要な提言を行っている。保険の流通に関しては、日本の保険代理店が保険会社と対等な関係にはないことが問題であり、「代申制度」の廃止と、乗合承認の緩和の2点を強調している。また、厳しい仲立人登録要件の緩和にも言及している。わが国損害保険産業に向けた時宜を得た提案である。

序章　損害保険代理店をめぐる今日的課題

[序-6] 米国・保険専門誌『Best's Review』に載った提言

変革を進めよ！
- 東日本大震災発生時の損保会社、代理店の対応に賞賛の声
- 課題も判明。
  日本の保険会社と保険代理店には"変革"が必要

問題意識
- 日本の損害保険市場は未成熟（国民1人当り保険料は世界9位）
- 顧客ニーズに応える商品開発が不十分
- 消費者サイドに立った代理店制度が確立していない（保険会社と代理店は対等の関係になってない）

今後の方向性
- 商品認可の簡素化と迅速化（行政）
- 代理店制度の変革（行政、保険会社）
  ①代申制度の廃止
  ②保険会社による乗合承認緩和
- 仲立人登録要件の緩和（行政）
- リスクの評価と最適な保険設計（保険代理店）

『Best's Review』（A. M. ベスト社発行、2012年3月号）

- 保井俊之氏：慶應義塾大学大学院特任教授（寄稿当時）
- 野田節子氏：米国で保険ブローカー経営

コラム 2　　A.M.ベスト社による保険会社の格付け

[Best's Review誌の発行元]

　保険会社を格付けする機関はいくつかあるが、そのなかで保険会社に特化して最も評価が高いのがA.M.ベスト社である。ニューヨークから車で1時間強、ニュージャージーの静かな丘陵地帯に本社がある。現在、本社に500名、香港に55名、ロンドンに20名、その他3カ所に各1名のスタッフが在籍している。

　われわれが訪問した時に最初に驚かされたのが厳しい入館手続であった。パスポートを提示し、一人ひとり顔写真を撮り、写真入り入館証を作成する。

　A.M.ベスト社は、アルフレッドM.ベストによって1899年、保険会社の財務評価格付会社として設立された。創立者の名前が会社の名前になっている。1906年、サンフランシスコ地震が発生した。この地震は、被保険損害としては当時、米国最大の災害であった。彼は現地に赴き、保険会社の事故処理対応や支払状況を分析し報告書にまとめた。それを一冊1ドルで販売し、当時としては驚異的な25万冊を売り上げた。購入者はおもに保険代理店である。売上高25万ドルは今の金額にすると580万ドル（5億5,100万円、1ドル＝95円換算）である。

　これを契機にA.M.ベスト社は格付会社としての地位を確立し、発展した。

　A.M.ベスト社のビジネスは、①保険会社の格付け、②保険関連情報の収集、③ベストレビュー誌などの出版やインターネットでの情報提供、の3領域であり、おもな収益の源泉は保険会社の評価分析と報告書（書籍）の販売である。

　実際の格付作業は、保険業界担当グループのなかから調査対象社ごとに評価人1人を決めてスタートする。情報を集め、分析して、報告書を取りまとめるまで、大手社の場合約3カ月かかる。評価の基準は他の保険会社との相対評価で絶対基準の指標はもっていない。"調査保険会社の方とよく対話することが大切"、と強調していた。日本のある会社が中期目標としている事業費率95％につき質問したところ、「根拠のある説明を受けている」と高く評価していた。本社内には最新の映像機器をもったインタビュースタジオがある。世界中の著名な保険関係者、政府関係者との対談が映像化され、雑誌、インターネット等で発信されている。

> 〈コラム2〉 A.M.ベスト社による保険会社の格付け

1899年、アルフレッド M. ベストが創立

ニュージャージーの本社（500名在籍）

創立者社長室の書架に保管している歴史を感じる格付書

**素晴らしい設備の
インタビュースタジオ**

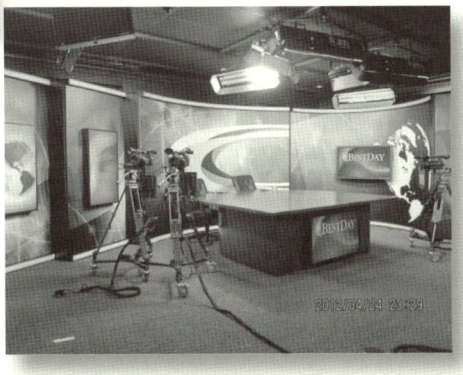

訪問時、IIABAの野田節子氏が日本人で初めてインタビューを受けた。トピックスは日本損保会社のM&A、日本が直面している問題について…同社Webで公開。

序-7 損害保険代理店の誕生から100年、当時の課題と展望

　わが国に日本資本による保険会社の委託を受ける保険代理店が誕生したのは、1879年（明治12年）のことである。それから100年を経過した1979年、今から30年以上も前になるが、その当時の保険代理店をめぐる課題や展望を記したのが、『損害保険代理店　100年の歩みと今後の展望』、である。この書物を参照しながら、当時の損害保険産業の状況を検証してみよう。

　1979年度、損害保険業界の市場規模（正味収入保険料）は3兆円に迫っている。1,000億円を突破したのは1961年なので、20年足らずで30倍もの規模に拡大している。ただ、わが国の損害保険市場規模は世界第3位であるものの、その国民総生産（GNP）に占める割合は先進国中の最下位となっており、損害保険の普及にはいまだに大きな課題があるとされていた。

　その解決策として著者が提案したのが、"家計分野と企業分野の分化"であった。わが国損害保険産業が家計分野に偏った拡大をしており、企業分野の拡大が欧米に比べ大きく遅れをとっていたためである。著者は、「企業分野の分化は、商品、募集機構、販売方法等全てに及ぼすべき」と言明している。この提案は、30年を経て東京海上（現東京海上日動）で実現する。

　一方、代理店の数は約28万店と順調な拡大をみせていたが、それを質の面から分析すると決して順調ではなかったのである。代理店1店当りの平均売上高（取扱保険料）は約1,000万円であり、手数料収入に直すと200万円以下の低水準にすぎなかった。専業代理店は、統計上の都合でかさ上げがされているが、それでも店数ではわずか全体の21％にすぎなかったのである。専業プロ代理店の育成は、当時から重要な課題であった。

　一方、当時は算定会料率制度のもとにあり、保険商品内容（約款）はもとより、保険料も全社横並びの時代であった。「保険料の自由化は、保険会社の寡占化を招くだけであり有害」、という著者の主張は当時の業界の常識であった。なお、保険代理店は「専属」一本にすべきであるとの論議が業界全体でなされていたようである。著者は家計分野に限ってその方向に賛成をしている。

序章　損害保険代理店をめぐる今日的課題

| [序-7] | 損害保険代理店の誕生から100年、当時の課題と展望 |

1979年：日本に損害保険代理店が誕生して100年

1979年度（昭和54年度）当時の損保産業

- ●正味収入保険料（売上）　　　　　：　　　2兆8,663億円
- ●代理店総数　　　　　　　　　　　：　　　27万7,000店
- ●代理店1店当り平均売上高　　　　：　　　　1,036万円
- ●損保専業代理店（店数）　　　　　：　　　　　21.0%(注)
- ●同上（売上）　　　　　　　　　　：　　　　　42.3%(注)

（注）　副業代理店であっても、保険専従者がいれば保険専業代理店に分類。

塙　善多著『損害保険代理店　100年の歩みと今後の展望』

（1981年発刊、損害保険企画刊）

塙善多（はなわ・よしかず）のプロフィール
東京海上（現東京海上日動）の副社長から日本損害保険協会の専務理事に就任。この本は、協会の専務理事当時に出版。

損保業界の課題と展望

①損害保険の普及が低い（新種保険の拡大による売上規模の拡大が必要）

②プロ代理店の育成

③家計分野と企業分野の分化

④競争原理の導入（保険料の自由化は「有害」である）

⑤家計分野は「専属代理店」一本に

序-8 損害保険代理店……その今日的課題

　わが国の損害保険業界を長年にわたって支えてきた損害保険料率算定会制度に終止符が打たれたのは、1998年7月のことである。
　2年間の激変緩和期間が設けられたため、保険料などが完全な自由化に移行をしたのは2000年7月である。その3年後、今度は、代理店制度が完全に自由化される。これで商品と流通の双方で、自由化への移行が完了する。
　この自由化体制への移行が、損害保険業界と保険代理店にどのような影響を与えたのか。1979年度と2011年度の数字を比べてみた。
　2011年度の損害保険業界の市場規模（正味収入保険料）は7兆円を超え、1979年度の2.5倍に拡大している。わが国の損害保険市場規模は米国、ドイツに次いで世界第3位である。一方、対GDP（国内総生産）の保険料比率は、相変わらず他の先進国に大きく後れをとっている。
　これに対し、保険代理店をめぐる環境は、自由化を挟んで劇的に変化を遂げている。まず、代理店数が大きく減少している。
　1965年（昭和40年）以降一貫して増加をたどっていた代理店数が、自由化を契機として一転、減少に転じたのである。それも大幅な減少である。
　この結果、代理店1店当りの売上高（取扱保険料）は、約3,600万円となり、1979年度対比で3.5倍にも拡大したのである。
　一方、専業代理店の店数、売上高シェアはむしろ減少している。現在の4割という専業の売上高シェアは、欧米諸国と比べると異常な低さである。
　こうみてくると、今から30年以上も前に抱えていた課題が、ほとんど前進をしないままに現在に至っていることがわかる。
　皮肉なことに、当時は「有害」と思われていた保険料の自由化だけが、損害保険業界への競争原理の導入、効率化策の切り札として実現をしているのである。また、「市場の拡大」「プロ代理店の育成」「家計分野と企業分野の分離」のいずれもが、その解決のためには企業物件市場の開拓がカギを握っているのである。
　これらの課題をどう解決していくのか。本書のテーマはそこにある。

序章　損害保険代理店をめぐる今日的課題

[序-8]　損害保険代理店……その今日的課題

2000年度：保険料自由化元年（実質）

- 算定会料率の使用義務の廃止
- 商品内容と保険料を競い合う時代に突入

2003年度：代理店制度の自由化元年（実質）

- 代理店手数料体系と手数料率等が、各社マターに

2011年度：（　　）内は、1979年度対比

- 正味収入保険料（売上）　　　：　7兆1,161億円（2.5倍に）
- 代理店総数　　　　　　　　　：　19万7,000店（8万店減）
- 代理店1店当り平均売上高　　：　3,612万円（3.5倍に）
- 損保専業代理店（店数）　　　：　16.9%（微減）
- 同上（売上）　　　　　　　　：　39.2%（微減）

（出典）　日本損害保険協会ホームページ

1979年当時の課題の達成度

① 損害保険の普及が低い → 未解決
② プロ代理店の育成 → 未解決
③ 家計分野と企業分野の分化 → 一部の損保会社で実現
④ 競争原理の導入 → "保険料率の自由化"等が実現
⑤ 家計分野は、「専属代理店」→ 重要課題として存続

　1979年当時の課題がほぼ未解決のまま残る

第1章
戦後における損害保険代理店発展の歴史

The London Assurance

1-1 昭和20年代
―戦後の混乱と規制の枠組みの確立―

　太平洋戦争の敗戦によって、わが国は焼け跡からの再出発を余儀なくされた。戦後の日本の政治、経済、社会は、米国軍による占領政策によって進められていった。GHQ（General Head Quarter＝連合国総司令部）による指令が次々と発せられる。「財閥解体令」や「公職追放令」が代表である。

　経済の発展に伴って成長をする損害保険産業が、この敗戦によって壊滅的な影響を受けたのは当然のことであった。保険の対象となる物件が激減したのだ。全社ベースの正味収入保険料は、戦前の3分の1にまで落ち込んだ。

　代理店手数料だけで生活をしていた専業代理店は相当厳しい状況に追い込まれたことは想像にむずかしくない。ある大手損害保険会社では、代理店からの未収保険料が40％にも達していた。契約者から集めた保険料を保険会社に収める余裕を失った代理店が多かったことが原因である。

　悪いことに、戦後のこの時期は大火が相次ぎ、体力が極端に落ちていた損害保険会社の財務を痛めつけたのである。

　緊急措置として、1947年には1年間に二度にわたって火災保険料の引上げを行う。住宅物件と一般物件は1年間で約2倍、工場物件は約2.4倍という急激な引上げであった。これで、経営も代理店も一息つけたのである。

　大蔵省（現金融庁）は、火災保険の収支の安定を図るべく、1948年に損害保険料率算定会制度を創設する。独禁法の適用除外を受けたばかりではなく、1951年には保険料率の遵守義務を課すに至ったのである。

　一方、代理店制度については、1948年に「保険募集の取締に関する法律」を成立させ、保険代理店の登録制、不正募集行為の取締り、自己代理店の禁止等を内容とする募集制度の骨格を定めたのである。また、同じ1948年、代理店手数料が銀行局長通達（1948年7月21日付、銀保第796号）によって事業方法書の記載事項となり、大蔵省（現金融庁）の認可事項となったのである。ここに、その後50年間も続くことになる戦後の規制の枠組みが確立したのである。ただし、GHQは、終始この規制のあり方には難色を示していた。

第1章　戦後における損害保険代理店発展の歴史

[1-1]　昭和20年代―戦後の混乱と規制の枠組みの確立―

年代	社会・経済の動き	損保会社の動向
昭和20年 (1945年)	●太平洋戦争終結（8月） ●GHQ財閥解体指令（11月）	●正味収入保険料が戦前の3分の1に ・船舶の激減（640万トン→150万トン） ・輸出入貨物はゼロ ・戦災で233万戸の住宅焼失 ・家屋疎開で60万戸が破壊
昭和21年 (1946年)	●公職追放令公布（1月）	●代理店からの未収保険料40％台
昭和22年 (1947年)	●独占禁止法公布（4月） ●飯田市、茨城県那珂湊町大火（4月） ●北海道三笠町大火（5月）	●火災保険料率大幅上げ（1月）、再引上げ（11月） ・住宅物件 ・一般物件：2.0倍 ・工場物件：2.4倍 ●損害保険料率は、独禁法適用除外と決定（11月）
昭和23年 (1948年)	●福井大震災（6月）	●保険募集の取締に関する法律公布・施行（7月） ●代理店手数料が事業方法書の記載事項となる（7月） ●損害保険料率算定会発足（11月）
昭和24年 (1949年)	●能代市大火（2月）	●火災保険料率20％引下げ（7月） （以後は保険料引下げが相次ぐ）
昭和27年 (1952年)	●対日平和条約発効、GHQ廃止（4月）	●大蔵省、損害保険会社の業務規制問題を検査（2月）

代理店関連の動向

保険募集の取締に関する法律
（1948年7月）

代理店手数料が大蔵省（現金融庁）の認可事項に
（1948年7月）

損害保険料率算定会発足
（1948年11月）

火災保険代理店格付制度（3区分）
（1952年7月）

代理店数の推移

（1945年度末）
8万6,515店
↓
（1954年度末）
13万9,887店

1-2 昭和30年代
― 新商品ラッシュと業務規制強化 ―

「もはや戦後ではない」という有名な言葉は昭和31年度「経済白書」の書き出しである。昭和30年代は、日本の経済が戦後の荒廃から立ち直り、高度成長へと力強く拡大をする時期であった。

神武景気、岩戸景気と続く好景気のなかで、損害保険産業は国の経済成長を遥かに上回る勢いで業容を拡大させていった。この時期の大きな特徴が、新商品の開発ラッシュである。

1955年（昭和30年）には、自動車損害賠償責任保険（自賠責）が発売となる。これに続いて、ほぼ毎年のように欧米に追いつくための新商品が開発されていく。賠償責任保険（1957年）、動産総合保険（1961年）という現在に続く企業物件分野の主力商品が開発されたのもこの時期であった。

火災保険が総合化され、単なる火災事故のみならず、爆発・落雷・風水災リスク等を順次担保に加えていった。住宅総合保険は1960年に誕生する。その前年の1959年には、「伊勢湾台風」が愛知県等を襲い、死者5,000人以上を出す大災害となるが、この時点の火災保険は純粋に火災リスクだけを担保していたため、保険金の支払は皆無であった。

この時期の損害保険各社の主力商品は圧倒的に火災保険であった。自動車保険は、当時は新種保険の一つにすぎなかったのである。専業代理店は、コツコツと火災保険の開拓を行い、地道な営業を展開していた。

一方、損害保険業界を震撼させる大事件が発生したのもこの時期である。「テーブルファイアー事件」（1956年）の発生である。

"テーブルファイアー（机上火災）事件"とは、架空の火災保険契約を締結し、その物件が罹災に遭ったことにして保険金を引き出し、それを原資として代理店への手数料の上乗せやリベート等に使った事件のことである。

大蔵省（現金融庁）は特別検査を行い、「募集取締法」の違反事例を次々と摘発する。違反は一部の会社に限定された問題ではなかったのである。業界は総力をあげて業務規制の強化に取り組み、代理店数は大きく減少する。

[1-2] 昭和30年代―新商品ラッシュと業務規制強化―

年代	社会・経済の動き	損保会社の動向
昭和30年 (1955年)	●新潟市大火(10月) ●神武景気始まる	●自動車損害賠償補償法(7月公布、12月実施)
昭和31年 (1956年)	●能代市(3月)、大館市(8月)、魚津市(9月)大火 ●日本国連に加盟(12月)	●業務規制問題発生(1月～)(テーブルファイアー事件) 　―架空の火災保険契約の締結 　―事故発生を装っての保険金詐欺 ●大蔵省、業務規制に関する特別検査を実施(第1回、10月)
昭和32年 (1957年)	●政府デフレ政策開始(3月)(なべ底不況の到来)	●賠償責任保険の発売 ●損害保険協会が監査室を設置(7月)
昭和33年 (1958年)	●岩戸景気始まる	●新商品開発のラッシュ ・スキー・スケート・旅行傷害(1958年) ・ハンター保険・ゴルファー保険(1959年) ・住宅総合保険(1960年) ・動産総合保険(1961年) ・店舗総合保険(1962年) ・交通事故総合保険(1963年)
昭和39年 (1964年)	●新潟地震発生(6月) ●東京オリンピック(10月)	●自動車保険料率算定会設立(1月)

代理店関連の動向

- 高度成長時代への突入と新商品開発ラッシュ
- 業務規制問題の発生と損害保険業界による自主規制開始
- 業界の自主規制に大蔵省(現金融庁)が厳しい指摘（超過手数料、リベートの支払等が発覚）
- 代理店の量的拡大に反省の機運

代理店数の推移

(1955年度末)
15万3,345店
↓
(1964年度末)
10万1,642店

1-3 昭和40年代
―モータリゼーションの進展と"専業プロ第一世代"の誕生―

　昭和40年代に入ってからも、日本経済は力強く高度成長を続ける。

　高度成長は、国民生活を豊かにし、庶民の間で自動車は急速に普及していった。自動車の保有台数が1,000万台を突破したのは1968年（昭和43年）のことである。それが4年後の1972年には2,000万台を突破する。いわゆるモータリゼーションの進展である。

　わが国損害保険の売上高（正味収入保険料）は、1965年度はわずか2,306億円であった。それが、1970年度には8,000億円を突破し、1972年度には、ついに1兆円を突破する。自動車保険の急激な伸びが理由である。

　損害保険会社の主力商品の座は、あっという間に自動車保険に置き替わる。「ノンマリン代理店制度」も火災保険中心主義から脱却する。この制度は、代理店の能力水準を決める枠組みであるが、この制度に1973年には自動車保険が、次いで、1974年には傷害保険が加わる。

　ところが、急速なモータリゼーションの進展は、一方では交通事故を激増させた。交通事故の死者数のピークは1970年であり、年間1万6,765人にも達した。マスコミはヴェトナム戦争になぞらえ「交通戦争」と呼んだ。

　自動車保険の世界では、保険契約を上回る勢いで保険金の請求件数と支払件数が増加をみせていた。火災保険が安定した収益をもたらす時代に入ったなかで、自動車保険の急激な収支の悪化が、経営の根幹を揺るがす事態に陥ったのである。損害保険各社は、自動車保険の「引受規制」という方法でこの難局に対処する。本件については、30ページの〈コラム3〉で解説する。

　一方、自動車保険の急激な進展は、損害保険代理店のビジネスモデルにも大きな変革をもたらした。自動車関連産業、特に、自動車ディーラーの営業員などから保険代理店に参入をするケースが相次ぐようになったのである。いわゆる「専業プロの第一世代」の誕生である。彼らの強みは、顧客開拓力と自動車そのものに熟知していることであったが、何よりも顧客をつかんだのは、交通事故処理の解決能力であった。

[1-3] 昭和40年代―モータリゼーションの進展と"専業プロ第一世代"の誕生―

年代	社会・経済の動き	損保会社の動向
昭和40年 (1965年)	●名神高速道路全通（7月）	●自動車保険普通約款が全面改定（10月）
昭和41年 (1966年)	●航空機事故が相次ぐ（全日空727型機（2月）等、4件の墜落事故）	●家計地震保険発売（6月） ●自動車保険の「引受規制」が一部損保で始まる
昭和43年 (1968年)	●十勝沖地震発生（5月） ●自動車保有台数1,000万台突破 （注）昭和47年(1972年)、2,000万台突破。	●長期総合保険認可（大手4社以外、4月） ●自動車保険の「引受規制」が損保全社に拡大
昭和44年 (1969年)	●東名高速道路全通（5月） ●いざなぎ景気始まる	●長期総合保険認可（大手4社、4月）
昭和45年 (1970年)	●「交通戦争」がピーク（死者：1万6,765人、負傷者：98万人強）	●自動車保険の料率大幅アップ、代理店手数料改定（6月）（自動車保険の「引受規制」収束）
昭和48年 (1973年)	●資本の完全自由化実施（5月） ●第四次中東戦争の勃発と第一次オイルショック（10月）	●保険業100％資本自由化業種に（5月）

代理店関連の動向

- モータリゼーションの進展と自動車保険の拡大
- "専業プロ第一世代"の誕生（自動車関連産業からの参入）
- 自動車保険の引受規制（1966年～1970年頃）
- 「ノンマリン代理店制度」実施
  - 自動車保険組入（1973年4月）
  - 傷害保険組入（1974年4月）

代理店数の推移

（1965年度末）
11万4,316店
↓
（1974年度末）
22万6,463店

コラム3　自動車保険の急激な収支悪化と引受規制

「引受規制」とは、一定のリスク条件にある物件の引受けを拒絶または抑制することをいう。損害保険会社が自らの身を守るためのアンダーライティングの一環である。昭和40年代早々に起きた自動車保険の引受規制は、ハイヤー、タクシー、レンタカー、営業用トラック等の特定車種と一部の副業代理店を対象に、ほぼ全社が、一律に、引受制限をしたことに特徴がある。

自動車保険を中心に急激に台頭をしていた「専業プロ第一世代」は、この引受規制の影響をもろに受けたのである。全国の専業プロ代理店にヒアリングを行うと、先代からの言い伝えも含め、悔しい経験を語ってくれる。

ところで、自動車保険の収支が急激に悪化をした原因は、1965年10月に実施された保険約款と保険料の割引制度の改定にあったということができる。

当時の自動車保険の商品内容は、大正時代から続く古色蒼然たるものであった。対人と対物賠償責任保険は、保険金の支払時に、被保険者に4分の1の自己負担を求める約款となっていたのである。これを100％保険会社負担に変えると同時に、「無事故割引」をそれまでの最大15％であったものを、最大50％にまで拡大したのである。この商品改定の方向自体は当然の内容であった。

一方、当時の自動車保険の収支管理と料率検証の仕組みは、いささか前近代的なレベルにあった。いわば一種の「現金主義」で行われていたのである。簡単にいうと、分母の収入には期間計算の考えが入っておらず、決算期間中に入ってきた保険料の全額をそのまま収入とし、また、分子の支出については、実際に支払った保険金だけを算入し、未払保険金を算入していなかったのである。

商品改定によって魅力を増した商品を、儲かっていると思って、それまでと同じ保険料で売り続けたのである。統計の未整備による自動車保険の収支悪化に気がついた保険会社から順に、厳しい引受規制に踏み出したのである。

自動車保険の収支管理とアンダーライティングの切り札として、各社が導入した仕組みが自動車保険のオンライン化計画であった。契約情報を正確に把握すること、未払保険金を管理すること、これがねらいであった。

第 1 章　戦後における損害保険代理店発展の歴史

〈コラム 3〉　自動車保険の急激な収支悪化と引受規制

1960年代
モータリゼーション進展
- 保有台数の伸び
- 交通戦争の惹起

1965年10月改定
商品内容の改定
- 対人・対物：3/4から4/4担保に
- 無事故割引拡大

1960年代の統計システム
収支統計の不備
- 支払備金（未払保険金）の捕捉が不完全
- 契約データの未整備

- 営業事務、損害サービス業務の限界
- 急激な収益の悪化（経営危機の認識）
- 先行損保社の引受規制スタート

↓

損害保険会社ほぼ全社による特定車種の一律引受規制 → **自動車保険中心の一部代理店に打撃**
- 専業プロ第一世代
- 一部の自動車ディーラー代理店

↓

自動車保険の近代的なリスク管理へ

自動車保険のオンライン化
- 損害保険の「第一次オンライン」（1980年前後から稼働開始）

- 正確な契約情報の把握
- 未払保険金の管理

→ 適切な収支管理
→ 引受指針の策定
→ 顧客単位の成績把握

1-4 昭和50年代
― 個人物件路線の進展と"専業プロ第二世代" ―

　第一次オイルショックが起きたのは1973年（昭和48年）である。続いて、1979年には第二次オイルショックが勃発する。これらを契機に、日本の高度成長は終焉し、昭和50年代の日本経済は安定成長に向かうことになる。

　それまでの損害保険業界は、大手はおおむね企業物件重視、中堅以下は個人物件重視という路線がとられていた。

　高度成長の終焉は、大手損害保険会社に対して、重厚長大産業を中心とする企業物件重視路線の見直しを迫った。安定成長時代に入ると、開拓余地が大きい個人物件分野の成長性が相対的に高いためであった。そのため、大手のなかでも、安田火災（現損保ジャパン）などは、個人物件重視路線へといち早く舵を切り、意欲的に保険料を伸ばしていた。この路線に他社が追随し、個人物件分野が保険料シェア争いの主戦場と化していく。

　当時、大手各社がとった戦略の骨子は図に示したとおりである。

　この時代は、①「代理店研修制度」の本格的な立上げと、組織的な大量育成、②自賠責などの単種目扱いが中心であるが、効率的な収保の拡大が見込める整備工場などの副業代理店の大量設置、③大企業相手にはじまった企業への機関代理店設置の動きの中堅企業への拡大、等に大きな特徴があった。

　「代理店研修制度」とは、嘱託として採用した代理店候補生を3年程度の期間をかけて専属代理店に育てる制度である。大手損保の場合、研修生をそれまでの年200名前後の採用を、600～800名程度に拡充したのである。

　この時代に育った専業プロ代理店が「第二世代」である。大量採用、大量育成をこなすため専門の支社等がつくられたが、脱落率が5割以上と高かった。「第二世代」は、「第一世代」のモデルを組織的拡大したものであった。

　1980年には「新ノンマリン代理店制度」がスタートする。この制度が、2001年に移行が始まる代理店制度の自由化まで続くことになる。

　一方、安定成長時代に対応すべく、社内事務処理体勢も「効率化」に向けて大きな変革が行われた。ノンマリン全種目の総合オンライン化である。

[1-4] 昭和50年代―個人物件路線の進展と"専業プロ第二世代"―

年代	社会・経済の動き	損保会社の動向
昭和50年 (1975年)	●1974年度の経済成長率が戦後初のマイナス（▲0.2％）	
昭和53年 (1978年)	●宮城沖地震発生（6月） ●日本、世界一の長寿国に	●積立ファミリー交通傷害保険認可（先発損保） ●大手損保、個人物件重視路線にシフト ―支店・支社網の大幅拡充 ―販売チャネルの多様化と副業代理店の大量新設 ―中堅企業に機関代理店の設置（第6章－2参照） ―「代理店研修生の大量採用・育成」
昭和54年 (1979年)	●イラン革命の勃発（4月）と第二次オイルショック（6月）	
昭和58年 (1983年)	●日本海中部地震発生（5月） ●三宅島大噴火（10月） ●米国損保の賠償責任保険の収支が大幅悪化（"賠償責任保険危機"の発生）	●効率的な社内事務処理体勢の確立 （ノンマリン全種目の総合オンラインが順次稼動、損害保険の「第二次オンライン」） ―要員の効率化への要請 ―事務処理の標準化・効率化
昭和59年 (1984年)	●世田谷で地下通信ケーブル火災事故（11月）	

代理店関連の動向

会社主導による専業プロの大量新設
("専業プロ第二世代")

販売網の大量増設時代
(副業代理店中心)

「新ノンマリン代理店制度」実施
・特級一般（家計向け）新設
・無種別資格新設
（1980年10月）

代理店数の推移

(1975年度末)
24万2,982店
↓
(1984年度末)
29万8,045店

1-5 昭和60年代
―積立型商品ブームと"専業プロ第三世代"―

昭和は64年（1989年）で終了し、同年から元号が平成へと変わる。

この時代を表す代表的なキーワードが「自由化」と「バブル」である。

まず、規制緩和の波に乗って「通信の自由化」が実現する。電電公社（現NTTグループ）が民営化され、通信網の開放を受けて、損害保険業界でも1986年の第1号を皮切りに、損害保険会社間のネットワーク業務が次々とスタートする。一方、自由化が進行する米国での代理店ネットワークに触発され、代理店ネットワーク構築に向けての業界内検討が開始された。

一方、1985年の「プラザ合意」を経て、猛スピードで円高が進行したのはこの時期であった。円高による不況を回避すべく、極端な金融緩和措置がとられ、それがバブル経済を引き起こしたのである。

損害保険業界もバブル景気の影響をもろに受けた商品政策と販売政策に動いた時期であった。1986年には、業界全体で「積立特約」の認可を受ける。この特約は、あらゆる掛捨て型商品を簡単に積立商品にできると同時に、積立割合を自由に設計できるという"優れもの"であった。

この特約を利用して積立型金融商品の開発ラッシュが起こったのである。金融機関から融資を受けて、この積立型商品を購入してもらうような販売手法も編み出されたのである。正に、"バブル型商売"である。

この時代に誕生した専業プロ代理店が、「第三世代」である。金融機関や証券会社からの参入組が多くみられ、豊富な金融知識を駆使して、積立型金融商品の販売に大きな力を発揮したのである。「第三世代」はリスクマネージメント（R/M）志向が強い。また、外資系生命保険会社の委託を受け、生命保険の併売を行っている代理店が多く現れたという特徴がある。

損害保険各社は、営業第一線から契約データのオンライン直接計上を開始し、次世代の代理店からのオンライン直接計上へとつなげていく。

バブルは崩壊し、わが損害保険業界は、"失われた20年"に突入する。

日米構造協議が開始され、日米保険協議、保険の自由化へと進んでいく。

[1-5] 昭和60年代―積立型商品ブームと"専業プロ第三世代"―

年代	社会・経済の動き	損保会社の動向
昭和60年 (1985年)	●通信自由化、NTT開業（電電公社民営化）（4月） ●日本航空B747SR機、御巣鷹山墜落事故（8月） ●プラザ合意（9月）	●損保データ通信ネットワーク計画の共同開発決定（通信回線の自由化対応） ●損害保険ネットワークの稼動開始（自動車保険・事故無事故情報交換）（1986年10月）
昭和61年 (1986年)	●ソ連チェルノブイリ原発事故（4月）	●積立型追加特約(27種目)が認可（5月）
昭和62年 (1987年)	●公定歩合史上最低（2月） ●バブル経済（〜1990年）	●積立型商品ラッシュ、金融機関とタイアップした販売スタイル ●「損害保険の第三次オンライン」が順次稼働開始（OCRを利用した営業一線からの直接計上）
平成元年 (1989年)	●日米構造協議開始（9月） ●東証株価3万8,915円の史上最高値(12月)	●バブル崩壊(損保の"失われた20年"の始まり)

代理店関連の動向

積立型金融商品の急拡大
（積立特約ブーム）

"専業プロ第三世代"の誕生
＜特色＞
・金融商品の知識が豊富
・リスクマネージメント(R/M)志向が強い
・積立保険拡販
・生保の併売（外資系生保の代理店登録）

代理店数の推移

(1985年度末)
31万4,263店

↓

(1994年度末)
45万4,742店

日米保険協議
（1994〜1996年）
→ 保険料の自由化（実質2000年〜）
→ 代理店制度の自由化（実質2003年〜）

1-6 「戦後における損害保険代理店の歴史」を総括する

　戦後の50年間におけるわが国損害保険産業の歴史を概観してきた。
　これを、損害保険の流通制度という観点で総括してみると、副業代理店の量的拡大の歴史であったと結論づけることができる。序章－7で述べたとおり、わが国の場合、欧米に比べ、専業代理店の占めるウェイトが極端に低い。
　こうなったのは、戦後50年間、わが国の損害保険産業の経営の根幹を支えてきた、"損害保険料率算定会制度"と"全社一律の代理店制度"、という二つの制度的枠組みによるものであった。どのような産業でも、各企業は、与えられた制度的枠組みのなかで、売上と収益を最大化するための経営戦略を採用するのは当然の方向である。
　損害保険料率算定会制度は、保険商品の安定的供給を最大の目的としており、結果として、業界全体が一定の利益が確保できる仕組みとなっていた。
　全社が同じ商品内容（約款）を、同じ値段（保険料）で販売をしていたのであり、"売上高の極大化"が、すなわち、"収益の極大化"に結びつく枠組みであった。いわゆる"護送船団方式"であり、大手に有利であった。また、このような時代では、専業プロ代理店が得意とするリスクマネージメントやきめ細かな契約者サービスは大きな武器にはなりにくかった。
　個人物件分野においては、情報入手において優位性に立つ自動車ディーラー（自動車保険、自賠責保険）や整備工場（自賠責保険）、旅行代理店（旅行傷害保険）などの副業代理店の設置競争に損害保険各社が走ったのは、企業戦略の方向としては当然の方向であったということができる。
　一方、企業物件分野では、大手保険会社は、大企業を相手に、自前の代理店（機関代理店）を設置する方向に動き、この市場をほぼ支配する。その後、この動きは、地方の中堅企業にまで拡がり、専業プロ代理店の市場を奪っていったのである。企業経営者は、プロの専業代理店に企業のリスク管理を委ねるのではなく、代理店手数料分の自社内への留保を選択したのである。
　専業プロ代理店がわが国では主流にならなかったのは、ある意味で当然の結果である。一方、自由化の進展は、この流れを大きく変えようとしている。

第1章 戦後における損害保険代理店発展の歴史

[1-6] 「戦後における損害保険代理店の歴史」を総括する

損害保険料率算定会制度
- 損保商品の内容(約款)と値段(保険料)が全社一律
- 一定の利益が確保される仕組み

全社一律の代理店制度
- 代理店の資格・種別の業界統一の運営
- 代理店手数料は全社横並び

↓ ↓

「売上」の極大化が「収益」の極大化

↓ ↓

(個人物件市場)

副業代理店の拡大競争
- 自動車ディーラー
- 整備工場
- ガソリンスタンド
- 旅行代理店 など

- 情報入手の優位性
- 単種目特化の強み
- 多くの非自立代理店

(企業物件市場)

企業の機関代理店(インハウス代理店)が市場を支配

- 企業の管財物件の保険手配が中心(R/M不在)
- 従業員契約の取込み(共同保険が主流)

↓

専業プロ代理店には経営拡大が困難な環境(環境の一部は継続中……)

二重構造問題の発生

コラム4　保険会社からみた保険代理店のメリットとデメリット

　そもそも損害保険商品の流通を担う仕組みとしては、通信販売等の「直接販売」と代理店に代表される「間接販売」がある。

　前者は、通信技術の大幅な進展や保険料の自由化を受けて、わが国において近年急激な進展をみせるが、欧米においても、1990年代に入る前は主要な流通手段にはなっていなかったのである。

　損害保険は、難解なリスクを相手にし、その対処を目的とすると同時に、多様な商品を販売するというビジネスのため、対面販売が主力の流通手段であった。

　その対面販売の主流を構成してきたのが、わが国では保険代理店であった。

　損害保険会社が、保険代理店を選択した場合の「長所」と「短所」は図表のとおりである。結論からいえば、長所と短所は表裏一体となっている。

　商品の内容（約款）と値段（保険料）が全社で同じ時代にあっては、損害保険会社は、こぞって販売網（代理店）の量的拡大を図ってきた。かつては、売上目標の達成と並んで、代理店の新設目標達成が支店・支社業績評価の中心に置かれていたのである。これが、保険会社と代理店との二重構造問題を引き起こした。二重構造問題は、保険代理店が本来果たすべき販売活動と、申込書の作成等の事務処理の双方に及んでいる。このような非効率な保険代理店への業務委託が可能だったのは、算定会料率制度のなかでは、純保険料（被保険者に支払う保険金に充当）だけでなく、かかった事業費（社費や代理店手数料）を保証する仕組みがあったためである。

　逆に、保険代理店を選別し、手間ヒマをかけて、販売と事務処理の双方で自立した能力の高い代理店網を整備した場合には、保険会社のスリム化は可能となる。この方向こそが間接販売を選択する目的であったはずである。

　一方、この場合には、保険会社からすると、別の問題が発生する。専属代理店の場合は問題とはならないが、乗合代理店の場合は、契約者による保険会社の選択がどちらかといえば、保険代理店の意向によって左右されがちになるのである。これが保険会社に専属代理店志向が強い理由である。

第 1 章　戦後における損害保険代理店発展の歴史

〈コラム4〉　保険会社からみた保険代理店のメリットとデメリット

長　所	短　所
●保険会社の商品普及のための営業網拡張が容易（投資コストがかからない） ●保険会社の業務の代替が可能 　➡保険会社のスリム化 ●募集経費の合理化（手数料は保険料比例）	●代理店の育成には時間とコストがかかる 　（例）・代理店研修制度 　　　　・他社代理店への乗合 ●安易な代理店の拡充は、保険会社との二重構造問題の発生（非自立代理店の発生） 　　　・販売活動の二重構造（社員の同行、代行） 　　　・事務処理の二重構造
●代理店個人の信用力、行動力で募集 ●個別契約者のキメ細かな情報収集が可能（アンダーライティング、異動情報） ●事故処理等で親身なサービスの提供	●顧客から保険会社がみえない（顧客の囲込みができない） ●情報の不適切な利用 　➡逆選択(注)の誘発など ●顧客への均質なサービスが提供できない

（注）　逆選択とはリスクの高い層だけが保険に加入する傾向のことをいう。

●「メリット」と「デメリット」は裏腹の関係

第 2 章
日米保険協議の決着と自由化への突入

Hibernian Insurance Company

2-1 (1)日米保険協議の決着(1996～1997年)

　損害保険業界にとって、1990年の中頃から始まる十数年間は、戦後の50年間を遥かに上回る激動の時代であった。この間における損害保険会社の対応戦略等については、姉妹本『図説　損害保険ビジネス〔補訂版〕』(金融財政事情研究会刊)を参考にしていただきたい。本書では、生命保険を含めた保険の流通分野をめぐる激しい動きを紹介する。

　1996年4月に施行された改正保険業法は、保険料率の自由化や生損保の相互参入、保険仲立人制度の新設などをおもな改定内容としていた。一方、この保険業法では、保険料率の自由化については、企業物件、それも大口物件から段階的に進行させることを目論んでいた。個人物件の自由化は、契約者の混乱回避の観点から見送られていたのである。

　このソフトランディング路線を一変させ、保険料率の全面自由化へと急転回をするのは、1996年12月15日に決着をみた日米保険協議の結果であった。また、この協議の結果、従来は傷害保険だけに認められていた通信販売が、自動車保険にも拡大されることになったのである。

　さらに、自動車保険については、用途・車種によって基本保険料が決まる商品以外に、契約者のリスクに対応して保険料の大幅な割引も可能な"リスク細分型商品"が解禁となったのである。これ以降、大量のテレビコマーシャルなどを武器とする通販型自動車保険会社が一気に市場に参入を開始する。

　一方、大手損害保険会社は、代理店オンラインを自由化時代に対応する効率化の切り札としてその機能を充実させる。生保契約管理の支援機能や代理店からの契約データの入力機能の搭載等を図ったのである。

　この時期、日本の損害保険市場は、商品と流通制度の完全な規制時代から、欧米型の自由化体制へとパラダイムが大きく転換したのである。

　保険仲立人制度の導入、生損保の相互参入、自動車保険の通販開始、この三つはわが国代理店ビジネスに大きな影響を与える。これらの改革の背景や具体的内容について、以下3編のコラムで解説する。

第 2 章　日米保険協議の決着と自由化への突入

[2-1]　(1)日米保険協議の決着（1996〜1997年）

	1996年4月	10	11	12	1997年1月	6			9
法律・制度関係	4月 改正保険業法の施行 ●保険料率の自由化（企業物件から順次） ●生損保の相互参入 ●保険仲立人制度導入 ●ソルベンシーマージン比率導入				**日米保険協議の決着** ▶ ●算定会料率の使用義務廃止 ●リスク細分型自動車保険の導入 ●自動車保険の通信販売解禁 ●第三分野の参入に激変緩和措置				
保険商品関係				10月 生損保の相互参入 ●損保による生保子会社12社営業開始					9月 **通販によるリスク細分型自動車保険の発売** ●アメリカンホーム
販売網関係	4月 保険仲立人（ブローカー）制度導入 **新代理店オンラインシステムの開始（損保各社）** ▶ ●インターネット対応 ●生保支援機能の搭載 ●代理店からの契約データの計上機能（試行段階）								
その他	4月 保険契約者保護基金 （中途半端な仕組み）				（1998年、保険契約者保護機構に移行） ▶				

コラム 5　保険仲立人制度発足の沿革とその制度内容

　序章－3で、欧米の損害保険市場では主力となっている保険仲立人（保険ブローカー）制度が、わが国においては例外的な存在であることを概説した。

　この制度が、1996年に改正施行された保険業法に盛り込まれた理由は、①国際整合性の確保、②販売チャネルの多様化、ならびに、③競争促進による利用者利便の向上の3点であった。制度採用の理由として"利用者利便の向上"のほかに、"国際整合性の確保"が入っている理由は、制度をめぐるこれまでの経緯をたどってみると明らかになる。

　歴史を振り返れば、1981年（昭和56年）の保険審議会答申では、保険仲立人制度の創設をいち早く提言をしていたのである。一方、答申内容をよく読むと、「商品面、価格面における多様化が進めば、保険会社の代理店としてではなく、消費者の需要に応じて保険取引の仲介を行う者が必要とされる」となっていたのである。要すれば、商品と価格の自由化の進行が保険仲立人制度の創設には不可欠、との認識をもっていたのである。

　この認識は正しい。算定会料率制度のもとでは、保険仲立人は、その機能や役割を十分に発揮することはむずかしい。当時の大蔵省（現金融庁）は、"長期的課題"として、この提言を先送りしたのはある意味で当然のことであった。

　局面が変わったのは、海外からの激しい圧力であった。1986年に決定をみたガット・ウルグアイ・ラウンドのなかで、わが国は、保険制度の改革と同時に、保険仲立人制度の導入を約束させられたのである。

　1992年の保険審議会答申は、その国際公約を追認する。審議会答申を受け、1995年の保険業法改正、1996年4月の施行へとつながっていく。

　制度の内容は図表のとおりであるが、再保険契約、外航船舶保険契約、外航貨物保険契約、商業用航空保険契約、人工衛星保険契約については、日本での免許を受けていない海外の保険会社に対しても、直接保険契約を媒介することが可能である。この機能は、保険代理店には与えられていない。日本におけるリスクの増大につれて、対象商品の拡大が今後の課題になりそうである。

第 2 章　日米保険協議の決着と自由化への突入

〈コラム 5〉　保険仲立人制度発足の沿革とその制度内容

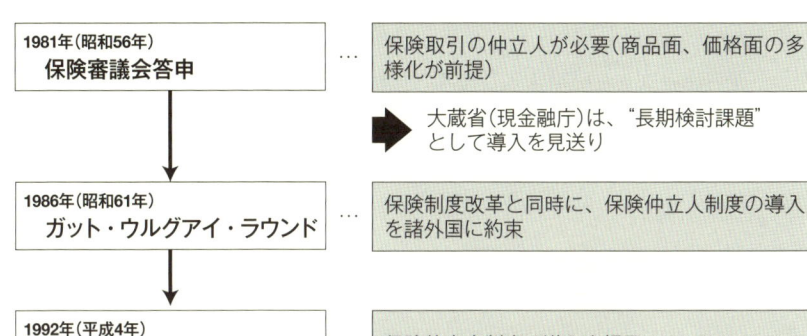

1981年（昭和56年） **保険審議会答申**	保険取引の仲立人が必要（商品面、価格面の多様化が前提）

➡ 大蔵省（現金融庁）は、"長期検討課題"として導入を見送り

1986年（昭和61年） **ガット・ウルグアイ・ラウンド**	保険制度改革と同時に、保険仲立人制度の導入を諸外国に約束

1992年（平成4年） **保険審議会答申**	保険仲立人制度の導入を提言

➡ 1995年保険業法改正、1996年施行

保険仲立人（保険ブローカー）

役割
- 保険会社の委託を受けずに独立して保険契約者と保険会社との保険契約締結の媒介を行う者

登録
- 金融庁長官（実際は財務局長）宛の登録　2013年 1 月：40会員登録
- 能力証明書（金融庁の指定する機関が実施する試験12科目に合格、保証金4,000万円〜 8 億円供託）
- 保険会社・代理店は兼業できない、3 年ごとに資格更新研修を受講

業務
- 保険種目の制限なし（5 年以上の長期保険は認可要）、取引をする保険会社は日本での免許会社（再保険契約、外航貨物保険契約など一部例外あり）
- 主要業務　－リスクの分析、軽減およびリスク処理の検討と提言
　　　　　　－保険の手配
　　　　　　－損害の防止と軽減についての検討とコンサルティング
　　　　　　－キャプティブ（自家保険会社）の設立の検討および管理運営

手数料
- 保険締結の媒介に関する手数料（ブローカレッジ）は保険会社に請求
- 顧客へのサービスに対する報酬（フィー）は顧客から受け取る

（注）「日本保険仲立人協会」ウェブサイト参照。

コラム 6　　損害保険会社による生保参入とビジネスモデルの変革

　生損保の相互参入については、損害保険会社12社が生保業界に参入をしたのに対し、生命保険会社から損保への参入は6社にすぎなかった。また、生保系損保会社のなかで現在でも残っているのは、合併後の明治安田損害保険の1社だけである。生損保の相互参入は、損保側により多くの利益をもたらしたようである。

　そもそも、損害保険サイドは、損保による生保参入の意義をどこに見出すかに最大の力点をおいていた。また、既存生保のビジネスモデルをいかに変革させるかにも可能な限りの知恵を絞ったのである。これに対し、生保サイドの動きは、結果からみれば、いささか鈍かったといわざるをえない。

　損保による生保参入日である1996年10月1日、東京海上あんしん生命（現東京海上日動あんしん生命）は、4大全国紙に全面広告を出している。「おかしいな、人間が生命保険に合わせている」、これがキャッチ・コピーであり、「あなたの生命保険はあなたの人生に合っていますか？」と続く。

　損保による生保参入の意義を、このコピーに表したのである。

　このコンセプトを実現するために採用したのがライフスタイルに合わせた「提案型営業」であり、販売チャネルとして選択をしたのが代理店方式であった。

　一方、生保販売の主力として期待をしていた損保専業プロ代理店のうちの多くは、第1章-5で述べたとおり、すでに外資系生命保険会社の代理店登録を行っていた。損害保険業界と異なり、それまでの生命保険業界は「1社専属制」をとっており、複数保険会社との乗合を認めていなかった。その例外規定を設けてもらい、多くの損保専業代理店が損保子会社生保の代理店となったのである。これらの代理店が、生保分野の大きな勢力へと成長をしていくことになる。

　また、一部の先進的な自動車ディーラー代理店などは、生損保の相互参入を機会に生保分野へも乗り出し、生保第三分野で驚異的な売上を達成する。

　事務システムの分野においてもいくつかの新機軸が打ち出された。損保による生保参入を成功に導いた要因の一つが、生保基幹システムの共同開発であった。二つの業界グループで巨額なシステムの開発費を共同負担したのである。

〈コラム6〉 損害保険会社による生保参入とビジネスモデルの変革

相互参入の枠組み	**1. 生保会社による損保子会社：6社** 日本生命、第一生命、住友生命、明治生命、安田生命、三井生命 **2. 損保会社による生保子会社：12社** (注) 11社が新設、1社は既存生保を子会社化。 東京海上、三井海上、住友海上、日本火災、大東京火災、日動火災、千代田火災、富士火災、興亜火災、同和火災、共栄火災(子会社新設の11社)。 (注) 1996年当時の会社名をそのまま使用。	(注1) 生保大手では、朝日生命のみが提携方式(日産火災、大成火災)を採用。 (注2) 損保大手では、安田火災は既存生保(アイ・エヌ・エイ生命)を子会社化。
ビジネスモデルの変革	①代理店方式による参入： ● 営業職員(直販方式)による販売スタイルは採用せず	1社専属制への例外規定
	②販売手法の改革 ● 提案型営業の追求(ライフスタイルに適合する売り方) ● 東京海上あんしん生命の開業時の新聞広告キャッチ・コピー： 「おかしいな、人間が生命保険に合わせている」	東京海上あんしん生命の開業時の新聞広告本文： 「あなたの生命保険はあなたの人生に合っていますか？」
	③事務・システムの変革とシステムの共同開発 ● 保険証券への印影(ハンコ)印刷の廃止など ● 営業成績管理の見直し(保険料建方式へ) ● 二つの業界グループで生保基幹システムを共同開発	(注) 既存生保は、解約時、満期時には印鑑が必須の事務システムとなっている。

コラム 7　損害保険通販の歴史と日本における現状

　日本で最初に損害保険商品の通信販売を始めたのはアメリカンホーム社であり、当初は傷害保険だけの取扱いであった。同社は、1996年に自動車保険の通信販売の認可を取得、1997年9月から「リスク細分型」自動車保険の発売を開始する。その後、損保通販市場に進出する企業が相次ぎ、現在、通販専業損保会社は9社（2013年1月末現在）、市場規模は3,000億円超に達している。

　『直販保険会社』（日吉信弘著、保険毎日新聞社刊）によると、そもそも、損害保険の世界で通信販売が始まったのは1975年のことであった。

　トップダンマルク社（デンマーク）とサンアライアンス社（英国）が先発した。当時は、電話による保険募集の形態だけであり、あくまでも募集チャネル多様化の一環という位置づけでしかなかった。明確な戦略はなく、既存代理店の反発を招いただけで、明らかな失敗に終っている。

　損害保険の通販市場を一挙に爆発させたのが、英国のダイレクトライン社の成功である。そのビジネスモデルの特徴は図に示したとおりである。

　30％以上もの保険料の値引きを行って優良契約者の選別を可能としたのは、アンダーライティング（物件の選択と適正な保険料の設定）をシステム化することによって、個人別の保険料設計を可能としたためである。

　このビジネスモデルが、その後、世界中に拡大し、インターネットの急速な普及とも相まって、個人物件市場の有力な流通手段に成長していった。

　個人自動車保険市場における通販の推定シェアは、イギリス（70％超）、オランダ（50％）、米国（20％）となっている（第4章-2、第5章-6❶参照）。

　日本の場合、2012年3月末時点における自動車保険に占める通販事業損保のシェアは5.9％にとどまっている。とはいえ、今後を考えると、365日、24時間いつでも保険に加入が可能で、通常よりは安い保険料の通販は、個人物件分野市場で、ますますそのシェアを向上させていくに違いない。

　三大損害保険グループが、いずれも傘下に通販専業損保を抱える時代に入った。損保専業代理店の流通分野のライバルが、大きな勢力に育ってきた。

第 2 章　日米保険協議の決着と自由化への突入

〈コラム 7〉 損害保険通販の歴史と日本における現状

世界にみる損害保険通販の歴史

（出典）　日吉信弘著『直販保険会社』（保険毎日新聞社刊）

1975年
世界で初めて損害保険の通信販売（通販）開始
・トップダンマルク社
・サンアライアンス社

…
- 電話による契約募集
- 既存商品を代理店扱いと同一価格

代理店の反発を集めただけで失敗

1985年
ダイレクト・ライン社設立新世代型通販方式の開始

ピーター・ウッド氏（元大手保険ブローカーのIT部門責任者）が、画期的なビジネスモデルを創設

…
- 徹底したマスメディアの活用（テレビ、ラジオ、新聞）
- 募集経費の圧縮（事業費率＝20％以下）
- 優良契約者の選別（30％以上の値引きを可能に）
- 商品の絞込み（自家用自動車保険と住宅総合保険）

1995年、自家用個人自動車保険市場でトップシェアの会社に成長

通販ビジネスモデルが世界中に伝搬（米、仏、独、日など）

… 日本の通販専業損害保険会社：現在9社（ダイレクトライン社は日本から撤退）

日本における通販損保会社の保険料収入推移

（出典）　各社決算発表資料

年　度	2004	2005	2006	2007	2008	2009	2010	2011
元受保険料収入（億円）	1,764	2,083	2,267	2,417	2,578	2,761	2,884	3,041
増収率(％)	—	18.1	8.8	6.6	6.6	4.8	6.8	5.4

ポイント
① 通販専業損保社による売上（元受保険料収入）は、3,000億円を突破
② 市場拡大のペースは徐々に低下
③ 取扱商品は、自動車（全体の約7割）、旅行傷害、医療費用保険がメイン
④ 三大損害保険グループは、すべて傘下に通販専業損保をもつ時代に突入

2-2 (2)算定会料率制度の改革（1998～1999年）

　第二次橋本龍太郎内閣が打ち出した"日本版金融ビッグバン構想"を受けて、1998年6月に「金融システム改革法」が成立する。この法律は、「保険業法」「料団法（損害保険料率算出団体に関する法律）」「銀行法」など24の法律を一括して改正するという大規模なものであった。

　これを受けて、1998年7月から改正「料団法」が施行に移され、算定会料率の使用義務の撤廃と独占禁止法の適用除外が廃止されることになった。損害保険料率は自賠責等一部の商品を除き自由化時代に突入する。ただ、激変緩和の観点から2年間の経過措置期間が設けられたため、各社ともこの2年間は既存の商品については、算定会料率を遵守した。

　一方、この経過措置期間中については、金融庁は、各社の自由化対応商品の認可を積極的行う姿勢を示していた。

　その先鞭を付けたのが、東京海上（現東京海上日動）の開発した"総合自動車保険（TAP）"であった。

　この商品は、従来の自動車保険に「人身傷害補償保険」という付加価値を付けることによって、過失認定など煩わしい事故処理からお客を解放し、早期の保険金支払を可能とする高級商品であった。

　保険料率の自由化は、即"安売り合戦"になるのではという予想に反して、東京海上のとったこの戦略をマスコミ等は高く評価をする一方、その他の損害保険会社も相次いで同種の商品を市場に投入する。

　現在では、この自動車保険が日本のスタンダードとなっている。

　一方、この時期は、大手を中心に各損害保険会社は、きたるべき本格的な保険料の競争時代に備え、数々の効率化施策をうち出していた。

　大都市や地方の中核都市に所在する営業課支社の統合を進め、大型化を図る一方、代理店オンラインの導入を加速させたのである。なお、東京海上は、1999年2月から、業務効率化の切り札として業界に先駆けて代理店からの契約データの入力業務を開始する。

[2-2] (2)算定会料率制度の改革（1998～1999年）

	1998年4月	6	7	10	12	1999年2月	6	10
法律・制度関係		金融システム改革法	7月 算定会制度改革 ● 法律の改正 ● 算定会料率使用義務の廃止 （2年間の激変緩和措置）			12月 業態間の相互参入 ● 保険会社－証券会社 ● 保険会社－破綻銀行 ● 銀行－破綻保険会社		10月 業態間の相互参入 ● 保険会社－銀行
				● 料率算定会制度の見直し ● 支払保証制度の創設（安全ネット） ● 業態間の相互参入 ● 早期是正措置の導入				
保険商品関係				10月 東京海上（現東京海上日動） 自動車TAP発売 ● 自由化後初の大型商品 （注） TAP（Tokio Automobile Policy）： 総合自動車保険			6月 ソニー損保 ● 自動車保険通販市場に参入	
販売網関係						2月 東京海上（現東京海上日動） 代理店オンラインによる契約計上開始		
その他	←（保険契約者保護基金）→				12月 保険契約者保護機構創設 （安全ネット）			

2-3 (3)保険料率と代理店制度の自由化（2000～2001年）

　2000年に入ると、いよいよ本格的な競争状態に突入する。

　まず、2年間の激変緩和措置期間を終え、保険料率の自由化が本番を迎える。激変緩和期間は営業現場には大きな変化はなかったが、2000年7月からは状況が一変する。保険料の「値引き競争」が一気に火を噴くのである。

　真っ先に影響を受けたのが、企業火災保険である。それまでは全社横並びの保険料率であったため「共同保険」が多かったこの分野に、初めて"ビッド（競争入札）"が持ち込まれ、2割引、3割引が当たり前の世界に突入する。

　一方、保険料割引の理由を「他社対抗」とすることはできない。料率自由化のもとでも、社内標準レートの割引には「合理的な根拠」が必要なためである。日本の損害保険市場にも、徐々にアンダーライティング（物件の選択と適正な保険料の設定）の機運が芽生えてくる。

　企業火災保険で始まった割引競争は、その後賠償責任保険、企業自動車保険、大口団体契約など企業物件の全分野に拡大していく。

　また、2001年4月から2年間をかけて代理店制度も自由化された。

　保険代理店が固唾を飲んでその成り行きを見守っていたのが、代理店手数料体系がどう変わり、手数料水準がどの程度に落ち着くか、の2点であった。

　この内容については、54ページの〈コラム8〉で詳しく解説する。

　代理店の資格・種別なども会社ごとの制度となる。ただ、2年間の激変緩和期間が設けられたため、この時期、各社では従来の代理店制度と新制度が併存する。各社ごとに代理店制度が一本化するのは2003年4月である。

　保険商品の流通分野に「製販分離」の動きをもたらしたのが、銀行窓口における保険販売（「銀行窓販」）の解禁である。その第一弾として、住宅ローンに関連する長期火災保険や債務返済支援保険（ローンの借主が、死亡や病気等のために支払が滞った場合に返済を支援する保険）の販売が開始される。

　一方、「消費者契約法」や「金融商品の販売等に関する法律」が成立し、リスクの高い商品の販売には厳しい法律の枠がはめられることになった。

第2章 日米保険協議の決着と自由化への突入

[2-3] (3)保険料率と代理店制度の自由化（2000～2001年）

	2000年5月	6	7		2001年4月	10	11
法律・制度関係		**6月 保険業法の改正** ● 銀行業による保険販売解禁 ● 保険会社の倒産法制の整備			**4月 消費者契約法** **4月 金融商品の販売等に関する法律**		
			料率自由化の本番開始 激変緩和措置の終了 →				
商品関係					**4月 第三分野商品** 子会社に解禁（7月本体解禁） **4月 保険商品の銀行窓販解禁** ● 長期火災 ● 海外旅行傷害 ● 債務返済支援保険		
販売網関係					**4月 代理店制度自由化** ● 2年間の激変緩和措置		
その他	5月 第一火災、業務一部停止命令				**4月 保険会社合併** ● あいおい損保 ● 日本興亜損保（2002年4月太陽合併） ● ニッセイ同和	10月 三井住友海上	11月 大成火災会社更生手続

コラム 8　代理店制度の自由化に伴う代理店手数料体系の改革

　代理店制度の自由化以前における代理店手数料決定の仕組みは、1980年（昭和55年）に改定となった「新ノンマリン代理店制度」が基本となっている。自由化以前は、「挙績（代理店の取扱保険料の大きさ）」と「資格者の状況」の二つの要素によって、実質的には手数料率は決定され、全社一律の内容となっていたことがポイントである。

　業務遂行状況などの項目は余程のことがない限り代理店手数料に反映されることはなかった。そもそも、「法令遵守状況」や「自己契約比率・特定契約比率」などは欠格事由であり、これに抵触した場合は、代理店登録そのものを継続することができない仕組みとなっていた。

　代理店制度が自由化された最大ポイントは、代理店手数料体系が全社統一のスキームから各社独自のスキームに変更になったことである。

　ただ、結果的には、各社の体系はほぼ似たようなものになっていた。

　これは、乗合代理店制度のもとにあっては、制度切替えの当初から他社との間で大きな差を設けることに躊躇があったためと思われる。

　新代理店手数料体系のポイントは、おおむね次のとおりである。
① 挙績の大きさと各社が認定する業務能力水準（従来の資格）の組合せによって、従来の代理店業務ランク（種別）に対応する新種別を決める。
② 従来の手数料率の７割程度の水準に固定ポイントを設定する。
③ 残りの３割程度のファンドを、各社の戦略に従って上乗せ評価ポイントとして加算する。ただし、一部マイナスポイントもある。

　個別評価項目として各社が重視したのは、成長性（増収率）、収益性（損害率）や業務遂行の自立度（契約直接入力比率や事務効率＝不備項目の発生率等で計測）、あるいは自社のシェア、専属優遇などであった。

　この体系は、効率の悪い非自立代理店を自立化の方向に向かわせると同時に、場合によっては、代理店業からの撤退を促すという制度的意味をもっていたのである。

第 2 章　日米保険協議の決着と自由化への突入

〈コラム 8〉　代理店制度の自由化に伴う代理店手数料体系の改革

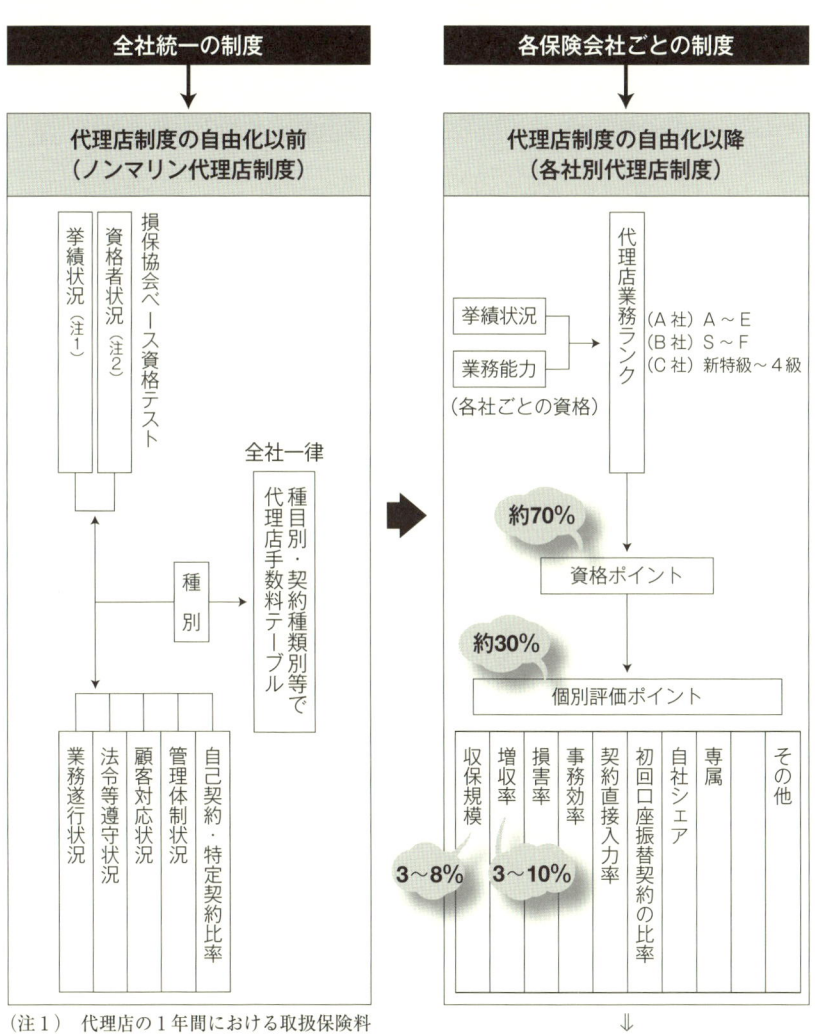

全社統一の制度

↓

代理店制度の自由化以前
（ノンマリン代理店制度）

- 挙績状況（注1）
- 資格者状況（注2）
- 損保協会ベース資格テスト

種別

- 自己契約・特定契約比率
- 管理体制状況
- 顧客対応状況
- 法令等遵守状況
- 業務遂行状況

全社一律
種目別・契約種類別等で代理店手数料テーブル

各保険会社ごとの制度

↓

代理店制度の自由化以降
（各社別代理店制度）

- 挙績状況
- 業務能力

→ 代理店業務ランク
（A社）A〜E
（B社）S〜F
（C社）新特級〜4級
（各社ごとの資格）

約70% → 資格ポイント

約30% → 個別評価ポイント

- 収保規模　3〜8%
- 増収率　3〜10%
- 損害率
- 事務効率
- 契約直接入力率
- 初回口座振替契約の比率
- 自社シェア
- 専属
- その他

⇓

適用代理店手数料の計算方法
種目別基準代理店手数料×（資格ポイント＋個別評価ポイント）/100

（注1）　代理店の1年間における取扱保険料総額（火災、自動車、傷害保険）。
（注2）　特級（工場）、特級（一般）など5資格。

2-4 (4) 新商品開発ラッシュと自然災害の多発（2002～2004年）

　保険料率自由化が進展するなかで、損害保険会社同士の合併・統合の動きが加速する。2002年7月には損保ジャパン、そして、2004年10月には東京海上日動火災が誕生する。この段階では、損害保険会社間の合併・統合の動きはこれで終息するものと思われていた。ところが、だれもが予想することができなかったさらなる合併・統合が2005年以降に起こるのである。

　2002年以降のこの時期、商品・料率の自由化や第三分野商品の販売解禁を受け、各損害保険会社は、新たな商品を次々に開発し、市場への投入を急ぐ。商品開発は、自動車保険における多様な特約の追加と医療費用保険などの第三分野における新商品開発競争が中心であった。

　この時期における活発な商品開発の目的が、真に契約者のニーズに応えるためのものであったかどうかは甚だ疑問である。他社が開発した新商品に対抗するための"追随商品"の開発が相次いだため、営業第一線や代理店では、商品内容の消化不良によって大きな混乱が発生したのである。

　これが、"保険金不払問題"へと結びついていく。

　一方、代理店制度の自由化は激変緩和期間を終え、各社の代理店手数料体系等は新体系に一本化され、販売制度も自由化の本番を迎えることになる。

　乗合代理店の間では、代理店手数料体系や手数料水準、個別評価ポイントの内容等について、情報交換が頻繁に行われていた。これが、損害保険各社間の手数料体系が大同小異となっていった理由の一つである。

　2001年4月から開始された銀行窓口における保険販売は、第二段階に突入する。年金保険の発売解禁を受け、金融機関への生損保からの乗合攻勢が一気に激化していった。

　この時期に入ると、自然災害の激増が損害保険経営に大きな影響を与えることが明らかになってくる。2004年には台風が10個も日本に上陸し、損害保険会社による保険金支払額は7,200億円を上回った。

　地球温暖化の進行等により、気象災害が激増する時代に入ったのである。

[2-4]　(4)新商品開発ラッシュと自然災害の多発（2002〜2004年）

	2002年4月	7	10	2003年1月	4	10	2004年4月
法律・制度関係				1月 金融機関等による顧客などの本人確認等に関する法律(本人確認法)			
商品関係	損保各社が独自に開発した商品の登場（特約追加と第三分野開発競争）						
	4月 自賠責保険制度改定 ●政府再保険の廃止 ●中立的な紛争処理機関		10月 銀行窓販の対象種目拡大 ●年金払積立傷害保険 ●財形傷害保険　等				
販売網関係					4月 代理店制度自由化の本番開始（激変緩和措置の終了）		
その他	4月 ミレアHD（現東京海上HD）	7月 損保ジャパン					台風10個が日本上陸 ●7,200億円強の保険金支払 10月 東京海上日動火災

2-5 (5)保険金不払問題と東日本大震災の発生（2005年〜）

　この時期における最大の問題が、「保険金不払問題」の発生である。
　2006〜2007年にかけて、ほとんどの損害保険会社が金融庁から業務停止処分や業務改善命令等の厳しい処分を受ける。「自由化に正面から対応してこなかった」、という反省の声が現役諸氏から聞こえてくる。
　各保険会社は、商品の見直しと簡素化、営業優先体質の改善、ITによる損害支援システムの開発など、あらゆる分野で社内改革を進めた。
　その一方、代理店による契約者からの「意向確認」の取付けが義務化されることになった。契約者に対して、契約内容の重要事項を説明したうえで契約者に確認を求める作業が代理店の新たな負担となったのである。だが、契約者の意向を確認するなどは当然のことではあるが、重要事項を単になぞるだけの現行方式は、形式を踏むだけの対策になっている可能性がある。
　そもそも、保険代理店が契約者の意向を確認していなかったことが保険金不払いを起こした真の原因であったのであろうか？
　保険商品とは本来むずかしいものである。そのため、各社ごとに保険商品を簡素化するだけでなく、業界を横断して商品の標準化を進め、契約申込書等の契約帳票を欧米のように統一化する動きのほうが、業界全体のコストを引き下げ、契約者利便に資すると思われる。是非前進させてほしいテーマである。
　一方、2006年4月の保険業法の改正によって「少額短期保険業制度（ミニ保険会社）」が誕生する。「無認可共済」が整理され、保険業法の枠組みのなか、金融庁の監督のもとで経営が行われることになった。
　また、合併・統合の最終段階として新たに二つの損害保険グループが誕生し、欧米には例をみない三大保険グループによる寡占体制が実現する。
　このような状況のなかで、東日本大震災が発生したのである。タイの大洪水等の発生もあって、2011年度の損保決算は戦後最悪のものとなった。
　損害率は高騰傾向をたどり、事業費率の改善も思うようには進んでいない。
　自由化がさらに進行し、本当に激しい競争が始まるのはこれからである。

[2-5] (5)保険金不払問題と東日本大震災の発生（2005年～）

	2005年4月	2006年4月	2007年4月	2008年4月	2009年4月	2010年4月	2011年3月	2012年4月
法律・制度関係		4月 **保険業法の改正** ● 「無認可共済」への対処 ● 少額短期保険業制度の新設		5月 保険法成立（**2010年4月施行**） 無認可共済の移行期間 →				
商品関係		**保険金不払問題の発生と金融庁による保険会社処分** ● 業務停止処分（4社） ● 業務改善命令（多数） 商品・規定等の簡素化進行 →						
販売網関係		4月 改定（半年間の猶予期間、10月から実施） **代理店等による契約者の「意向確認書面」作成の義務づけ** （金融庁「総合的な監督指針」の一部改定） →						
その他		10月 日本震災パートナーズ （初の少額短期保険会社、現SBI少額短期保険）				4月 MS&AD NKSJ	3月 東日本大震災	

2-6 三大損害保険グループの決算をみる（2012年3月期）

　2010年4月には、MS&AD（「三井住友海上」と「あいおいニッセイ同和損保」の経営統合）と、NKSJ（「損保ジャパン」と「日本興亜損保」の経営統合）という二大損害保険グループが誕生した。

　すでに誕生していた東京海上グループを合わせると三大損害保険グループ（三メガ損保）時代が到来したのである。この三メガ損保の2012年3月期決算を概観したのが右ページの図表である。

　まず、三メガ損保合計の売上高（正味収入保険料）は約6兆2,000億円にのぼり、日本の損保市場全体（約7兆1,000億円）の約87％にも達する。

　正味収入保険料は、自動車保険や自賠責保険の料率引上げや、自動車保険のエコカー補助金制度を背景とする新車販売台数の増加や単価アップなどによって前の期からプラスとなり、漸減傾向には歯止めがかかっている。

　一方、保険商品の原価に当たる損害率は戦後最悪の水準になった。

　これは、主力の自動車保険の損害率が高止まっていることに加え、東日本大震災の発生により支払保険金が膨らんだこと、および、大型台風やタイの大洪水による自然災害関係の保険金支払が巨額にのぼった結果である。

　また、損害保険事業の販売経費に当たる事業費（社費＋代理店手数料）率は、しばらく続いていた悪化傾向にようやく歯止めがかかり、最悪期を脱した感がある。代理店手数料率の水準も低下傾向を示しはじめた。

　以上の結果、損害率と事業費率を合算したコンバインドレシオ（C/R、合算比率）は115％を超え、戦後最悪に水準になったのである。

　三メガ損保ですら損害保険の本業部分は15％の赤字である。表には掲げていないが、中堅や下位に属する損害保険会社の決算数字は、一部を除き、さらに厳しい数字となっている。

　重要なのは、これらの数字が一過性なのかどうかの判断である。

　以下の章では、自由化に突入した後の損害保険会社の経営指標の推移を追ってみる。保険代理店の行く末を考えるうえで重要なテーマである。

[2-6] 三大損害保険グループの決算をみる（2012年3月期）

会社名	正味収入保険料（億円）	増収率（%）	損害率（%）	事業費率（%）	コンバインドレシオ（C/R）（%）	手数料と集金費率（%）
(東京海上グループ)						
東京海上日動	17,830	2.3	81.6	32.0	113.6	16.9
日新火災	1,366	1.9	76.4	34.9	111.3	17.5
合計	19,196	2.3	81.2	32.2	113.4	16.9
(MS&ADグループ)						
三井住友海上	12,692	3.1	84.8	33.3	118.1	17.4
あいおいニッセイ同和	10,746	▲2.1	79.7	35.1	114.8	17.6
合計	23,438	0.7	82.5	34.1	116.6	17.5
(NKSJグループ)						
損保ジャパン	12,812	2.0	80.6	33.0	113.6	17.1
日本興亜火災	6,306	1.6	84.7	35.0	119.7	17.0
合計	19,118	1.8	81.9	33.7	115.6	17.1
3大グループ合計	61,752	1.5	81.9	33.4	115.3	17.2

（出典）　日本損害保険協会に報告された各損保会社の決算資料（単体数字）

ポイント
- 正味収入保険料は、震災からの復興需要、自動車保険の回復、自賠責の料率アップ等の影響もあって、増収を確保した。
- 損害率は、タイの大洪水の影響が甚大で、戦後最悪の水準に達した。C/Rの水準も戦後最悪。
- 事業費率は、最悪期を脱し、改善傾向をみせはじめている。代理店手数料と集金費率は、低下傾向を示しはじめた。

第 3 章
自由化の進展と損害保険代理店をめぐる環境の激変

West of England Fire and Life Insurance Company

3-1 1996年以降の収入保険料と支払保険金の推移

　日米保険協議が決着をみた1996年以降の、収入保険料（売上）と支払保険金（損保商品の原価）の推移をたどったのが右ページ上のグラフである。

　いちばん上の線は、元受正味収入保険料である。この数字は、保険料領収証に書かれる金額の総額を表しており、預り資産である積立保険料が含まれている。また、再保険取引による増減が加味されていない。ただ、速報性があるため、営業部門が日常の営業成績をみるうえで使っている重要な売上の指標である。みてのとおり、大きく減少している。そのおもな理由は積立商品の売上の急減である。積立商品は、金利の低下傾向等によって、かつてと比べ魅力をなくしている。

　右ページ下のグラフは、保険種類別に元受収入保険料の過去10年間における比較をしたものである。売上の減少額が最も大きいのが傷害保険であるが、この商品は積立保険で売上を大きく伸ばしていたのである。全体の減少額の大半が、積立傷害保険料の減少によってもたらされている。

　一方、決算上の「売上」に当たる正味収入保険料も、この間、ほとんど伸びていない。日本経済そのものの長期低迷が原因である。損害保険の売上は、"実質"ではなく、"名目"GDP（国内総生産）の伸びに左右される。1990年以降、わが国の名目GDPはまったく伸びていない。この、"失われた20年"の影響を、損害保険産業はもろに受けたのである。

　また、日本の損保市場の約6割を占める自動車保険と自賠責保険の売上は、クルマそのものの販売台数の大きさに左右される。ところが、日本経済の長期低迷と個人所得の低下傾向の結果、自動車の買替需要が膨らまず、買い替える場合でも軽自動車などの低価格車種への移行が進んでいる。これらの要因が複合して、売上の長期低迷につながっているのである。保険料率の自由化に伴う保険料水準の低下がこの傾向に拍車をかけている。

　ほとんど横ばい状態にある正味収入保険料の推移に対し、支払保険金のほうはジリジリと増加の傾向をたどり、2011年度は大きく跳ね上がっている。

第 3 章　自由化の進展と損害保険代理店をめぐる環境の激変

[3-1]　1996年以降の収入保険料と支払保険金の推移

収入保険料と支払保険金の推移

（兆円）
凡例：元受正味収入保険料／正味収入保険料／元受正味保険金／正味支払保険金
（横軸：1996 97 98 99 2000 01 02 03 04 05 06 07 08 09 10 11 年度）

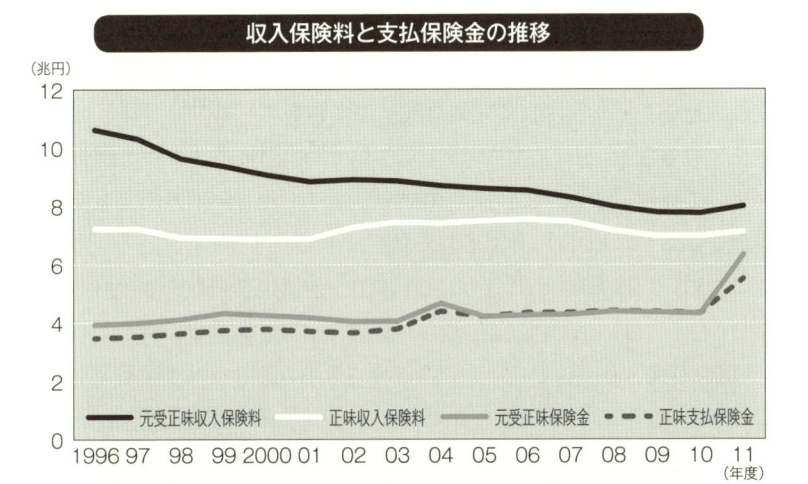

元受収入保険料の商品別10年間比較（含む積立保険料）

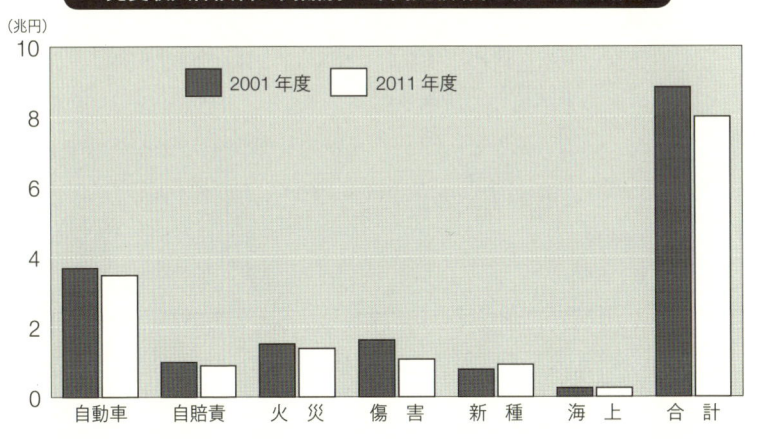

（兆円）凡例：2001年度／2011年度
（項目：自動車、自賠責、火災、傷害、新種、海上、合計）

	自動車	自賠責	火災	傷害	新種	海上	合計
2001年度	3.68	0.99	1.51	1.62	0.78	0.25	8.83
2011年度	3.48	0.89	1.38	1.07	0.92	0.25	7.99

（出典）　日本損害保険協会発表資料

3-2 損害率、事業費率、合算比率（C/R）の年度別推移

　次ページのグラフは、損益にかかわる指標の推移を示したものである。

　まず、損害保険商品の原価に当たる損害率であるが、これはほぼ一貫して悪化の一途をたどり、2011年度には80％を突破している。

　グラフをみると、2011年度ほどではないが、2004年度の損害率も跳ね上がっている。これは、この年に台風が10個も日本に上陸し、損害保険会社による保険金支払額が7,200億円を突破した結果である。

　この年以降、損害率は60％台に乗り、70％台に接近しつつあった。

　なお、過去には、1991年に発生した台風19号（別名は、"リンゴ台風"）によって、一個の台風としては歴史上最大である約5,700億円という保険金を支払ったことがある。実は、専門家の間では、その頃から、地球温暖化の影響による気象災害の増加の可能性が叫ばれはじめていたのである。

　地球温暖化などの影響による気象災害は、これからも激化する可能性が高く、損保経営にとって大きな重荷になることは間違いがない。

　一方、事業費（社費＋代理店手数料）率のほうは、2005年度は、業界全体として32％目前の水準にまで改善をしていた。ところが、2006年度以降は、"保険金不払問題"への対応などのため、再び悪化傾向をたどったのである。グラフにみるとおり、2011年度になってようやくこの悪化傾向に歯止めがかかったようである。

　以上の結果、コンバインドレシオ（C/R、損害率＋事業費率）はここ4年間は100％を上回り、2011年度には約117％となっている。

　C/Rの100％超えは、損害保険の本来事業が赤字に陥っている状態を示している。この状況からどのようにして脱却を図るか経営の手腕が問われる。

　損害率が高止まりをする可能性が高いため、損害保険の本来事業で利益を稼ぎ出すためには、売上高の増加と事業費率の改善がどうしても必要になる。

　人件費、ITコスト等の物件費のほか、事業費の約半分を占める代理店手数料の削減にメスが入るはずである。保険代理店の経営も正念場を迎える。

第 3 章　自由化の進展と損害保険代理店をめぐる環境の激変

[3-2]　損害率、事業費率、合算比率（C/R）の年度別推移

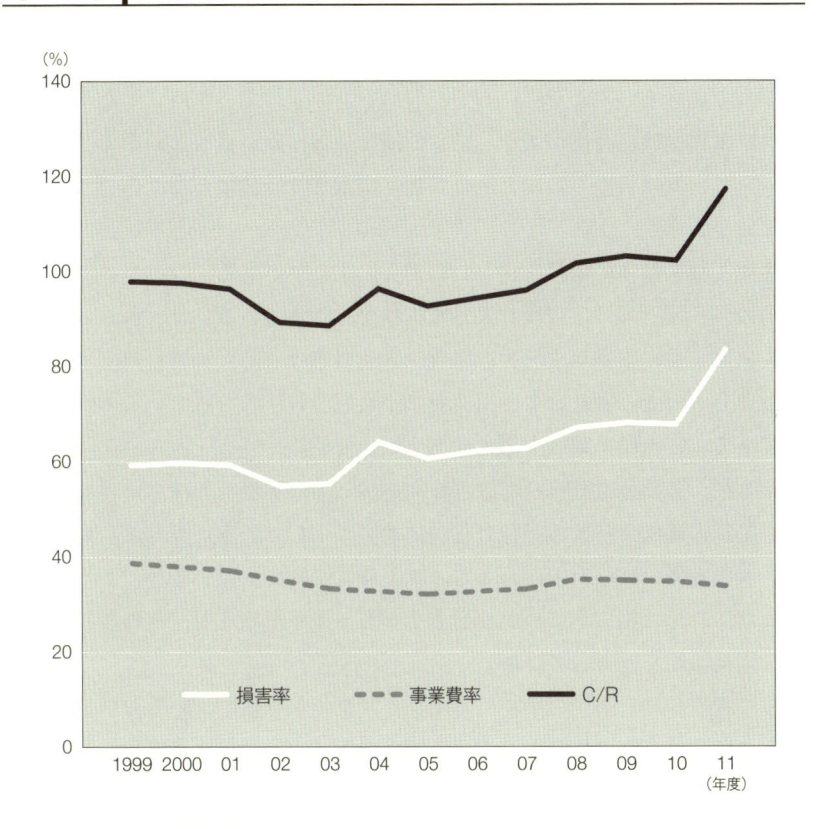

基礎データ（1年置き）

(単位：％)

	1999年度	2001年度	2003年度	2005年度	2007年度	2009年度	2011年度
損害率	59.2	59.2	55.3	60.6	62.8	68.1	83.4
事業費率	38.7	37.1	33.3	32.1	33.2	35.0	33.8
C/R	97.9	96.3	88.6	92.7	96.0	103.1	117.2

（注）　損害率には損害調査費を含む。
（出典）　日本損害保険協会発表資料、インシュアランス統計号

3-3 損保各社の事業費率、損害率の年度別推移（単体決算ベース）

　損害保険業界全体の動きが、個々の保険会社の経営指標にどのような結果となって現れているかをみたのが、右ページの2種類のグラフである。

　日本損害保険協会に加盟をしている国内損害保険会社のなかから、単体決算ベースで保険料売上規模の上位3社と中堅2社を代表として選び、5社間の比較を行った。

　まず、事業費率の推移を比べたのが上のグラフである。レベルの差はあるものの、5社ともにほぼ同じような推移をたどっていることがわかる。

　業界最大手の東京海上日動の場合、事業費率は一時は30％目前の水準にまで改善していた。各社とも、事業費率が最悪の数字になっているのが2008年度である。この年、共栄火災は40％を超えている。

　その後、各社ともそろって改善傾向を示しているが、興味深いのは、大手と中堅損害保険会社間の指標の差が急速に収束している点である。最大6ポイント程も開いていた差が、4ポイント程度に縮まっている。

　これに対し、損害率について過去7年間の推移をみると、どの会社も、急速な悪化傾向をたどっている。

　事業費率が経営規模の大小に関係なく収束傾向を示しているのに対し、損害率のほうは、その格差が拡大する傾向にある。2005年度にはほとんど差がなかったが、その差が年を追うごとに拡大しており、2010年度では8％、2011年度では11％程度にもなっている。

　この理由として考えれることは、まずは、①契約ポートフォリオの差（損害率のよい商品、地域、契約者のウェイト）であるが、さらに、②アンダーライティングの巧拙や、場合によっては③営業方針の差、などである。また、新しい着眼点として注目する必要があるのが、上記のような視点から損益構造を分析し、改善する能力、すなわち、④保険会社の"ロス管理能力"、の差である。ロス管理とは、いささかむずかしい概念であるが、"保険金不払"とはまったく違う内容であることを付言しておきたい。

第 3 章　自由化の進展と損害保険代理店をめぐる環境の激変

[3-3]　損保各社の事業費率、損害率の年度別推移（単体決算ベース）

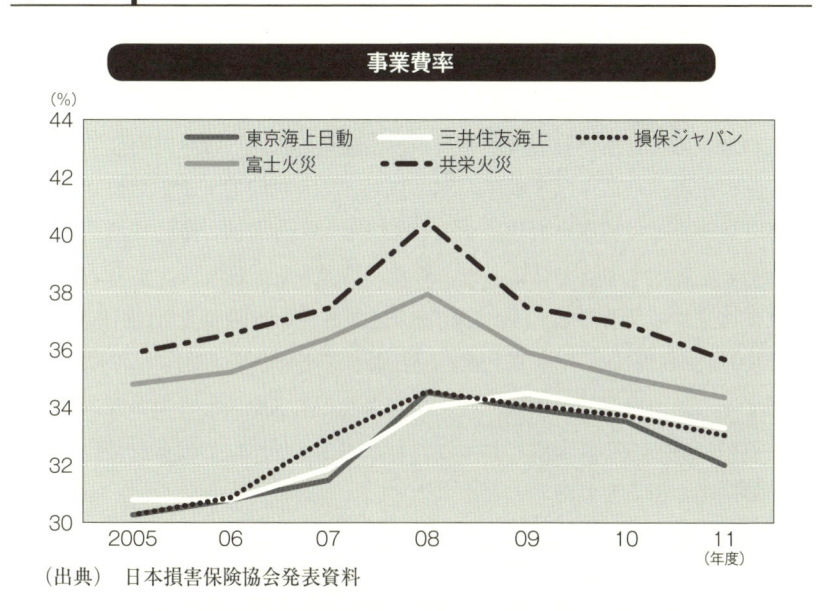

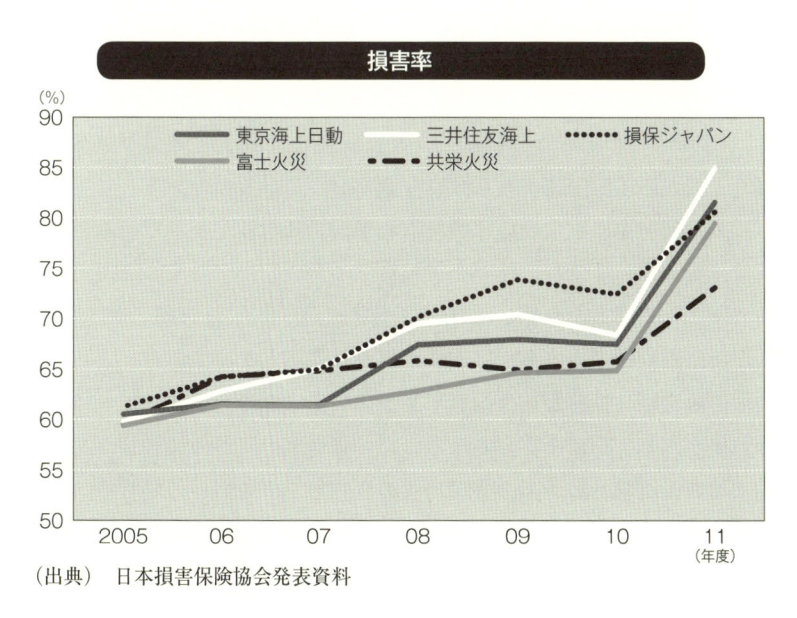

事業費率

凡例：東京海上日動／三井住友海上／損保ジャパン／富士火災／共栄火災

（出典）　日本損害保険協会発表資料

損害率

凡例：東京海上日動／三井住友海上／損保ジャパン／富士火災／共栄火災

（出典）　日本損害保険協会発表資料

3-4 日米損保産業の事業成績比較（2010年）

　これまでの説明で明らかになったように、日本の損害保険各社の経営指標は、保険料率の自由化突入以降、急激に悪化している。

　右の図表は、日本の損害保険産業の事業成績を米国と比べたものである。

　米国の損害保険市場は、世界の33％以上という圧倒的シェアを誇り、わが国より遥か以前に料率自由化に突入している。その米国の事業成績を、わが国のそれと比較することによって、今後の課題を浮き彫りにしてみる。

　まず、正味収入保険料はわが国の5.7倍である。米国の名目GDPは、2011年で約1,430兆円（1ドル＝95円換算）となっており、わが国（約470兆円）の3倍である。国民経済の差以上に、損害保険の収入保険料の差が大きくなっているのである。この理由としては、わが国損害保険における企業物件関係の市場開拓が不十分であることが大きい。

　支払保険金の総額は、わが国の6.2倍であり、収入保険料の差以上に大きい。この結果、米国の損害率は73.5％となっており、わが国より早くから7割台が定着した格好となっている。

　損害率以上に彼我の差が大きいのが事業費率の差である。事業費の総額は、わが国の4.7倍程度に抑えられており、損害保険事業の効率経営（ローコスト・オペレーション）が定着している。その結果、米国の事業費率は28.4％となっており、わが国の34.6％よりも6％も低くなっているのである。当然、事業費の半分程度を占める代理店手数料もわが国よりも低くなっているが、この分析は、第4章－8で行いたい。

　損害率と事業費率を合算したコンバインドレシオは、ほぼ同じ水準であり、ともに損害保険の本来事業では利益が出ない構造となっている。

　米国の場合は、以前から、損害事業本体の赤字を資産収益で補ってきたという歴史がある。それを支えているのが、資産運用収益の大きさである。

　2010年度の場合、わが国の約10倍もの収益をあげているのである。資産の運用環境がまったく違うわが国損保がこのモデルをマネることはできない。

[3-4] 日米損保産業の事業成績比較（2010年）

	経営指標	日本	米国	米国（円換算） （1ドル＝95円）
保険料	正味収入保険料	6兆9,710億円 （▲0%）	4,205億ドル （▲0.4%）	39兆9,475億円 （日本の5.7倍）
保険金	発生保険金①	4兆3,187億円	2,565億ドル	
	損害調査費②	3,844億円	526億ドル	
	正味支払保険金（①＋②）	4兆7,031億円 （▲0.9%）	3,091億ドル （+0.9%）	29兆3,645億円 （日本の6.2倍）
事業費	手数料、営業費および一般管理費	2兆4,125億円 （▲1.1%）	1,196億ドル （+2.2%）	11兆3,620億円 （日本の4.7倍）
経営諸比率	損害率	67.5%	73.5%	
	事業費率	34.6%	28.4%	
	C/R	102.1%	101.9%	
資産運用収益	資産運用収益と資産運用費用（「有価証券売却損」と「有価証券評価損」の合計）の差	4,811億円	529億ドル	5兆255億円 （日本の10.4倍）
当期純利益 （税引後）		1,275億円	347億ドル	3兆2,965億円 （日本の25.9倍）

（出典） 米国保険情報協会（Insurance Information Institute, III）発行「The Insurance Fact Book 2012」、日本損害保険協会ホームページ

3-5 (米国と韓国) 損害率、事業費率、C/Rの年度別推移

　次ページのグラフと表は、米国と韓国の主要経営指標の年度別推移である。実は、韓国損害保険市場は、日本よりも数年早く保険料率の自由化に突入しており、新商品開発や自動車保険通販、銀行窓販等の保険販売の流通改革などをめぐって、激しい競争状態に陥っている。

　まず米国の場合であるが、損害率は変動幅が大きいが、2008年度以降は70％台の高い水準が続いている。これに対し、事業費率のほうは、安定的に27％前後の水準を保っており、成熟した自由化市場における販売経費の基点を教えてくれる。以上の結果、コンバインドレシオは、ほぼ100％前後の数字で推移をしており、損害保険の本来事業分野で利益を稼ぎ出すことがむずかしいことを示している。

　一方、韓国をみると、表にみるとおり、米国と実によく似た動きを示している。ただ、両国の間で、二つの指標の水準はかなり違っている。韓国のグラフも示したかったが、スペースの関係から割愛をせざるをえなかった。

　まず損害率であるが、米国よりも年度によっては10％近くも悪く、ほぼ8割に近い水準で推移をしている。わが国同様、韓国の場合も、自動車保険が損害保険市場における主力の商品となっているが、その損害率が日本よりかなり悪いのである。交通事情も悪いが、保険会社間で激烈な競争が展開されており、保険料水準の引上げがむずかしいことが理由である。

　これに対し、事業費率のほうは、米国よりもかなり低く、平均で4％、直近の2010年度では7％もの差となっている。韓国の事業費率の低さは、ITの徹底活用による経営効率の改善と、販売制度の効率のよさによってもたらされている(『図説　損害保険ビジネス〔補訂版〕』(金融財政事情研究会刊))。

　韓国損害保険市場における主力の販売制度は、保険会社専属の営業直販社員(保険設計士)と専属代理店となっており、代理店手数料の水準は約13％である。韓国の場合、損害率の高さにもかかわらず、コンバインドレシオが100％前後で推移できている理由は、この事業費率の低さによる。

第 3 章　自由化の進展と損害保険代理店をめぐる環境の激変

| [3-5] | （米国と韓国）損害率、事業費率、C/Rの年度別推移 |

米 国

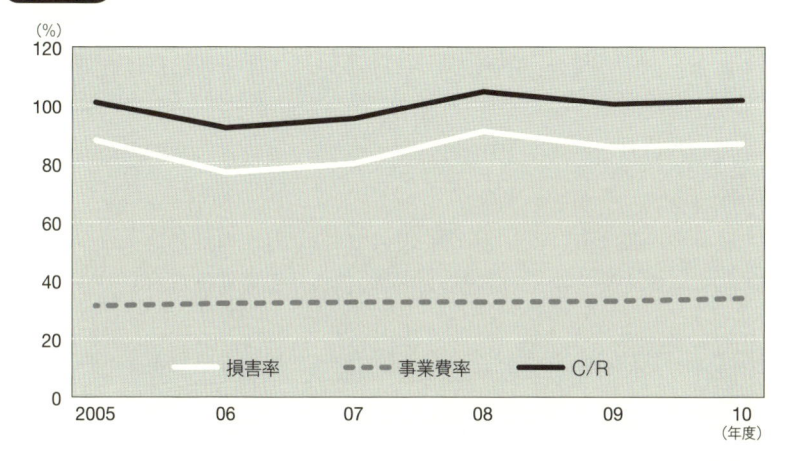

(単位：%)

	2005年度	2006年度	2007年度	2008年度	2009年度	2010年度
損害率	74.6	65.2	67.7	77.1	72.5	73.5
事業費率	26.3	26.9	27.4	27.3	27.7	28.4
C/R	100.9	92.1	95.1	104.4	100.2	101.9

（注）　損害率には損害調査費を含む。
（出典）　米国・III 発行「The Insurance Fact Book 2012」

韓 国

(単位：%)

	2005年度	2006年度	2007年度	2008年度	2009年度	2010年度
損害率	77.6	78.3	76.0	76.4	77.7	79.2
事業費率	22.9	23.2	23.2	27.6	23.3	21.6
C/R	100.5	101.5	99.2	104.0	101.0	100.8

（注）　損害率には損害調査費を含む。
（出典）　韓国保険統計月報（保険開発院）

3-6 日・米・欧・韓の主要経営指標比較（2010年度）

　右ページの図は、すでにみてきた日本、米国、韓国の3カ国に、英国とドイツを加えた先進5カ国を代表する損害保険会社の主要経営指標を比較したものである。米国の場合、本来であればステートファームの指標を使うべきであるが、同社はミューチュアル（日本における相互会社）の経営形態をとっているため、経営指標の開示が株式会社とは違っている。このため、株式会社形態をとるオールステートを採用した。

　また、比較年度として2010年度を使ったのは、日本の場合、東日本大震災とタイの大洪水が発生を受け、2011年度の損害率が異常値を示しているためである。

　グラフをみて一目瞭然であるが、日本の場合、損害率が悪化をしてきているとはいっても、7割を切る水準は5カ国中では最も低い水準なのである。

　ただ、東京海上日動火災の場合、2011年度の損害率は81.6％と跳ね上がっている。大震災など異常災害の影響を受けない平常年のレベルがどの水準に落ちつくのか、今後の推移が注目される。

　なお、RBS保険会社とは、RBS（Royal Bank of Scotland、金融コングロマリット）傘下の損保会社であり、英国シェア第2位の大手である。通販損保のビジネスモデルを考案して急成長を遂げたダイレクトライン社を傘下に抱えている。同社は、優良契約者を安売りでねらい撃つ、いわゆる、"チェリーピッキング（いいとこ取り）"のビジネスモデルから転換し、全方位外交に切り替えているが、損害率は異常な高さを示している。

　注目すべきなのが、わが国以外の各損害保険会社の事業費率の低さである。

　30％未満は当然の水準になっており、25％を切る水準の損害保険会社が半数近くにのぼっているのである。サムスン火災などは、2010年度の事業費率は、20.4％と20％を切る直前まで水準を下げている。

　事業費率を他国並みの水準にまで下げるためには、単なる経費削減だけでは無理である。事業費率の削減をめぐる今後の方向性については後で述べる。

第 3 章　自由化の進展と損害保険代理店をめぐる環境の激変

[3-6]　日・米・欧・韓の主要経営指標比較（2010年度）

C/R（コンバインドレシオ）

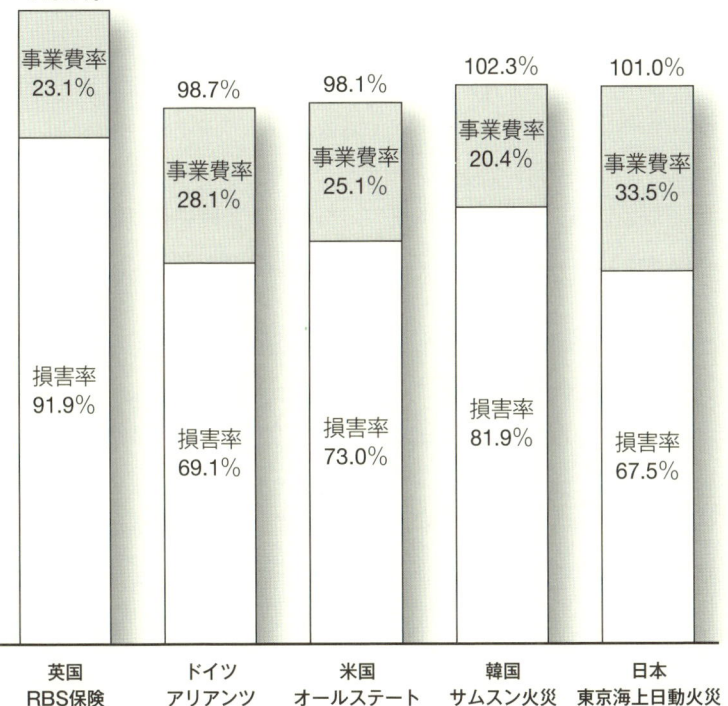

- 英国 RBS保険：115.0%（事業費率 23.1%、損害率 91.9%）
- ドイツ アリアンツ：98.7%（事業費率 28.1%、損害率 69.1%）
- 米国 オールステート：98.1%（事業費率 25.1%、損害率 73.0%）
- 韓国 サムスン火災：102.3%（事業費率 20.4%、損害率 81.9%）
- 日本 東京海上日動火災：101.0%（事業費率 33.5%、損害率 67.5%）

ポイント
- 日本の事業費率の高さが際立っている（30％未満が当然の水準）。
- 営業スリム化の事業モデルとIT投資。

3-7 ビジネスモデル別にみた損益構造比較（2010年度）

　次に紹介をするのは、各損害保険会社の採用しているビジネスモデルによって、損害保険事業の損益がどのような結果となっているかの分析である。
　ビジネスモデルとして比較をしたのは、①100％間接販売（保険代理店や保険ブローカー）、②100％直接販売（おもに、通販）、それと、③両者をミックスしたマルチチャネル販売、の3方式である。
　①がこれまでの主力のビジネスモデルであり三井住友海上（単体）をサンプルとして選んだ。②は〈コラム7〉で紹介した通販専業損害保険会社であり、この分野でシェアトップのソニー損保をサンプルとした。③のサンプルとして選んだのが、その驚異的な成長性と収益性から注目を集めている米国・プログレッシブである。プログレッシブは、両立が困難と思われていた代理店販売と通販を融合するビジネスモデルを創設し大成功を収めている。なお、プログレッシブの市場対応戦略については、『図説　損害保険ビジネス〔補訂版〕』（金融財政事情研究会刊）を参考としていただきたい。
　ソニー損保とプログレッシブは、ともに、個人自動車保険が主力の取扱商品である点で、比較をするうえでのサンプルとしては最適である。結果はグラフに示したとおりであり、②の通販100％のモデルが圧倒的に高い収益性を確保している。次いで、③のプログレッシブであり、①の間接販売100％のビジネスモデルの不利は否めない。
　損害保険事業の収益性は、個人物件や企業物件の構成割合、そのなかにおける保険商品のポートフォリオ、アンダーライティングや前述したロス管理能力、などさまざまな要素によって決定される。そのため、保険商品の流通手段（販売制度）の差だけで、結果を判断するのはいささか乱暴な見方である。
　それにしても、この結果は衝撃的である。特に、個人保険市場を相手にする限り、直接販売をとるほうが収益性の点からみるとかなり有利と思われる。
　なお、プログレッシブの社費（人件費＋物件費）と代理店手数料率は、開示されているものではなく、われわれの推定であることをお断りしておく。

第 3 章　自由化の進展と損害保険代理店をめぐる環境の激変

| [3-7] | ビジネスモデル別にみた損益構造比較（2010年度） |

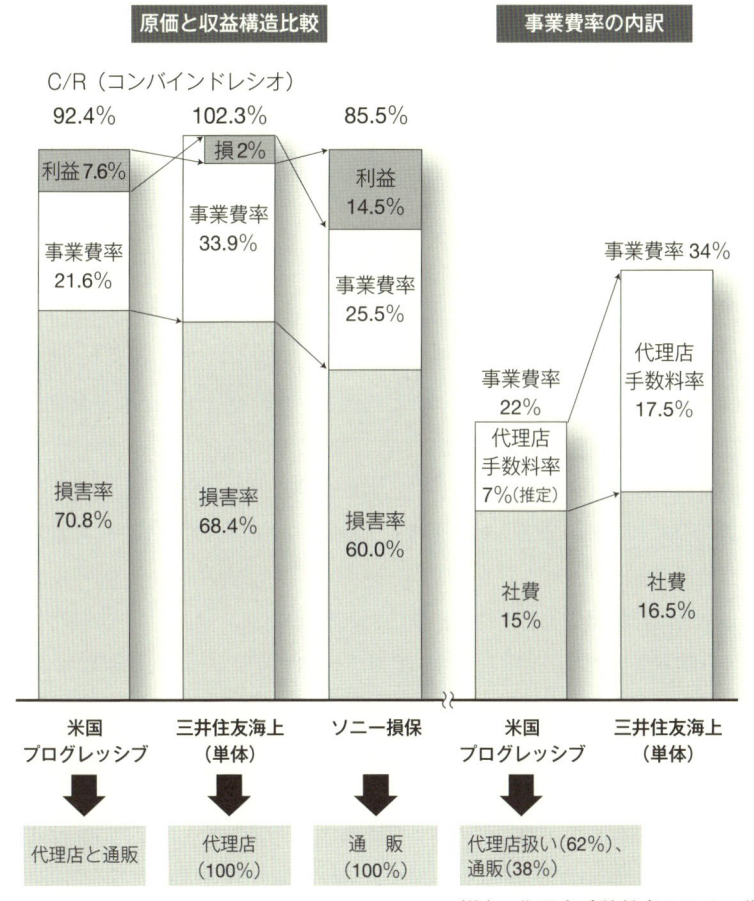

原価と収益構造比較

C/R（コンバインドレシオ）

米国プログレッシブ　C/R 92.4%
- 利益 7.6%
- 事業費率 21.6%
- 損害率 70.8%

三井住友海上（単体）　C/R 102.3%
- 損 2%
- 事業費率 33.9%
- 損害率 68.4%

ソニー損保　C/R 85.5%
- 利益 14.5%
- 事業費率 25.5%
- 損害率 60.0%

事業費率の内訳

米国プログレッシブ　事業費率 22%
- 代理店手数料率 7%（推定）
- 社費 15%

三井住友海上（単体）　事業費率 34%
- 代理店手数料率 17.5%
- 社費 16.5%

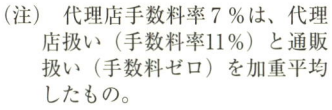

販売チャネル：
- 米国プログレッシブ → 代理店と通販
- 三井住友海上（単体） → 代理店（100%）
- ソニー損保 → 通販（100%）
- 米国プログレッシブ → 代理店扱い（62%）、通販（38%）

（注）代理店手数料率7％は、代理店扱い（手数料率11％）と通販扱い（手数料ゼロ）を加重平均したもの。

ポイント
- 事業費率は、無店舗販売で営業関係経費がほとんど不要な通販系ビジネスモデルが最も有利である。
- 通販の仕組みをビジネスモデルに組み込む戦略が必要。

コラム 9　直接販売の類型とそれぞれのメリット／デメリット

　損害保険会社による保険商品の流通手段としては、保険代理店や保険仲立人を間に立てる「間接販売」と、自らが販売する「直接販売」の二通りがある。本書の主題が「保険代理店」であるため、ここまでは「直接販売」についてはほとんどページを割いてこなかった。

　ここであらためて、保険代理店による販売の対極にある直接販売の特徴と、そのメリット・デメリットを整理してみた。

　まず、「直接販売」には、「非対面販売」と「対面販売」の二通りの方式がある。損害保険は、目にみえない商品を扱っているため、顧客と面談を行い、わかりやすく説明を行いながら商談を進める「対面販売」が、これまでは主流の販売方式とみなされてきていた。

　その常識をくつがえしたのがインターネットやコールセンターを活用する通販損保のビジネスモデルであった。通販モデルは、ビジネス参入時の先行投資の大きさが問題である。ただ、収入保険料（売上）がある規模に達し、先行投資分を償却した後は、急激に利益を稼ぎ出すことができるという特徴がある。ソニー損保は、保険料収入が800億円程度の中堅損害保険会社であるが、事業費率は25％程度と低く、損害保険事業そのもので11％もの利益を稼ぎ出している（2012年3月末）。中堅・下位損害保険会社の事業費率は軒並み45％を超え、大幅な赤字に苦しむなかでのこの良好な決算内容は驚異的である。

　これに対し、対面による「直接販売」の販売方式は、かつては、中堅損害保険会社が、直販社員＝外勤社員制度として採用をしてきたモデルである。

　この販売方式は、人件費の固定費化が起こりやすく、また、人件費に見合う売上高の確保がむずかしいという課題を抱え、徐々に下火になっていった。

　一方、このビジネスモデルも、対象を企業物件、特に中堅・中小企業の市場に目を移してみると、違った展望がみえてくる。自社のブランド力を活かし、自社独自商品によって市場を開拓する戦略である。

第 3 章　自由化の進展と損害保険代理店をめぐる環境の激変

〈コラム 9〉 直接販売の類型とそれぞれのメリット／デメリット

| 直接販売 | ⇔ | 間接販売（保険代理店、保険仲立人） |

直接販売の類型	特徴とメリット	問題点
非対面販売 （通信販売） ● インターネットや電話を使った直接販売 ● カタログ販売 （例） ソニー損保、アメリカンホーム、三メガ損保（傘下に通販損保）	① 顧客の利便性 ● 24時間、365日加入が可能 ● 自由な契約設計 ● 代理店扱いよりも通常は安い保険料 ② 保険会社の戦略的メリット ● 営業店設置、代理店開拓が不要 ● 開拓したい地域への戦略的投資が可能 ● 顧客の選好がダイレクトに把握可能	● 先行投資の大きさ（システム構築費、コールセンター構築費） ● コールセンターの運営費 ● 代理店の反発 ● 損害サービスネットワークの構築 ● 懇切丁寧な説明ができない
対面販売 ● 直販社員＝外勤社員による直接販売 ● 直扱い＝営業社員による直接販売 （例） 富士火災、サムスン火災（韓国）	① 損害保険会社のブランド力等の活用 ● 会社のブランド、ネットワーク、ノウハウの活用 ② 戦略の徹底 ● 自社の戦略に合った市場、商品等への集中 ③ 自社固有の販売力を維持 ● 他社乗合のリスクなし ④ 懇切丁寧な説明が可能	● 人件費の固定費化 ● 人件費に見合う売上の確保 ● ノウハウの習得（市場開拓、販売）

3-8 損害保険代理店数と代理店手数料率の推移

　わが国損害保険産業が、料率の自由化時代に突入した2000年度以降の代理店数の推移を右ページ上のグラフで示した。60万店に近い数から、わずか11年間で19万7,000店へと劇的な減少を示している。

　第1章の「戦後における損害保険代理店発展の歴史」でみてきたとおり、わが国の保険代理店数は、戦後は昭和30年代を除き、ほぼ一本調子で増加の一途をたどってきた。代理店数がピークに達したのは1998年3月末の約62万店である。ただ、この数字はかなり水ぶくれをしている。1996年から開始された生損保の相互参入によって、生保の営業職員が2年がかりで、損害保険市場に入ってきたのである。当時は、一人ひとりが代理店登録を行う必要があったため、1997年の1年間だけで約15万店も代理店数が増えたのである。2000年に行われた保険業法の改正の結果、生命保険会社単位での代理店登録に切り替わったため2003年3月末の代理店数は、今度は激減する。

　このため、生損保の相互参入が行われる前年度1996年3月末の代理店数47万6,000店が、史上最高の数字であったものと推定される。

　自由化突入後は、非効率代理店の整理縮小へと、各損害保険会社の代理店政策は劇的に変化を遂げた。1999年以降は、毎年、廃業代理店数が新設代理店数を上回っている。代理店の減少数の多い都府県は、東京、神奈川、千葉、大阪、福岡、兵庫などの大都市圏である。多くの非効率代理店は、大都市圏に集中していたのである。

　右ページ下のグラフは、代理店手数料率の推移である。代理店手数料率が、完全な自由化に突入をしたのが2003年であるが、横ばい気味であった手数料率は、2007年を境に上昇に転じ、ここ数年は高止まりをしている。

　新代理店手数料率体系が、この結果をもたらした観がある。ただ、新手数料体系が、この間、代理店の大型化と効率化を促したことは間違いがない。

　わが国の代理店手数料率は、海外と比べると、かなり高い水準にある。現在の手数料体系は、一定の役割を終えたはずであり、次の展開が注目される。

第3章　自由化の進展と損害保険代理店をめぐる環境の激変

[3-8] 損害保険代理店数と代理店手数料率の推移

損害保険代理店数の推移

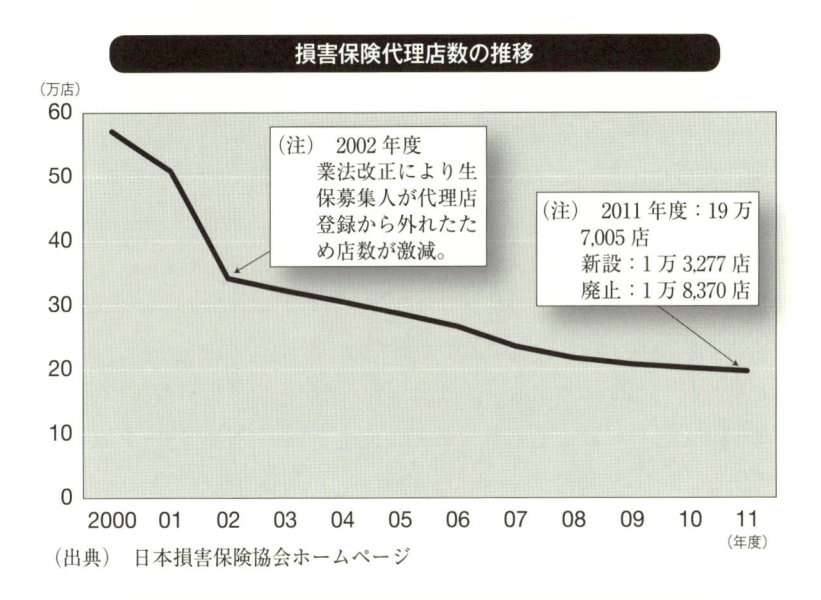

（注）2002年度業法改正により生保募集人が代理店登録から外れたため店数が激減。

（注）2011年度：19万7,005店
　　　新設：1万3,277店
　　　廃止：1万8,370店

（出典）　日本損害保険協会ホームページ

代理店手数料率の推移

（注）2003年度代理店手数料率自由化元年。

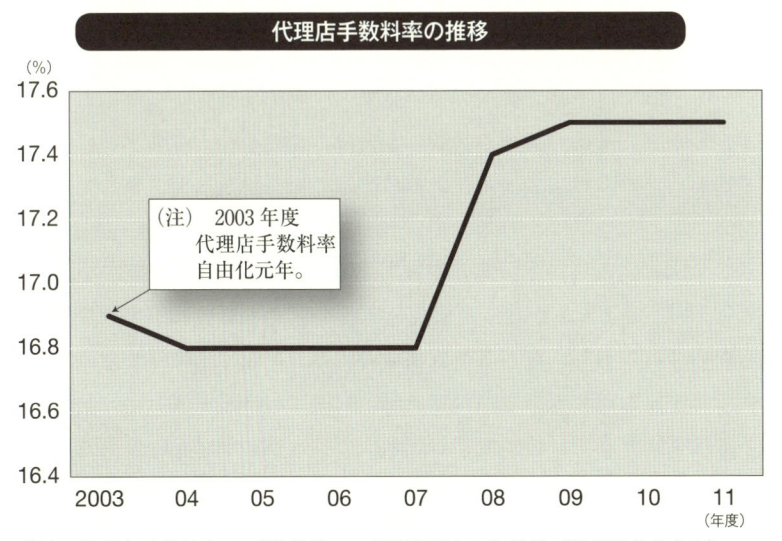

（注）　代理店手数料率は、「営業費＋一般管理費」より逆算（諸手数料を含む）。
（出典）　日本損害保険協会発表資料（決算概況）

3-9 日米間の代理店手数料率比較（個人自動車保険）

　この章の最後に示すのが、日米の代理店手数料を比較したグラフである。
　わが国の代理店手数料水準が17％台で、韓国における代理店手数料水準の13％程度よりもかなり高いことを説明してきた。
　一方、自由化先進国である米国における肝心の代理店手数料率について、ようやく確定的な数字を入手することができた。個人自動車保険の分野で、代理店手数料総額を正味収入保険料で割った水準は8.5％である。ただ、米国の場合、個人自動車保険の市場では通販損保が2割程度のシェアをもっており、これを調整すると、実際の手数料率は、平均11％程度と推定される。
　この数字は、数度にわたる米国出張で多くの保険代理店からヒアリングした手数料率とほぼ一致する水準である。また、ホームオーナーズ（わが国における住宅総合保険に類似の大型商品）の場合、平均13％程度である。
　いずれの商品の場合も、わが国よりも6％程度も低いのである。日米間の事業費率の比較を行ってきたが、その差のかなりの部分を代理店手数料率の差で説明ができるのである。実際、右ページのグラフでみるとおり、社費（人件費＋物件費）の水準は、日米間でさしたる差はない。こうみてくると、第3章　5や6でみてきた韓国の事業費率の圧倒的な低さがいかに驚異的であるかがわかってくる。韓国の社費の割合は、10％そこそこの水準にすぎないのである。なお、日本の場合、保険種類別の損益構造は開示されていない。
　一方、このグラフは、日米の損害率の差について、興味深い事実を示している。米国の個人自動車保険の損害率は75.5％であり、わが国の全種目合計の損害率67.5％よりもかなり高い。一方、その高さの原因は損害調査費によってもたらされており、被害者や被保険者に渡る実際の損害保険金の割合は日米間でほとんど同じであったのである。米国は、訴訟王国であり、多くの交通事故事案に弁護士が絡んでくる。米国では、自動車保険の事故処理に、わが国のように示談代行の仕組みは許されていない。損害調査費の大部分が弁護士費用に充てられているのである。
　日本は代理店手数料、米国は弁護士費用が、構造的問題なのである。

第 3 章　自由化の進展と損害保険代理店をめぐる環境の激変

[3-9]　日米間の代理店手数料率比較（個人自動車保険）

米国の個人自動車市場（2010年度）
コンバインドレシオ：100.7%

- 事業費率 25.2%
  - 代理店手数料率 8.5%（除く通販、約11%）
  - 社費 16.7%
  - 損害調査費率 12.1%
- 損害率 75.5%
  - 純損害率 63.4%

日本の損保市場全体（2010年度）
コンバインドレシオ：102.1%

- 事業費率 34.6%
  - 代理店手数料率 17.5%
  - 社費 17.1%
  - 損害調査費率 5.5%
- 損害率 67.5%
  - 純損害率 62.0%

（内訳）　　　　　（内訳）

ポイント

① 事業費率は、日本のほうが圧倒的に高い。この原因は、代理店手数料の高さにある。
② 日米の損害率の差は、おもに、米国の損害調査費の高さによるものである。
③ 米国の損害調査費の高さは、おもに、弁護士委託費用の高さによるものと思われる。
④ 日本の損保は代理店手数料、米国の損保は弁護士費用の高さが構造的問題である。

（出典）　米国・III 発行「The Insurance Fact Book 2012」、日本損害保険協会発表資料（決算概況）

3-10 今後の収益環境の見通しと改善対策

　自由化のいっそうの進行により、わが国損害保険産業は、ますます厳しい競争状態に陥っていくに違いない。ここでは、わが国損害保険産業の中期的な見通しとその対策についての我々の考えを提示をしてみることにしたい。

　まず、損害保険商品の原価に相当する損害率は、70％程度を下限として推移するものと考えている。各損害保険会社は、損害率の悪化を食い止めるべく必死の努力を重ねるのは当然である。それにしても、料率の自由化や業種や業態を超えた競争激化という枠組みは、良好な損害率の長期継続を許さない。損害率が改善すれば、それは即、保険料水準の低下圧力となって跳ね返ってくる。そこに、通販、共済など業種、業態を超えた激しい競争が、保険料の引下圧力となって圧しかかってくる。保険料率の自由化が先行している欧米や韓国の損害保険産業の損害率は、軒並み7割台であることをみれば、わが国だけその例外であることは考えられないのである。

　悪いことに、地球温暖化の進行による気象災害の増加や、地震等の自然災害が、不定期の間隔で、わが国損害保険会社に多額の保険金支払を余儀なくさせる。これからの損害保険会社は、損害率70％を下限とみて、経営のかじ取りを行う必要がある。

　一方、米国の場合とは異なり、わが国では、資産の運用環境は芳しくなく、損害保険事業本体の赤字を資産収益で補う経営モデルは採用できない。このため、今後は、損害保険事業の本業で利益をあげる体質への転換が何より求められるのである。

　この実現のためには、事業費率を現在よりも7％程度改善した27％程度に目標を設定することが求められる。まずは、社費と代理店手数料の双方の圧縮に向けた政策の総動員が必要である。これは、分子の改善策である。

　ただ、事業費という分子の改善だけではおのずから限界がある。より大事な視点は、新しい成長戦略の策定による分母である保険料収入の拡大である。各損保会社は、中堅・中小企業の開拓にその活路を見出そうとしている。

第3章 自由化の進展と損害保険代理店をめぐる環境の激変

| [3-10] | 今後の収益環境の見通しと改善対策 |

損害率は70％時代に突入したと覚悟すべきである ⇐
- 自由化の進行による競争激化は、保険料水準の持続的引下要因
- 地球温暖化等の影響による気象災害の増加や地震の多発化時代への突入など自然災害の影響

↕

- 損保の本来事業で収益をあげる体質への転換
- 事業費率27％台への改善

↕

代理店手数料水準の引下げ
- 手数料体系の見直し（増収貢献度、収益貢献度）
- 手数料水準の持続的圧縮

⇔

社費（人件費、物件費）の圧縮
- 営業効率の改善（支社、支店網の見直し、リストラ）
- 代理店への業務シフト

↕

成長戦略による分母（保険料規模）の拡大

3-11 代理店と営業課支社機能の抜本的改革（方向性）

　各損害保険会社は、戦後最悪となった2011年度決算を受け、給与水準やボーナス体系等の人事制度をはじめ、IT予算や広告・宣伝費、不動産の保有方針等あらゆる分野で事業経費の総見直しを行っている。ただし、これらは保険代理店の経営やビジネスには何の関係もない。

　右ページの図に示したのは、各損害保険会社が、事業費の圧縮に向けて取り組むと想定される政策のうち、保険代理店の経営に影響を与えそうなメニューである。

　まず、全国に張りめぐらせた営業拠点網の思いきった整理統合を進めるはずである。大都市圏を中心にして、複数の支社を統合し、不動産コストの圧縮を行うと同時に営業や事務要員の効率化を図る施策である。最近の営業支社の保険料規模は、大手損保の場合、かつての数十倍にも達している。

　この政策の延長として、大手損害保険会社が実験的に進めている施策が、営業支社の完全な廃止と支店への吸収の動きである。営業支社網は、大手損害保険会社が先鞭を付けて、1970～1980年代初頭に急拡大をさせた戦略であったが、その根本からの見直しがなされようとしている。

　営業拠点網の整備と合わせて推進されようとしている施策が、営業社員のリストラと配置転換である。残された営業社員も、市場開拓や他社のプロ代理店に乗合攻勢をかける"攻め"の部隊と、既存代理店との関係をキープする"守り"の部隊に役割分担がなされ、生産性の引上げが図られている。

　これらの営業改革が成功するかどうかのカギを握っているのが、保険代理店の大型化と自立化である。従来営業支社が担っていた役割の大部分を保険代理店に代替してもらおうとしているからである。

　保険会社主導で、核となる大型代理店への非効率代理店の吸収・合併が行われると同時に、代理店との取引基準保険料がさらにアップされそうである。

　営業改革の動きをサポートすべく、システムの抜本的改革が進行中である。中堅・中小企業の市場開拓と商品開発支援システムの開発が推進されている。なお、保険代理店の新たな動きについては第8～9章にて詳述する。

第 3 章　自由化の進展と損害保険代理店をめぐる環境の激変

[3-11]　代理店と営業課支社機能の抜本的改革（方向性）

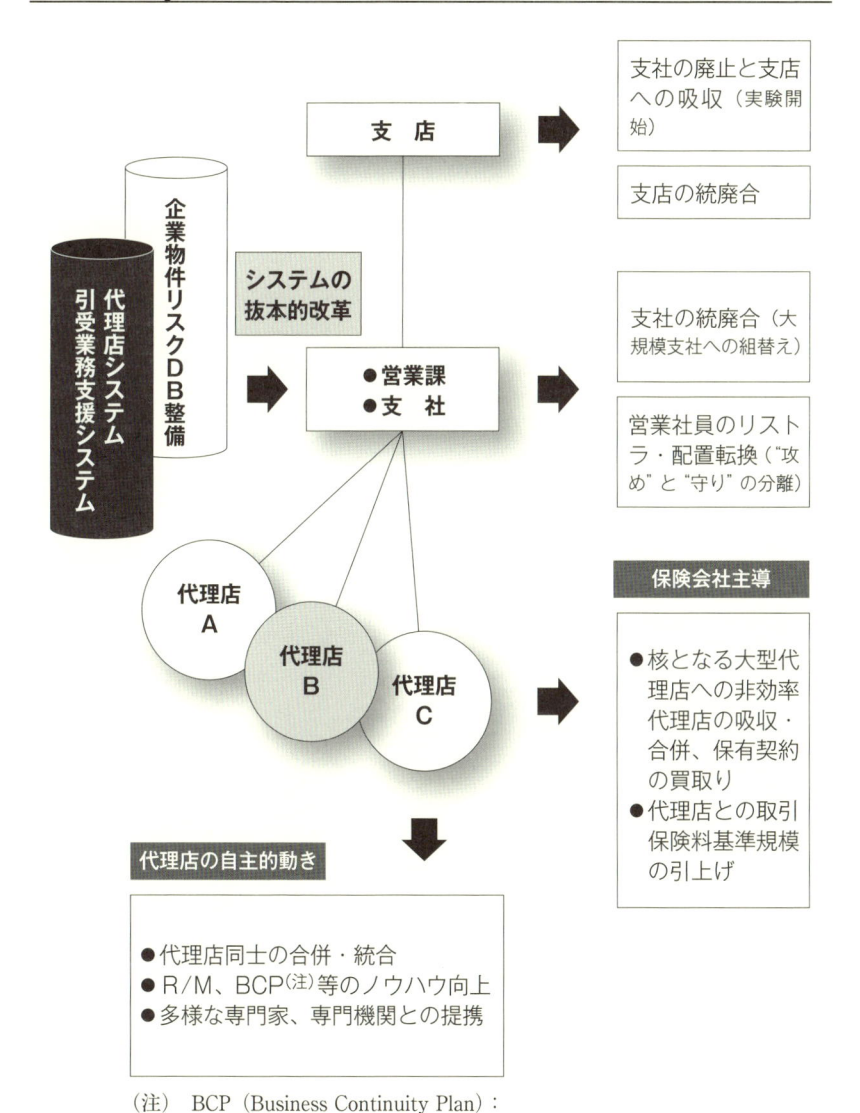

支店 →
- 支社の廃止と支店への吸収（実験開始）
- 支店の統廃合

システムの抜本的改革

企業物件リスクDB整備
代理店システム
引受業務支援システム

→ ●営業課　●支社 →
- 支社の統廃合（大規模支社への組替え）
- 営業社員のリストラ・配置転換（"攻め"と"守り"の分離）

代理店A　代理店B　代理店C

保険会社主導
- 核となる大型代理店への非効率代理店の吸収・合併、保有契約の買取り
- 代理店との取引保険料基準規模の引上げ

代理店の自主的動き
- 代理店同士の合併・統合
- R/M、BCP(注)等のノウハウ向上
- 多様な専門家、専門機関との提携

（注）　BCP（Business Continuity Plan）：事業継続計画

第4章
米国にみる損害保険会社の保険代理店戦略

Hibernian Insurance Company

4-1 米国損害保険市場の特徴

　この章では、米国における先進的な損害保険会社がとっている保険代理店戦略を、具体例をあげてみていきたい。自由化が進行するわが国損害保険市場の今後を展望するうえで、参考になる点が多いはずである。

　個別事例に入る前に、米国損害保険市場のもつ特徴を説明しておきたい。右の表に示したのは、米国保険市場の特徴を表すキーワードである。

　米国損害保険市場が「保険王国」であることは前に述べた。幅広い分野で保険商品が普及しており、保険料水準はわが国に比べると相当高い。その背景にあるのが、世界最大の「リスク王国」であるという事実である。

　世界で起きた過去最悪の保険事故・災害事例のトップ10のうち、八つまでもが米国で発生している。"ハリケーン・カトリーナ（2005年）"では約4兆円（1ドル＝95円換算）、"NY同時多発テロ（2001年）"では約2兆円（同）の保険金支払を余儀なくされている。なお、トップ10の残る二つは、日本で発生した"東日本大震災（2011年）"と"台風19号（1991年）"である。

　米国では、交通事故による死者は毎年3万人以上を数えており、5,000人を下回っている日本とは比較にならないほどの"交通戦争"のなかにある。"訴訟大国"でもあり、100万人超もの弁護士が、交通事故をはじめあらゆる紛争事案に絡んでくる。自動車保険や賠償責任保険が巨大な市場を構成する背景である。

　2,689社という損害保険会社の数は、50社程度にすぎないわが国の比ではない。多くの損害保険会社が激烈な競争を展開しており、市場から撤退を余儀なくされる保険会社も多い。保険会社同士の合併・統合等は日常茶飯事である。そのため、保険代理店がどの保険会社と取引をするのかを判断するときの大事な要素の一つがその会社の財務の健全性である。

　商品の品揃え、販売手法、保険代理店との関係、保険周辺サービスの提供等の面でさまざまなビジネスモデルがあり、経営変革のスピードも早い。これらの市場の特徴を形成する背景をなしているのが米国の国民性である。

　「官」より「民」を重視し、「自立」と「独自性」を大事にしている。

第4章　米国にみる損害保険会社の保険代理店戦略

| [4-1] | 米国損害保険市場の特徴 |

- ☐ 圧倒的な保険料規模（世界全体の3割強）と巨大リスクを抱えた「保険王国」
- ☐ 保険会社数の圧倒的多さ（2010年、2,689社）と激烈な競争市場
- ☐ 州別の監督・規制（保険会社、代理店、保険ブローカー）
- ☐ 収支は常に赤字基調、アンダーライティングサイクルの存在
- ☐ 世界的規模の損保会社と特定地域特化や特定商品特化の損保会社の存在
- ☐ 多様なビジネスモデルの存在と変革の相次ぐ企業経営
- ☐ 「競争」と「協調」の枠組みの調和（商品・帳票・オンライン処理手順などの「標準化」が定着）

米国の国民性の背景

- 「結果の平等」よりは、「機会の均等」を求める国民性（「競争重視」）
- 「自立（Independent）」というキーワード（「自立」を重要視する国民性。州の連邦政府からの自立、自立した代理店）
- 「民間」重視の意識（リスクへの対処は、「民間」依存がベース。健保、労災など）
- 「独自性」を重視する国民性（マネを嫌う国民性）
- 多様な人種と多様な言語、文化・宗教のミックス社会（わかりやすさの追求、合理的思考の追求）

4-2 米国個人物件市場の商品構成と代理店構成（2010年）

　右図に示したのが、米国の市場構成である。米国では、個人物件（パーソナル）市場と企業物件（コマーシャル）市場がほぼ半々という割合になっている。個人物件市場が8割に近いわが国とは大きな違いである。

　米国では、個人物件市場と企業物件市場とで、保険商品、販売チャネル、損害保険会社がほぼ明確に分かれているという点に特徴がある。

　個人物件分野の保険商品は、個人自動車保険とホームオーナーズ保険（わが国の住宅総合保険に類似のパッケージ商品）の二つが主力である。

　個人物件市場における販売チャネルには、専属代理店、独立代理店、それに、通信販売（通販）がある。通販は、1990年代の半ば以降、新しい保険の流通手段として登場し、急激にシェアを伸ばしている。

　一方、この巨大な米国保険市場で商売を行っている保険代理店（保険ブローカーを含む）の数は、企業物件市場を含めても7万4,500店にすぎない。わが国の代理店数は、ピーク時に比べて激減したとはいえ19万7,000店（2012年3月末）であり、米国の3倍近くにも上るのである。

　米国の代理店1店当りの取扱保険料は約5億4,000万円（1ドル＝95円換算）であり、約3,600万円のわが国の15倍もの大きさである。これを代理店手数料収入で比べてみると、米国の約6,500万円／1店（推定）に対し、わが国は約600万円／1店にすぎない。米国の代理店手数料水準は、個人物件以外は不明なためこの数字は推定である。わが国の場合、保険代理店の大型化が進んでいるとはいっても、この平均売上高では個人事業主の域を出ない。

　米国の場合、戦後は一貫して専属代理店が独立代理店の市場を奪ってきたが、最近は通販が専属と独立代理店の両方の市場を奪っている。通販に関する正確な統計はなく、15％というのはわれわれの推定である。

　なお、専属代理店一本で経営をしている保険会社はステートファーム1社に絞られてきた。損害保険会社の販売チャネルのマルチ化が進んだ結果、専属代理店と独立代理店の保険料規模は正確には把握できなくなっている。

第 4 章　米国にみる損害保険会社の保険代理店戦略

[4-2]　米国個人物件市場の商品構成と代理店構成（2010年）

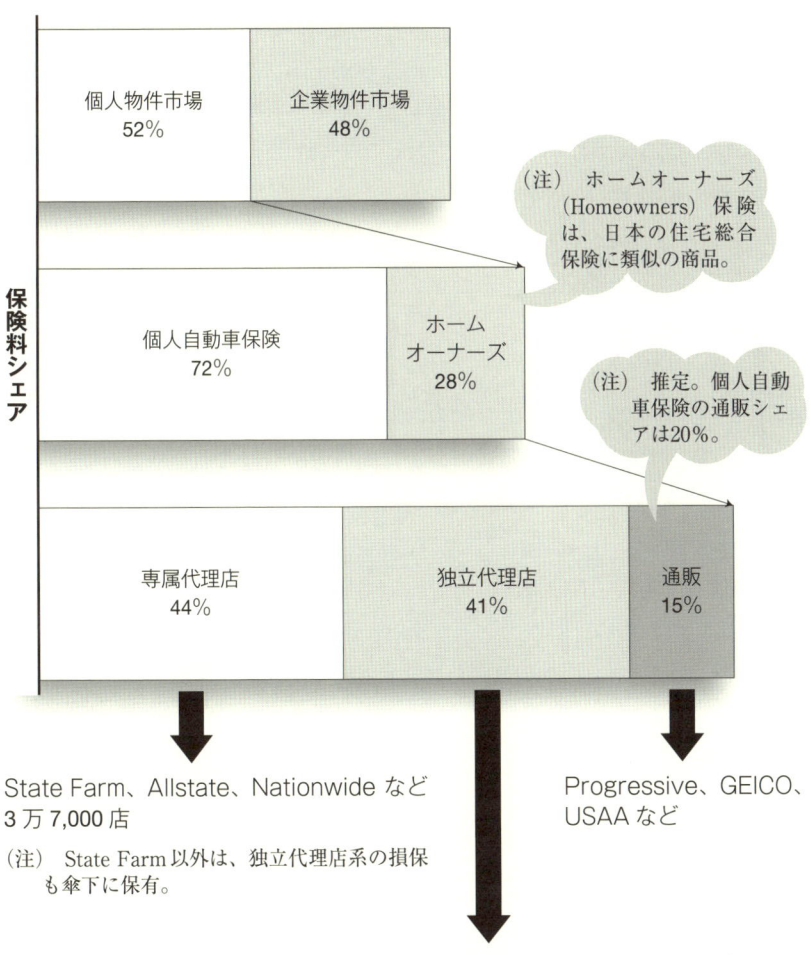

保険料シェア

| 個人物件市場 52% | 企業物件市場 48% |

| 個人自動車保険 72% | ホームオーナーズ 28% |

（注）ホームオーナーズ（Homeowners）保険は、日本の住宅総合保険に類似の商品。

（注）推定。個人自動車保険の通販シェアは20%。

| 専属代理店 44% | 独立代理店 41% | 通販 15% |

State Farm、Allstate、Nationwide など
3万7,000店

（注）State Farm 以外は、独立代理店系の損保も傘下に保有。

Travelers、Progressive、Liberty Mutual など
3万7,500店

Progressive、GEICO、USAA など

（出典）米国・III 発行「The Insurance Fact Book 2012」

4-3 米国個人自動車保険の会社別保険料シェア（2010年）

　右ページの表は、米国個人自動車保険市場における保険会社別保険料シェアである。まず気がつくことは、保険会社別シェアや順位が10年前はもとより、5年前と比べても大幅に入れ替わっていることである。

　シェア1位のステートファームと2位のオールステートは、個人物件市場分野で数十年来1、2位を占めてきたメジャープレーヤーである。一方、2社のシェアは徐々に低下している。個人自動車保険の分野で、ステートファームのシェアが20％を切ることなど、かつては考えられなかったことである。

　シェアが低下気味とはいえ、ステートファームの自動車保険料収入は約3兆円に達しており、東京海上日動の約3.5倍のボリュームとなっている。

　また、最近の特徴として顕著なのが、通販保険会社の急激なシェアアップである。シェア3位のGEICO（ガイコ、Government Employees Insurance Company）やシェア7位のUSAA（United Services Automobile Association）がその代表である。GEICOは、会社名が示すとおり、政府系役職員を相手に保険販売をしていた共済のような会社であったが、金融コングロマリットであるバークシャー・ハザウェイの傘下に入り、急激にその業容を伸ばしている。余談であるが、この会社は自社のマスコットとして"ヤモリ"の人形を使っている。英語でいえば、"ヤモリ"は、"gecko（ゲッコー）"である。発音とスペルが似ているところから採用したらしい。大リーグ野球のテレビ中継をみていると、時々この人形が登場する。

　わが国の通販損害保険会社のなかでシェア1位のソニー損保の自動車保険料収入が652億円であるのに対し、GEICO1社で1兆円を超えている。

　次の大きな特徴が、保険会社の採用する販売チャネルの急激なマルチ化である。シェア4位のプログレッシブが通販参入時に先鞭を付けた戦略であるが、最近の例ではオールステートが専属代理店一本の販売チャネル政策を、専属＋独立＋通販のトリプルチャネルに変えている。

　販売チャネルの多様化は、大きな流れになろうとしている。

第 4 章　米国にみる損害保険会社の保険代理店戦略

[4-3]　米国個人自動車保険の会社別保険料シェア（2010年）

	会社名	おもな販売チャネル	保険料（百万ドル）	保険料（1ドル＝95円換算）	シェア（％）
1	State Farm	専属	31,133	2兆9,576億円	18.7
2	Allstate	専属＋独立＋通販	16,988	1兆6,139億円	10.2
3	GEICO	通販	14,180	1兆3,471億円	8.5
4	Progressive	独立＋通販	12,845	1兆2,203億円	7.7
5	Zurich	専属＋独立	9,944	9,447億円	6.0
6	Liberty Mutual	独立	7,501	7,126億円	4.5
7	USAA	通販	7,269	6,906億円	4.4
8	Nationwide	専属＋独立	7,037	6,685億円	4.2
9	Travelers	独立	3,512	3,336億円	2.1
10	American Family	独立	3,228	3,067億円	1.9

（出典）　米国・III 発行「The Insurance Fact Book 2012」

日本との比較

- 東京海上日動火災の自動車保険（正味収入保険料、2010年度単体ベース）：8,508億円（個人＋企業）
- ステートファーム（個人自動車保険料）：東京海上日動火災（全自動車保険料）＝3.5：1
- 通販損保シェア1位のソニー損保の自動車保険（正味収入保険料、2010年）：652億円

4-4 米国ホームオーナーズ保険の会社別保険料シェア（2010年）

　右ページの表は、個人自動車保険と並んで米国個人物件市場の主要商品であるホームオーナーズ保険の保険会社別保険料シェアである。ステートファームとオールステートがシェアの1、2位を占めている。ステートファームの保険料収入は約1兆5,000億円であり、シェアは20％を超えている。

　わが国の火災保険のうち、住宅物件による保険料収入は全社を合わせても、わずか4,000億円強にすぎない。この保険料規模は、ステートファームの28％にすぎず、オールステート1社の数字にも満たない。

　そもそも、米国の"ホームオーナーズ保険"という商品は、わが国の住宅総合保険に類似の商品と解説されているが、"持ち家"にかかわる"すべてのトラブル"のめんどうをみる商品といったほうが実態には合っている。

　地震火災リスクが自動的に担保されているほか、当然ハリケーンやトルネード（竜巻）、あるいは雹（ひょう）害や雪害等による被害も多い。ハリケーンによる被害が甚大な南部各州から撤退する保険会社も多く、シェア10位には州の公的保険「フロリダ州公的保険」が入っている。最近では、"Mold（家カビ）"のようなリスクによっても、大きな保険金支払が発生している。

　一方、保険料単価の高さにもかかわらず、例年大きな赤字を余儀なくされている。2010年度のコンバインドレシオも107.3％となっており収支は大赤字である。その結果、ホームオーナーズ保険は、われわれの感覚からすれば、相当高額な商品になっているのである。

　個人自動車保険とは違って、通販保険会社が目立ったシェアをとっていないことも注目に値する。USAAがシェア6位に入っている程度である。

　プログレッシブはそもそもホームオーナーズ保険の取扱いを行っていない。これは、自社の強みが生かせない、という判断による。

　通販保険会社の保険料シェアが伸びない理由や、この商品にかかわる最近の話題については、98ページの〈コラム10〉で解説する。

第4章 米国にみる損害保険会社の保険代理店戦略

[4-4] 米国ホームオーナーズ保険の会社別保険料シェア（2010年）

	会社名	おもな販売チャネル	保険料（百万ドル）	保険料（1ドル＝95円換算）	シェア（％）
1	State Farm	専属	15,672	1兆4,888億円	21.9
2	Allstate	専属＋独立＋通販	6,866	6,523億円	9.6
3	Zurich	専属＋独立	4,703	4,468億円	6.6
4	Liberty Mutual	独立	3,730	3,544億円	5.2
5	Travelers	独立	3,295	3,130億円	4.6
6	USAA	通販	3,175	3,016億円	4.4
7	Nationwide	専属＋独立	2,832	2,690億円	4.0
8	Chubb	独立	1,764	1,676億円	2.5
9	American Family	独立	1,515	1,439億円	2.1
10	Citizens Property	フロリダ州公的保険	1,157	1,099億円	1.6

（出典） 米国・III 発行「The Insurance Fact Book 2012」

日本との比較

- 日本全体の住宅物件保険料（2010年度）は、4,175億円にすぎない（料率算出機構統計より、ステートファームの28％）。
- 米国の場合、ホームオーナーズ保険に関しては、通販損保のウェイトはいまだ低い。

コラム 10　ホームオーナーズ保険をめぐるトピックスから

　最近10年間のなかから、ホームオーナーズ保険の事業成績を、コンバインドレシオ（損害率＋事業費率）ワースト5で示してみた。最悪なのは2001年度の121.7％であるが、総じて厳しい結果を示している。

　この商品の事業費率はほぼ30％程度で安定的に推移をしているので、コンバインドレシオ悪化の原因は、損害率の高騰に尽きる。損害率が異常に高くなることによって、収支が恒常的に不安定な状態にあるのがこの商品の特徴である。

　地震に伴う建物・家財の倒壊や破損リスクが約款免責となっているほか、逆選択の防止の観点から、水災（洪水リスク）も約款上免責となっている等、一定のリスク対策を講じているのにこの高損害率なのである。

　また、前述の"Mold（家カビ）"リスクは、建物構造を劣化させるうえに、健康にも悪影響を与えるという厄介なリスクである。苦肉の策として、全米の40州以上の保険監督庁は、"家カビ不担保"とすることを保険会社に認めている。これらの州では、消費者は、別途、"Mold Insurance（家カビ保険）"への加入を検討するが、この保険に入ること自体がむずかしく、かつ、高額である。

　最近では、中国産の壁塗リ（Chinese Drywall）問題が発生している。新築の家なのに、卵が腐ったような臭いがして住めなくなる、という問題である。保険の支払対象になるかどうかはきわめて微妙なリスクであるが、こういった想定外のリスクが常に発生するところに、この商品のむずかしさがある。

　この商品が通販にはなじまない理由も、アンダーライティングのむずかしさと表裏一体の関係にある。ホームオーナーズ保険を引き受ける場合は、建物の老朽度、家カビの発生の有無等を実際に目でみて確認するのが普通であるからだ。

　なお、わが国の火災保険も、最近では、"自然災害保険"といってよいくらいに、自然災害の影響を受ける構図となっているが、米国のホームオーナーズ保険は、それを先取りした格好になっている。わが国の火災保険も、今後は、保険料率を引き上げざるをえない状況になってくるものと思われる。

第４章　米国にみる損害保険会社の保険代理店戦略

〈コラム 10〉ホームオーナーズ保険をめぐるトピックスから

ホームオーナーズ保険の事業成績（コンバインドレシオ（C/R））

過去10年間におけるC/R、ワースト５
① 121.7%（2001年度）　② 116.6%（2008年度）
③ 109.2%（2002年度）　④ 107.3%（2010年度）
⑤ 105.9%（2009年度）

ホームオーナーズ保険の収支が常に不安定な理由 →

① 巨大ハリケーンによる米国損保会社の巨額の支払（1ドル＝95円換算）
- "カトリーナ"（2005年）：約4.3兆円
- "アンドリュー"（1992年）：約2.1兆円
- "アイク"（2008年）：約1.2兆円

② カリフォルニア州等の地震リスク
- ノースリッジ地震（1994年）：約1.6兆円

③ その他の自然災害
- トルネード（竜巻）、雹（ひょう）害、雪害

④ 想定外のリスク
- "Mold（家カビ）"リスク
- 中国産の壁塗り（Chinese Drywall）問題

（注）この商品は、地震火災は自動担保されるが、地震による建物等の倒壊・破損や、水災（洪水）リスクは不担保となっている。これらのリスクに備える半公的な保険が存在する。
- Earthquake Insurance（地震保険）
- Flood Insurance（洪水保険）

ホームオーナーズ保険の通販シェアが低い理由 →

① 抵当額と保険金額の妥当性を実際の建物をみて確認する必要がある。

② 自動車保険のリスク要因は「ヒト」だが、火災保険は「モノ」がリスク要因。下記のようなリスク状況を把握して、アンダーライティングを行う必要がある。
- 老朽化の程度、周辺の環境、上記の家カビの発生状況など

③ 金融危機の影響で、「故意の火災（放火など）」などによる保険金詐欺への警戒が必要。

4-5 Allstate（オールステート）の保険代理店戦略

　ここからは、米国個人物件市場で先進的なビジネスモデルを展開している損害保険会社を例にあげて、その代理店戦略をみていくことにしたい。
　わが国におけるほぼ同規模の保険会社と経営指標の比較を行っている。
　オールステートは郊外型の大規模ショッピングセンター（シアーズ・ローバック）の子会社として、1931年に誕生している。同社を訪問すると、幹部諸氏は、「子会社が、親会社を上回った稀有な例」と自慢していた。
　この会社の取扱商品は、個人自動車保険、ホームオーナーズ保険、健康保険、生命保険などであり、個人物件分野に特化している。
　販売チャネルとしては、一貫して専属代理店方式を採用してきた。代理店の育成方法を聞いてみると、「代理店出身の専門家が、3年程度の期間をかけて、"shoulder to shoulder（肩を組んで）"で教え込む」、ということであった。実感がこもった言い方に感心したものである。
　専属代理店の育成方法の仕組みは、わが国の「代理店研修生制度」によく似ているが、①代理店営業で成功したプロを指導員としていること、②研修生自体が選び抜かれた少人数であること、そして、③徹底したOJT（実践訓練）で鍛え上げていること、の3点で内容は多少異なっている。
　これだけの手間ひまをかけて代理店を育成するため、専属代理店には、"満期表所有権"は与えられていない（序章-5参照）。
　この会社は個人物件市場において長くトップを独走しているステートファームの後を追いかけ、経営方針はマネの連続であった。その戦略を大きく変えたのは2000年代に入ってからである。専属代理店だけのシングル販売チャネル戦略を、独立代理店と通販を含むマルチチャネルに転換を図ったのである。まず、独立代理店系の損害保険会社を買収して傘下に収め、次いで、通販会社を設立して通販ビジネスに乗り出したのである。マルチチャネル化に伴い、従来の専属政策を"緩やかな専属"へと転換させ、他損保への乗合も条件次第で認めるようになったのである。

[4-5] Allstate（オールステート）の保険代理店戦略

■ 経営指標（2010年度）：東京海上日動火災との比較

比較項目	オールステート	東京海上日動火災（単体）
正味収入保険料 （1ドル=95円換算）	25,957百万ドル 2兆4,659億円	1兆7,427億円
損害率	73.0%	67.5%
事業費率	25.1%	33.5%
コンバインドレシオ	98.1%	101.0%
代理店数	1万3,000店 （専属だけで）	4万6,000店
社員数	約3万6,000人	約1万7,098人

（出典） オールステート「Annual Report 2010」、オールステートホームページ資料、米国・III発行「The Insurance Fact Book 2012」、東京海上決算関係資料

■ オールステートの代理店戦略

- 個人自動車保険、ホームオーナーズ保険、健康・生保の個人物件に特化

- 郊外型の大規模ショッピングセンター（シアーズ・ローバック）の子会社として1931年に誕生

- 専属代理店だけの営業体制を、2000年代にマルチ販売チャネル体制に大転換

4-6 Allstate（オールステート）のマルチ販売チャネル戦略

　右ページ上の図は、マルチ販売チャネル体制をとった後の、オールステートの販売体制図である。"Encompass"というのが、オールステートが傘下に収めた独立代理店系の損害保険会社である。

　下の図が、東京海上グループの最近の販売体制図である。海外子会社を除く国内の販売体制は瓜二つである。日本の他の二大損害保険グループも東京海上グループとほとんど同じ体制になっている。日米のメジャー損害保険会社は、ほぼ同じ時期に、マルチ販売チャネル体制に切り替わった。

　この体制の課題は、販売チャネル間の摩擦をどうやって回避するか、という1点に尽きる。特に問題になるのが通販の価格戦略である。通販は、"低価格"で多くの顧客を集める戦略をとることが多いため、保険代理店チャネルの反発を買い、場合によっては離反を招きかねないからである。

　オールステートもこの問題では相当な苦心を重ねたようである。最終的にとった戦略は、販売チャネル間で価格とアンダーライティングの差をなくすという方針であった。この戦略は、マルチ販売チャネルで先鞭を付けたプログレッシブと同じ路線を歩むものである。

　一方、通販専業損保（GEICOやUSAAなど）と比べると、オールステートは代理店手数料の負担があり事業費率が高い分、どうしても保険料水準を高く設定せざるをえない。このデメリットを補う方策として到達した結論は、"オールステート"というブランドを活かす、という戦略であった。

　2010年度におけるオールステート通販保険会社の保険料収入は、前年対比13％増の752億円（1ドル＝95円換算）である。24.6％増（2008年度）、25.4％増（2009年度）と推移をしているから、保険料水準が他の通販専業損保に比べて高いわりには順調に拡大をしているといえる。

　全販売チャネルを合計した自動車保険の満期継続率は88.7％、ホームオーナーズ保険は88.4％であるから、代理店チャネルの離反は起きておらず、総じて順調な営業成績をたどっている。

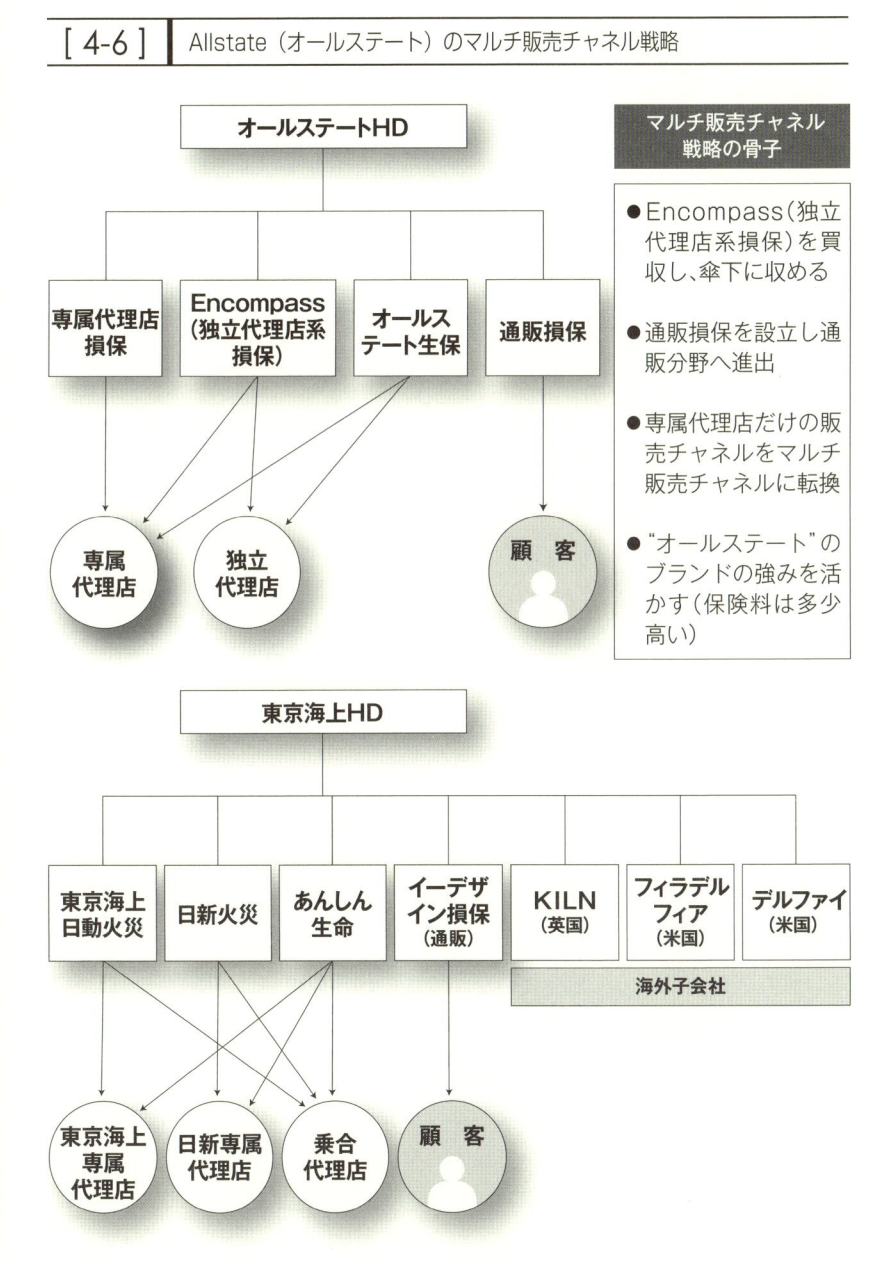

第 4 章　米国にみる損害保険会社の保険代理店戦略

| [4-6] | Allstate（オールステート）のマルチ販売チャネル戦略 |

オールステートHD
- 専属代理店損保
- Encompass（独立代理店系損保）
- オールステート生保
- 通販損保

→ 専属代理店
→ 独立代理店
→ 顧客

マルチ販売チャネル戦略の骨子

- Encompass（独立代理店系損保）を買収し、傘下に収める
- 通販損保を設立し通販分野へ進出
- 専属代理店だけの販売チャネルをマルチ販売チャネルに転換
- "オールステート"のブランドの強みを活かす（保険料は多少高い）

東京海上HD
- 東京海上日動火災
- 日新火災
- あんしん生命
- イーデザイン損保（通販）
- KILN（英国）
- フィラデルフィア（米国）
- デルファイ（米国）

海外子会社

→ 東京海上専属代理店
→ 日新専属代理店
→ 乗合代理店
→ 顧客

● 103 ●

4-7 Progressive（プログレッシブ）の保険代理店戦略
―戦略の骨子と背景―

次に紹介するのは、米国損害保険市場にあらゆる意味で革命をもたらしたプログレッシブの保険代理店戦略である。経営指標の比較は、三井住友海上（単体ベース）との間で行っている。

実は、前に紹介をしたオールステートの販売チャネル戦略の大転換に影響を与えたのは、プログレッシブが採用をしたダブル販売チャネルの成功であったとわれわれは考えている。2008年9月、オールステートの幹部の方々と販売チャネル戦略をめぐって議論をした時に、彼らは、「この戦略はわれわれが先行したものだ」と強弁をしていたが、これはどうみても違う。

プログレッシブは1937年に創業した歴史のある保険会社である。創業以来、独立代理店を相手に、「誰も引き受けてくれない契約（非標準自動車保険）」だけを引き受けて経営を行うというユニークな保険会社であった。ハイリスクな契約を引き受けて利益を残すために、徹底してアンダーライティング能力を磨いていったのである。それが、この会社の"強み"となる。

"非標準自動車保険（Non Standard Automobile Policy）"という概念はわが国にはない。レースカーやラリーカー、超高額なクルマ、あるいは、事故多発契約者のようなハイリスクな契約は、普通の損保会社では引き受けてくれない。そのため、契約者から相談を持ちかけられた独立代理店が頼りにしたのがプログレッシブであった。現在、4万店近い米国独立代理店のうち3万店がこの会社と乗り合っているのは、このニッチ戦略時代の名残りなのである。独立代理店系損害保険会社のなかでこの代理店の多さは際立っている。

この会社が、世界中から注目を集めたのは、1990年代の半ば以降に展開をしたその戦略と凄まじい高成長と高収益の結果である。特に、通販と独立代理店とのダブル販売チャネルの成功は、世界中の度肝を抜いたのである。

ダブル販売戦略を成功に導いた最大の要因は、販売チャネル間で保険料水準とアンダーライティングを同一にしたことである。

このダブルやトリプル販売体制が世界の標準モデルになろうとしている。

[4-7] Progressive（プログレッシブ）の保険代理店戦略
―戦略の骨子と背景―

□ 経営指標(2010年度)：三井住友海上との比較

比較項目	プログレッシブ	三井住友海上（単体）
正味収入保険料 （1ドル=95円換算）	14,477百万ドル 1兆3,573億円	1兆2,306億円
損害率	70.8%	68.4%
事業費率	21.6%	33.9%
コンバインドレシオ	92.4%	102.3%
代理店数	約3万店	3万9,623店
社員数	約3万人	1万4,919人

（出典）　プログレッシブ「Annual Report 2010」、三井住友海上決算関係資料、三井住友海上ホームページ

```
プログレッシブ
├── 代理店系損保会社 → 独立代理店
└── 通販系損保会社 → 顧客
```

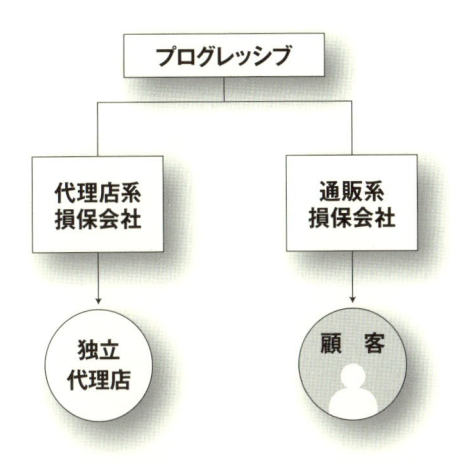

戦略の大転換

- ニッチ戦略から転換
- 通販と独立代理店のダブル販売チャネル
- 市場と商品の絞込み（自動車保険に特化）
- 安い保険料で最高のサービス（ビジネスモデルの改革）

4-8 Progressive（プログレッシブ）の戦略の詳細① ―保険代理店と通販の融合ビジネスモデル―

　右ページに示したのは、プログレッシブが実現をした保険代理店と通販ビジネスを融合させたまったく新しいビジネスモデルである。

　通販ビジネスとは、契約者が自らインターネットを使ってパソコンを操作しながら契約手続を行うか、あるいは、顧客サービスセンター（CSC）のオペレーターと電話でやりとりをして契約を行う処理方式のことである。いわゆる、「非対面」の販売方式である。

　この通販の販売方式と、「対面販売」の典型である保険代理店による販売形式を融合させたのがこの図である。一見すると簡単な図にみえるが、どの保険会社でも実現していないビジネスモデルであった。

　まったくの新規契約の場合、プログレッシブの自動車保険に加入しようとすると、契約者からみると以下の三つのルートが用意されている。

　①保険代理店と面談をして相談をしながら保険に加入するルート、②インターネットを駆使して試算を繰り返しながら最適な契約を選択して加入をするルート、そして、③プログレッシブの顧客サービスセンターに電話をかけてオペレーターの説明を聞きながら保険に加入をするルート、の三つである。

　この新規契約の場合に、プログレッシブが勧めている最適な方式は、①と②の組合せである。契約者は、インターネットで自在にシミュレーションを行ったうえで、保険代理店を呼び出し、相談しながら保険に加入をする方式である。インターネットの便利さと、代理店による親身になっての相談を組み合わせるのである。どのルートをたどっても保険料は一緒である。

　一方、継続（満期更改）や異動・解約時におけるプログレッシブの代理店へのお勧めは、③の顧客サービスセンターとのやりとりへの一本化である。保険代理店からみると代理店手数料は数パーセントカットされるが、めんどうな継続手続や異動解約処理から解放され、新規契約の獲得に専念できるというメリットがある。このビジネスモデルは他の保険会社にも広がっており、現在、全米で2割程度の独立代理店がこの方式を採用している。

第4章 米国にみる損害保険会社の保険代理店戦略

[4-8] Progressive（プログレッシブ）の戦略の詳細①
―保険代理店と通販の融合ビジネスモデル―

プログレッシブによる顧客サービスセンター（CSC）活用のビジネスモデル

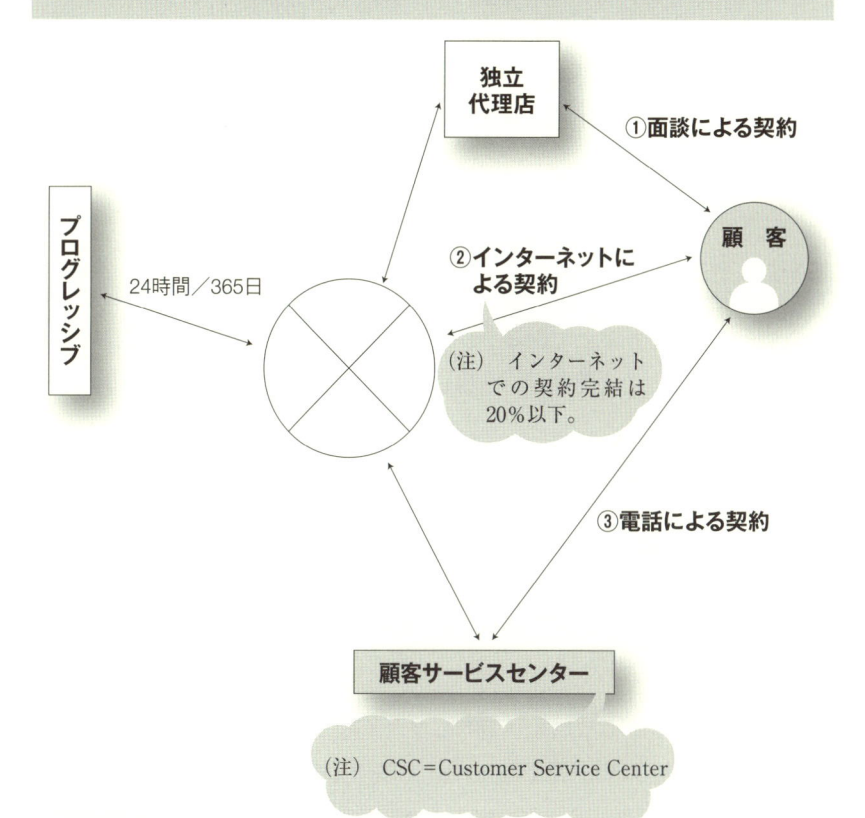

```
                   独立
                   代理店  ←——①面談による契約——→  顧客
                    ↑  ↘           ↗  ↑
                    │    ②インターネットに
 プログレッシブ       │     よる契約
         24時間/365日 ⊗
                    │    (注) インターネット
                    │         での契約完結は
                    │         20％以下。
                    │                        
                    │         ③電話による契約
                    ↓                          ↑
                 顧客サービスセンター ←————————┘

     (注) CSC＝Customer Service Center
```

ポイント

① 継続（満期更改）と異動処理を顧客サービスセンターに委託することが、保険会社から代理店へのお勧め（継続手続・異動処理からの代理店を解放）。

② インターネットで照会・試算を行い、その後、代理店から相談を受けて、契約締結を行うのが新規契約時における顧客へのお勧め。

③ どのルートを使っても保険料は同じ。

4-9 Progressive（プログレッシブ）の戦略の詳細②
―アンダーライティングと保険料決定の仕組み―

　プログレッシブの"強み"はいろいろあるが、なかでもアンダーライティングと料率決定の仕組みは群を抜いている。自らが、"どんな契約でも引受けが可能である"と宣言をしており、"国民一人ひとりに、リスクに見合った保険条件と保険料を設定できる"、と豪語している。
　それを実現しているITシステムの仕組みを表現したのがこの図である。
　われわれは、プログレッシブの内部の人間ではないため、当然、秘密に属する内部資料は入手できない。一方、同社は、かつては膨大な経営資料を自社のホームページで開示をしており、"われわれの問題は、情報開示が透明すぎる点かもしれない"といっていたくらいである。当時の開示情報から相当のことが類推できるのである。ただ、内容がいささか専門分野に属するため、代理店ビジネスや契約者の立場に立ったときの視点で参考になる点だけをあげてみよう。
　まず特徴的なのが、この会社では、州単位で、保険料率担当者、アンダーライティング担当者、ITシステム担当者がチームを組み、戦略決定からシステムの手直しまでを実施していることである。わが国の保険会社はもちろんであるが、米国においてもこのようなかたちをとっている事例は聞いたことがない。他損保の出方、市場の変化に合わせて、迅速に商品戦略を現場レベルで組み替えることが可能なのである。
　また、プログレッシブのホームページに入ると、自分の保険料を簡単に試算することができるが、驚くことに、"GEICO"など自社以外の保険料も合わせて試算することが可能なのである。「リスク細分型」商品が中心で、保険料率の自由化が進んでいる米国にあって、他損害保険会社の保険料決定テーブルをそろえ、アンダーライティング指針を類推するのは驚異そのものである。
　同社通販部門の社長と面談をしたことがあるが、彼は"自社の最大の宝は豊富なデータベースである"、と断言していたのが印象的である。

[4-9] Progressive（プログレッシブ）の戦略の詳細②
―アンダーライティングと保険料決定の仕組み―

州別のチーム編成：①商品／料率、②アンダーライティング、③システム

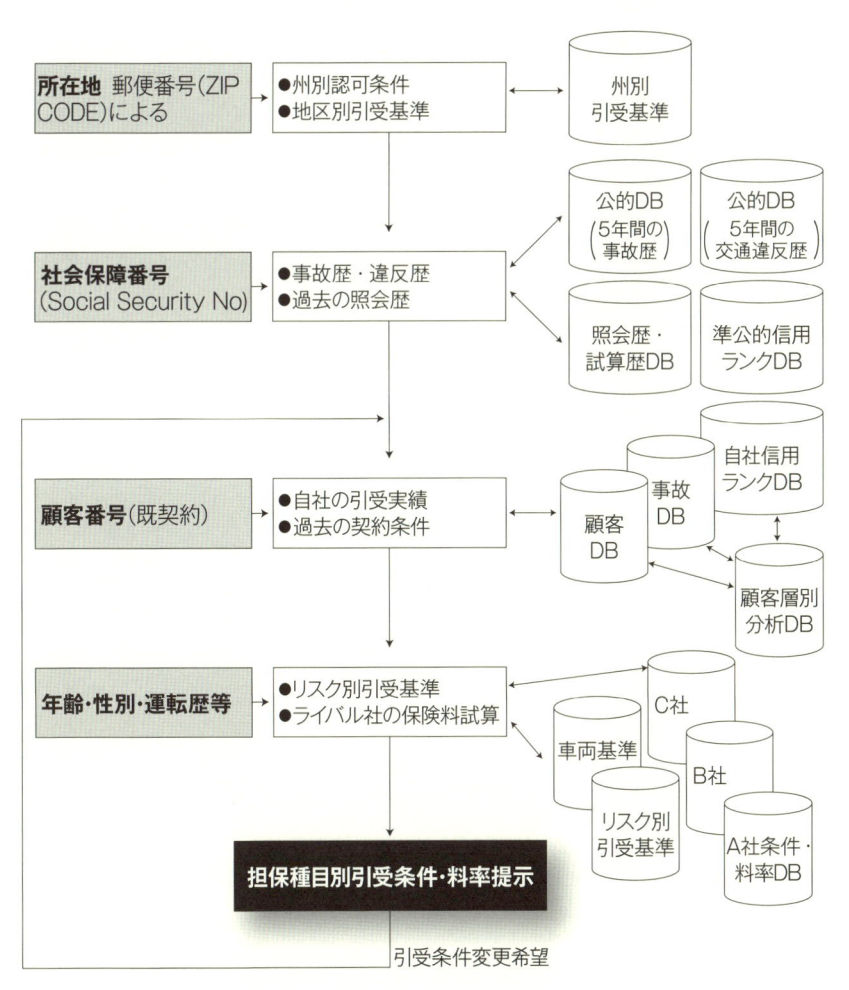

所在地 郵便番号(ZIP CODE)による
- ●州別認可条件
- ●地区別引受基準
 ⇔ 州別引受基準

社会保障番号 (Social Security No)
- ●事故歴・違反歴
- ●過去の照会歴
 ⇔ 公的DB(5年間の事故歴) / 公的DB 5年間の交通違反歴 / 照会歴・試算歴DB / 準公的信用ランクDB

顧客番号（既契約）
- ●自社の引受実績
- ●過去の契約条件
 ⇔ 顧客DB / 事故DB / 自社信用ランクDB / 顧客層別分析DB

年齢・性別・運転歴等
- ●リスク別引受基準
- ●ライバル社の保険料試算
 ⇔ C社 / 車両基準 / B社 / リスク別引受基準 / A社条件・料率DB

担保種目別引受条件・料率提示

引受条件変更希望

（注）プログレッシブが開示している情報から筆者が推定。

4-10 米国の企業物件市場の商品構成と代理店構成（2010年）

　ここからは、米国の企業物件市場における保険会社の代理店戦略をみていくことにする。その前に、まず市場の特徴を概観してみたい。

　商品構成であるが、右ページには企業物件市場で保険料シェア構成比のうえから六つの商品をあげてみた。賠償責任保険関係の商品が多いことがわかる。企業自動車保険（Commercial Auto）も主力は対人、対物賠償責任保険である。

　企業火災保険はわずか2.4%のシェアしか占めていない。これは、企業火災保険の主力商品が、HPR（Highly Protected Risks、防災コンサルティング付火災保険）となっており、一般の火災保険より7～8割も保険料水準が低いからである。この火災保険は、防火壁やスプリンクラーの設置などによって、「絶対に火災事故を起こさせない火災保険」、というきわめてユニークな商品である。事業費率は高いが、損害率はきわめて低くなっているため、保険料自体は安いのである。

　なお、日本では「官」が運営している労働者災害補償保険（労災＝Workers compensation、保険料シェア7.4%）や健康保険（Accident & Health、同1.8%）は、米国では民間損保が運営しており、大きなウェイトを示していることも企業物件市場の大きな特徴である。

　この市場で流通分野を担っているのは、圧倒的に独立代理店と保険ブローカーである。米国の場合、独立代理店と保険ブローカー間には厳密な仕切りはない。同じ代理店が、時と場合によって、ブローカーとして機能する。

　「企業物件」という言葉のニュアンスと違って、この市場の主力は、中小企業物件（SME=Small and Medium-sized Enterprise）である。

　宗教法人や農業法人等、多くの業種・業態があって、さらされているリスクも多様である。この分野のリスクを洗い出しリスク対策を提案していくのが保険代理店／保険ブローカーの重要な役割であり、彼らの飯のタネである。

　この対極にあるのが、日本の企業物件市場である。いまだに企業自動車保険と企業火災保険が主力のマーケットとなっている。

第4章 米国にみる損害保険会社の保険代理店戦略

[4-10] 米国の企業物件市場の商品構成と代理店構成（2010年）

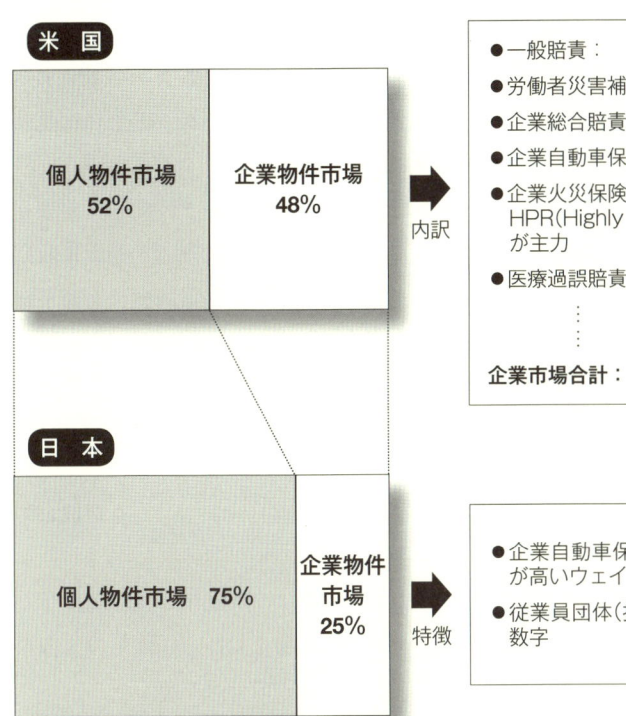

米 国

個人物件市場 52% ／ 企業物件市場 48%

内訳 →

- 一般賠責： 8.4%
- 労働者災害補償： 7.4%
- 企業総合賠責： 6.8%
- 企業自動車保険： 5.0%
- 企業火災保険： 2.4%
  HPR(Highly Protected Risks)が主力
- 医療過誤賠責： 2.2%
  ：

企業市場合計： 48%

日 本

個人物件市場 75% ／ 企業物件市場 25%

特徴 →

- 企業自動車保険と企業火災保険が高いウェイト
- 従業員団体（扱い）契約を含めた数字

米国の企業保険市場の特徴 →

- 健保や労災など日本では「官」の分野も民間損保が担当
- 賠償責任リスクが巨大な市場（弁護士：100万人超、独特の訴訟制度で運営されている）
- 大企業物件（Large Commercial）以上に、中小企業物件（SME＝Small and Medium-sized Enterprise）市場が分厚い
- 市場の開拓は独立代理店／保険ブローカーが主導

（出典）　米国・III 発行「The Insurance Fact Book 2012」

4-11　米国企業物件市場の会社別保険料シェア（2010年）

　右ページの表に示したのは、米国企業物件市場における保険料上位10社である。ご覧になってすぐわかるとおり、個人物件市場におけるステートファームのような断トツの保険会社は存在せず、トップのAIGでもシェア10％未満である。

　専属代理店系、通販系損害保険会社は1社も入っておらず、すべてが独立代理店系の損害保険会社である。米国においては、専属代理店と通販保険会社が個人物件市場を担い、独立代理店／保険ブローカー系保険会社が企業物件市場をおもに担っているという構図がよく現れている。

　このため、個人自動車保険市場のトップ10に入っている損害保険会社のなかで、企業物件市場にも顔を出している損害保険会社はTravelers、Liberty Mutual、Zurich そして Nationwide の4社にすぎない。

　Liberty Mutual はシアトルに本社があるSAFECO（セーフコ）を買収して上位に食い込んできた。

　これらの損害保険会社が取り扱う主力保険商品は、2008年9月に発生したリーマンショック以降の金融危機と経済不況の影響を受け、保険料の大幅な減少と損害率の悪化に陥っている。以下、主力商品の動向である。

① 一般賠償責任保険（Liability Insurance、特別な賠償責任保険以外の賠責）
　　a　収入保険料の伸び率は、▲6.5％（2008年度）、▲6.4％（2009年度）、▲1.0％（2010年度）と徐々に持ち直している。
　　b　コンバインドレシオ（C/R）は、92.1％（2008年度）、105.3％（2009年度）、108.3％（2010年度）と改善の兆しはみえない。
② 製造物賠償責任保険（P/L＝Product Liability Insurance）
　　a　収入保険料の伸び率は、▲15.9％（2008年度）、▲14.8％（2009年度）、▲13.3％（2010年度）とまったく不調である。
　　b　コンバインドレシオ（C/R）は、124.9％（2008年度）、123.0％（2009年度）、157.1％（2010年度）と悪化の一途である。

企業自動車保険もだいたい同じような傾向をたどっている。

第4章 米国にみる損害保険会社の保険代理店戦略

[4-11] 米国企業物件市場の会社別保険料シェア（2010年）

	会社名	保険料 （百万ドル）	保険料 （1ドル=95円換算）	シェア （％）
1	AIG（American International Group）	20,152	1兆9,144億円	8.6
2	Travelers	14,580	1兆3,851億円	6.3
3	Liberty Mutual	14,005	1兆3,305億円	6.0
4	Zurich Financial Services	12,495	1兆1,870億円	5.4
5	ACE Ltd.	7,470	7,097億円	3.2
6	CNA Financial	7,286	6,922億円	3.1
7	Chubb Corp.	6,910	6,565億円	3.0
8	Hartford Financial Services	6,711	6,375億円	2.9
9	Nationwide Mutual Group	4,747	4,510億円	2.0
10	Allianz SE	4,528	4,302億円	1.9

（出典）　米国・III発行「The Insurance Fact Book 2012」

ポイント
- 突出した保険料シェアをもつ会社はなく、群雄割拠の市場である。
- 専属代理店系、通販系損害保険会社は1社も入っていない。
- 個人自動車保険市場のトップ10会社と重複しているのは4社のみである。
- リーマンショック以降、主力商品の減収と損害率の悪化に苦しんでいる。

コラム11　米国損害保険ビジネスを支える業界協調の枠組み

　米国の企業物件市場を理解するうえでどうしても知っておいてほしいのが、図で示す業界協調の枠組みである。個人物件のみならず、企業物件市場においても、この枠組みは有効に機能しており、保険会社、保険代理店、そして保険契約者を支える重要なビジネスインフラとなっている。

　図のなかで、最も重要な組織がISO（Insurance Service Office）である。ISOという組織は、日本の損害保険料率算出機構に近いが、非上場の営利団体であり、対象とする保険商品の広がりや実施している業務内容は遥かに広い。

　ISOが取り扱う商品は、企業自動車保険、企業火災保険、一般賠償責任保険、医療過誤賠償責任保険、会社役員賠償責任保険（D&O）、ボイラー・機械保険、ビジネスオーナーズ保険（BOP）など多数におよび、保有データは膨大である。

　わが国の損害保険料率算出機構が対象としている商品は、企業物件については自動車保険と火災保険だけであり、彼我の差はあまりに大きい。

　各損害保険会社はISOに契約データや事故データ等を報告する一方、標準約款や参考純保険料、ロスコストなどの提供を受け、自社独自のデータによってその一部を改定して、市場に商品を送り出すのである。損害保険会社の戦略として重要なのが、ISO基準にどう準拠するかの基本方針である。

　米国損保市場を支えるもう一つの重要な機構がACORDである（第5章-3参照）。契約、事故、再保険、保険料会計などの分野の帳票、データ内容（各項目の定義）、オンライン処理手順などの標準化を推進している。損害保険会社はACORDの標準帳票を使い、データ処理手順に従って保険代理店や契約者との間で契約処理や事故処理などを行うのである。

　IIABAは、全米約2万5,000店の独立代理店で構成される組織であり、独立代理店の地位や権益を向上させるためのロビー活動を展開している。組織のトップには政府の元高官を招聘することが多く、定期的に政府や保険監督庁に各種の要請を行っている。また、独立代理店の従業員教育用にそのテキストを用意している。また、高校教育や消費者教育等も行っているのである。

第4章 米国にみる損害保険会社の保険代理店戦略

〈コラム11〉 米国損害保険ビジネスを支える業界協調の枠組み

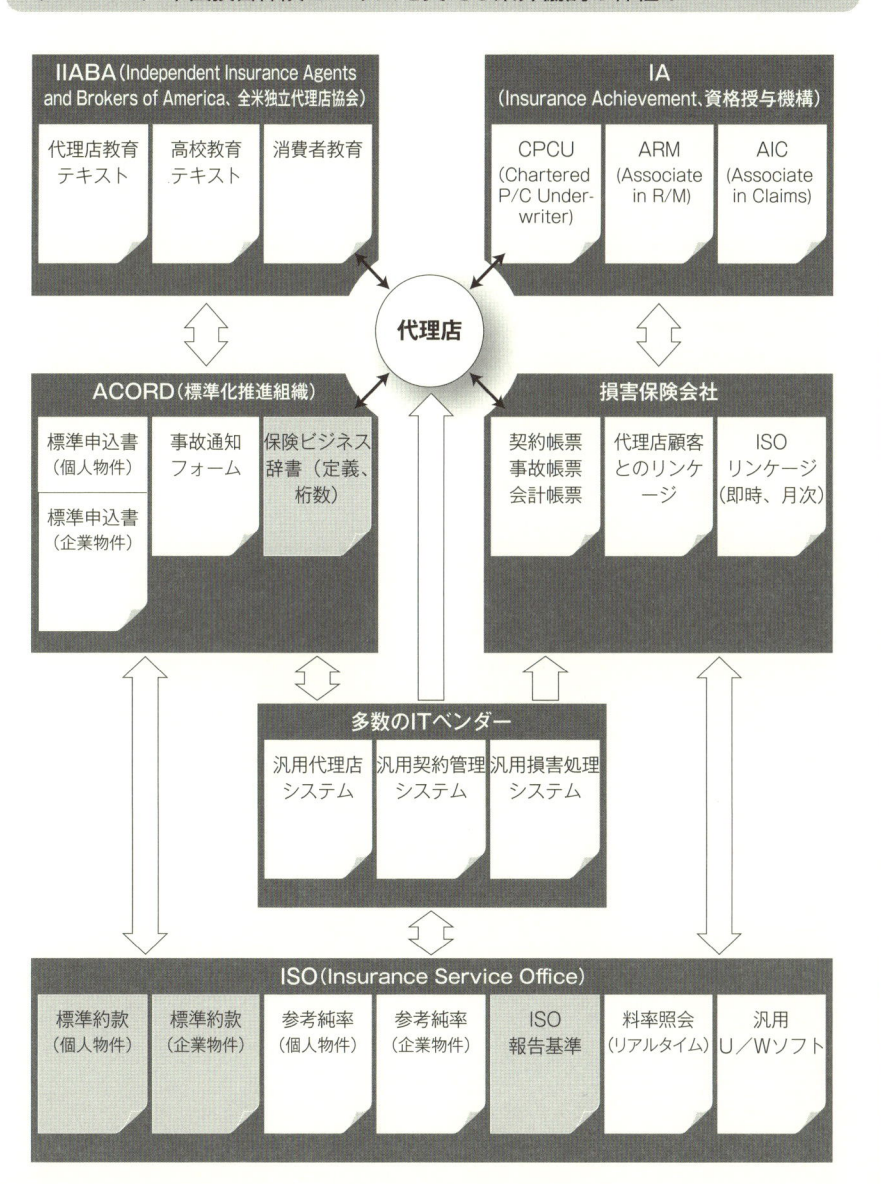

IIABA (Independent Insurance Agents and Brokers of America、全米独立代理店協会)
- 代理店教育テキスト
- 高校教育テキスト
- 消費者教育

IA (Insurance Achievement、資格授与機構)
- CPCU (Chartered P/C Underwriter)
- ARM (Associate in R/M)
- AIC (Associate in Claims)

代理店

ACORD (標準化推進組織)
- 標準申込書（個人物件）
- 標準申込書（企業物件）
- 事故通知フォーム
- 保険ビジネス辞書（定義、桁数）

損害保険会社
- 契約帳票 事故帳票 会計帳票
- 代理店顧客とのリンケージ
- ISOリンケージ（即時、月次）

多数のITベンダー
- 汎用代理店システム
- 汎用契約管理システム
- 汎用損害処理システム

ISO (Insurance Service Office)
- 標準約款（個人物件）
- 標準約款（企業物件）
- 参考純率（個人物件）
- 参考純率（企業物件）
- ISO報告基準
- 料率照会（リアルタイム）
- 汎用U/Wソフト

4-12 Safeco（セーフコ）の保険代理店戦略

　企業物件市場についても、独自の保険代理店戦略を展開している保険会社の事例をみていくことにしたい。米国の西海岸からはSafeco（セーフコ）、東海岸からはPhiladelphia Insurance（略称PHLY）を選んだ。
　二つの保険会社とも、中小企業物件の分野で独自の経営を展開している優良損害保険会社である。
　まず、シアトル市を本拠地とするセーフコであるが、1923年創業の伝統的な会社である。イチローが籍を置いていたシアトル・マリナーズの本拠地球場（セーフコ・フィールド）の命名権をもっており日本人にはなじみが深い。
　経営指標は図のとおりであり、2006年度のセーフコの数字と2010年度の日本興亜損保を比較している。われわれは、2008年9月に同社を訪問しているが、この数字は訪問当時のものである。その年に、Liberty Mutualがセーフコを62億ドル（約6,000億円）で買収したのである。その後、経営組織の改編等により同社の現在の数字は大きく変わっている。
　現在、セーフコ・ブランドで商売をしているのは個人物件だけに限定されるため、その売上規模は1,500億円程度となっている。合従連衡が猛烈な勢いで展開されている米国市場の苛烈さを目の当たりにする感がある。
　セーフコの中小企業向けビジネスモデルは、Liberty Mutualに吸収され、同社の傘下にあるいくつかの子会社のもと、全米展開がなされている。
　われわれがセーフコに注目したのは、中小企業向けの商品戦略とIT戦略の双方である。同社では、年間収入保険料が20万ドル（円貨に換算して1,900万円程度）以下の企業を中小企業に分類をしていた。それ以上の企業は大企業物件（Large Commercial）であり、別個の戦略を展開している。
　また、中小企業物件も二つに分類され、年間保険料が5万ドル以下（480万円程度以下）の小企業（Small Business）と、それ以上の企業では別個の商品戦略とIT戦略を採用していた。
　そのビジネスモデルは次の第4章-13で詳しく解説する。

第 4 章　米国にみる損害保険会社の保険代理店戦略

[4-12]　Safeco（セーフコ）の保険代理店戦略

□　経営指標：日本興亜損保との比較

比較項目	Safeco （2006年度）	日本興亜損保 （2010年度）
正味収入保険料 （1ドル＝95円換算）	約56億ドル	6,206億円
	約5,320億円	
損害率	58.5%	69.6%
事業費率	28.8%	35.8%
コンバインドレシオ	87.3%	105.4%
社員数	7,208人	1万488人

（出典）　セーフコ「Annual Report 2006」、セーフコ「Annual Statement 2010」、日本興亜損保決算関係報告資料

□　Safeco（セーフコ）の沿革

- 1923年の創業。本社は、ワシントン州シアトル市
- 2008年4月、Liberty Mutual（本社ボストン市）が62億ドル（約6,000億円）で買収
- セーフコ・ブランドで営業を継続（個人物件のみ）：2010年度の売上規模（保険料収入）、1,489億円
- 企業物件は、Liberty Mutual傘下の損害保険会社（Liberty Northwest）に吸収された

□　Safeco（セーフコ）の代理店戦略（2008年当時）

- 中堅・中小企業市場でアンダーライティング能力の強みを発揮して、良好な損害率を維持。アンダーライティングノウハウのIT化を実現
- IT戦略で独立代理店／保険ブローカーとの関係強化

4-13 Safeco（セーフコ）のITによる代理店戦略

　米国の場合、各損害保険会社がまず考えることは、ISOが提供する商品（標準約款）と標準保険料率を自社の戦略にどう採用するかである。

　セーフコの場合は、中小企業のなかでも、零細・小企業（Small Size Business）については、ISO提供のロスコスト・データを下敷きにして、自社独自データによって料率の細分化を図り、独自の商品戦略を展開していた。これに対し、中堅企業の場合は、ISO提供の標準約款（商品）と標準保険料率をそのまま使う、という戦略がとっていた。自社のロスデータが少ない中堅企業の場合は、ISOに依存する以外に選択肢はなかったようである。

　一方、中小企業物件の引受時におけるITシステムの活用においても、セーフコは先進的な戦略を展開していた。アンダーライターの判断と事務作業を極力IT化し、処理効率のアップと事務コストの削減を図る一方、保険代理店／ブローカーとの関係を強化しようとしていたのである。

　IT化の対象商品は、企業自動車保険、BOP（ビジネスオーナーズ保険）、グループ健保など16種類に及んでおり、企業物件分野の80％程度がITで自動化されていたのである。その内訳を聞くと、零細・小企業物件では100％、中堅企業物件では50％以上とのことであった。

　個人物件の場合とは違い、企業物件の契約引受プロセスに要する期間は長く、適用料率と引受条件の決定に至るロジックは複雑である。"危険選択→データ収集→保険料試算（一次）→見積提示→保険料再計算（二次）→引受決定"、と続く一連のプロセスをIT化した事例は米国でも少ない。

　なお、アンダーライティング業務のIT化の裏の目的は、アンダーライティング・ルールの一貫性の保持に大きなねらいがあったようである。個々のアンダーライターによって分かれがちな複雑な判断業務を、最新のルールエンジンに乗せることによって職人芸からの脱却を図ったのである。

　2010年の米国出張時には、多くの独立代理店からこのシステムを高く評価する声を聞いた。迅速に回答を出してくれる保険会社が優位に立つのである。

第 4 章　米国にみる損害保険会社の保険代理店戦略

| [4-13] | Safeco（セーフコ）のITによる代理店戦略 |

インターネット経由で代理店、ブローカーからの見積り、引受照会
（年間収保＝20万ドル（約1,900万円）以下の中小企業物件）

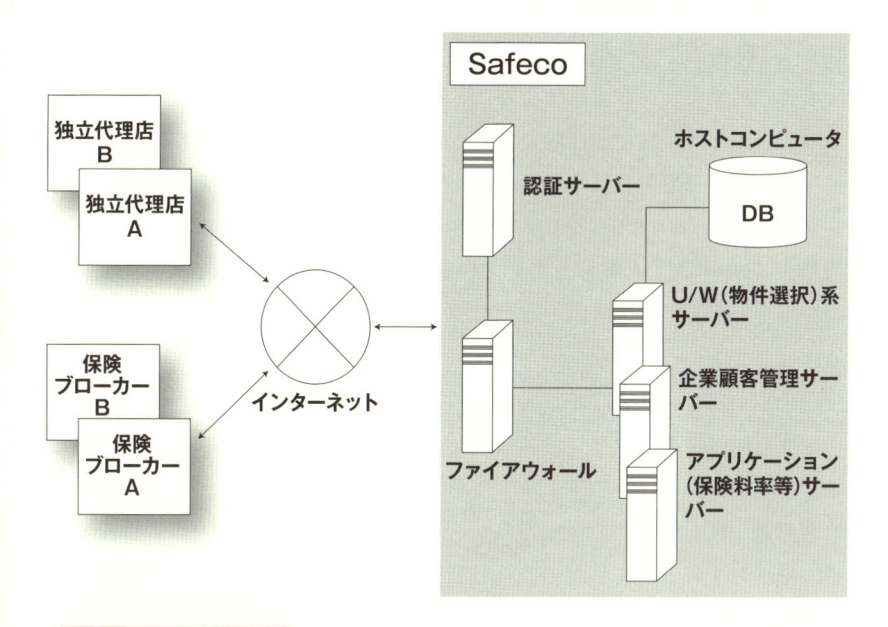

```
                                    Safeco
                                    
   独立代理店                      認証サーバー        ホストコンピュータ
      B                                                    DB
   独立代理店
      A              ×
                  インターネット               U/W（物件選択）系
   保険                                         サーバー
   ブローカー
      B                                       企業顧客管理サー
   保険                                         バー
   ブローカー
      A                                       アプリケーション
                              ファイアウォール  （保険料率等）サー
                                                 バー
```

■ 対象商品

● 企業自動車保険、BOP（ビジネスオーナーズ保険）、グループ健保など16種類

■ 目的、ねらい

● スピード短縮、コスト削減、アンダーライティングの一貫性の保持
● 代理店／保険ブローカーとの関係強化

■ 商品戦略

● 中堅企業（Middle Size Business）向けは、ISO標準商品を投入
● 小企業（Small Size Business）向けは、Safeco自社独自商品を投入

■ システムの流れ

● 危険選択→データ収集→保険料試算（一次）→見積提示→保険料再計算（二次）→引受決定

4-14 Philadelphia Insurance (PHLY) の市場開拓戦略

　最後に紹介するのが米国の旧都フィラデルフィアに本社を置くPhiladelphia Insurance（略称PHLY）の市場開拓戦略である。

　この会社は、2008年7月、東京海上HDが47億ドル（現在の円貨換算で、約4,500億円）で買収した中堅損害保険会社である。保険料（売上）規模でほぼ同じサイズの共栄火災と経営指標を対比させている。

　PHLYは高い成長性と高収益体質から、"中小企業物件市場におけるプログレッシブ"とも称される優良損害保険会社である。この会社の、コンバインドレシオは、74.3％（2007年度）、88.0％（2008年度）、85.0％（2009年度）、89.5％（2010年度）と推移している。損害率だけをとってみても、2006年度は39.8％、2007年度には44.9％となっておりきわめて良好である。同社の収益性のよさが、その買収以来、東京海上の決算に多大な貢献をしている。

　PHLYは中小企業物件の市場開拓で成功を収めているが、最大の特徴は、ニッチ市場に特化したビジネスモデルを展開している点である。中小企業市場のなかでも、通常の企業ではなく、ホスピスや教会向けなど、特異な業種・業態を選び出し、その分野独特のリスクに目を向けたパッケージ商品を開発し、提供している点で独特の強みを発揮している。

　市場開拓と商品開発の分野で、独立代理店との間で独特の販売ネットワークを構築している。2012年末時点で、全米に336店の選抜販売代理店（Preferred Producer Franchise）を有しており、この特権的な販売ネットワークが同社最大の強みとなっている。

　開発ずみの市場は122に達しており、その業種・業態に合わせた、リスクサーベイのフォームがホームページで開示されている。多種目総合販売をもって、R/M手法と称するわが国のアプローチとはまったく違っており、真にリスクに着目をして、そのコントロールを目指している。

　事故防止チームが用意されており、企業・代理店のサポートを行っている。

[4-14] Philadelphia Insurance (PHLY) の市場開拓戦略

□ 経営指標(2010年度):共栄火災との比較

比較項目	PHLY	共栄火災
正味収入保険料 (1ドル=95円換算)	1,923百万ドル 1,827億円	1,559億円
損害率	59.9%	65.7%
事業費率	29.6%	36.9%
コンバインドレシオ	89.5%	102.6%
社員数	約1,600人	2,786人

(出典) PHLY「Annual Review 2010」、PHLYホームページ、損害保険協会への決算関係報告資料

□ PHLYの沿革

- 1980年の創業。本社は、ペンシルバニア州フィラデルフィア市
- 2008年7月、東京海上HDが47億ドル(約4,500億円)で買収
- 高い成長性と高収益。コンバインドレシオの推移:74.3%(2007年度)、88.0%(2008年度)、85.0%(2009年度)、89.5%(2010年度)

□ PHLYの代理店戦略

- ニッチ市場(ホスピスなど、122もの業種・業態)の開発と業種別パッケージ商品投入
- 336店の選抜販売代理店(Preferred Producer Franchise)と提携

4-15 PHLYのニッチ市場開拓のビジネスモデル

　右ページの図に示したのがPHLYの市場開拓のビジネスモデルである。
　同社の「顧客サービス指針」が、同社の特徴がよく表わしている。筆頭に掲げているのが、"市場にマッチした商品を手作りで提供"、である。これを実現するために、アメリカ癌学会等多様な提携先をもち、リスクの基礎データを集め、専用の商品を開発すると同時に、リスク（事故）防止のノウハウを得ている。損害率が低いことが背景にはあるが、"U/W（アンダーライティング）サイクルに関係しない安定した保険料"を提示することも大きな特徴である。米国の場合、4～5年サイクルで、市場全体が"ソフト（保険料水準が低く、保険に入りやすい時期）"になったり、"ハード（ソフトと逆の時期）"になったりを繰り返している。PHLY社と契約を交わすと、安定した保険料で契約を維持することができるのである。
　一方、わが国との対比で驚かされるのは、保険証券の発行に要する期間の長さである。"IT（システム）を駆使して10日以内に保険証券を発行"することが同社の強みだというのだ。ITを駆使して、何故、10日間も日数を要するのか？「リスク申告書」の内容をみるとその答えがわかる。
　「リスク申告書」のフォームは、同社のウェブサイトに公開されているので、関心のある方は覗いてみることをお勧めする。たとえば、「ボーリング場」のフォームを開くと、A4サイズで9ページものリスク情報申告書の内容をみることができる。ボーリング場施設やレストラン、売店など主要施設ごとの過去2年間における売上高の申告にはじまり、ボーリング場のレーンの数、レーンの材質、ボール置き場の安全確保対策など、を延々と申告する必要があるのである。リスクの申告は、保険料率の決定のためだけに使うのではなく、リスク（事故）防止のアドバイスにも使われることがわかる。
　現地に出向いてこの詳細なリスク情報を聞き出し、事故防止のアドバイスを行うのが選抜された独立代理店の大事な役割である。市場開拓や引受スキル等の面で、PHLYから特別の訓練を受ける仕組みとなっている。

第4章　米国にみる損害保険会社の保険代理店戦略

[4-15]　PHLYのニッチ市場開拓のビジネスモデル

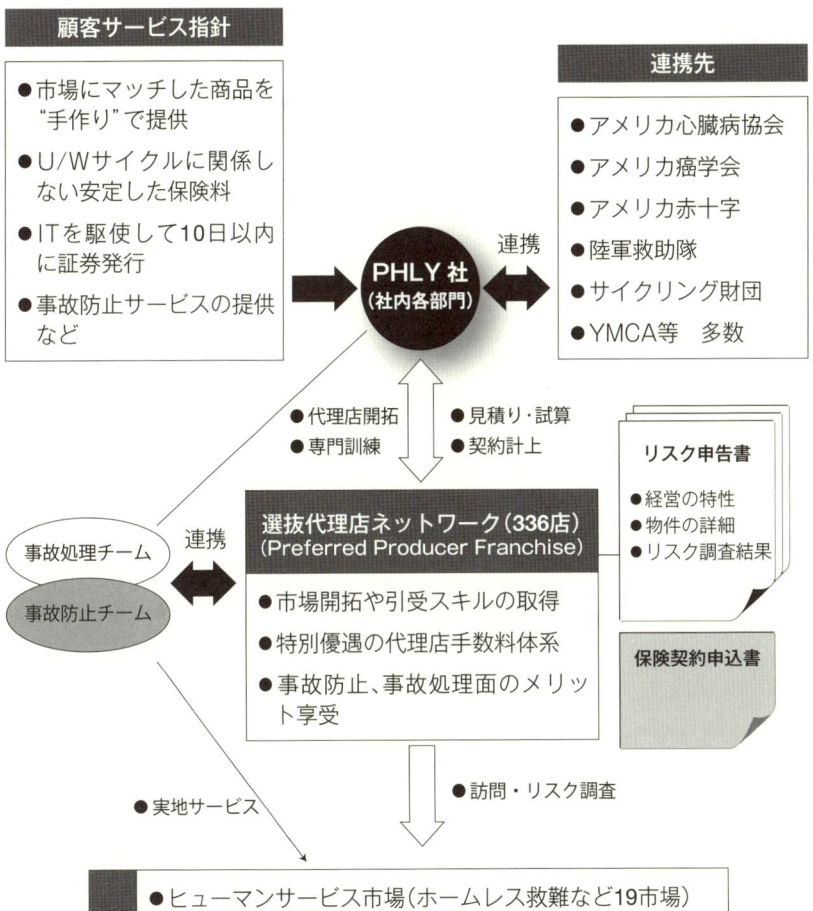

顧客サービス指針
- 市場にマッチした商品を"手作り"で提供
- U/Wサイクルに関係しない安定した保険料
- ITを駆使して10日以内に証券発行
- 事故防止サービスの提供など

連携先
- アメリカ心臓病協会
- アメリカ癌学会
- アメリカ赤十字
- 陸軍救助隊
- サイクリング財団
- YMCA等　多数

PHLY社（社内各部門） ←連携→

- 代理店開拓
- 専門訓練
- 見積り・試算
- 契約計上

リスク申告書
- 経営の特性
- 物件の詳細
- リスク調査結果

保険契約申込書

事故処理チーム　←連携→　**事故防止チーム**

選抜代理店ネットワーク（336店）
(Preferred Producer Franchise)
- 市場開拓や引受スキルの取得
- 特別優遇の代理店手数料体系
- 事故防止、事故処理面のメリット享受

- 実地サービス
- 訪問・リスク調査

開拓ずみ市場
- ヒューマンサービス市場（ホームレス救難など19市場）
- 公的サービス市場（保育園、教会など15市場）
- 屋外遊戯場（フィッシング場など23市場）
- レクレーション／娯楽施設（ゴルフ場など14市場）
- 住宅関連市場（アパート、ホテルなど8市場）
- その他（環境、不動産、健康など43市場）　合計122市場

（2013年1月時点）

第5章
海外にみる保険代理店／保険ブローカーの先進的ビジネス

Phoenix Assurance Company

5-1 米国の独立代理店と専属代理店

　米国の保険代理店は、独立代理店（インデペンデントエイジェント）系と専属代理店（ダイレクトライター）系に分かれる。米国の保険代理店制度の説明に入る前に、米国の保険代理店の数が日本と比較し、圧倒的に少ないことを思い出してほしい。個々の保険会社が委託している代理店数自体も大きく違っている。独立代理店系最大手の保険会社でも、1万店を下回る（第4章－7参照：プログレッシブは例外である）。専属系は、最大手のステートファームでも約1万8,000店である。一方、日本の大手損保会社の場合、全体の数は12年連続、減少してきているが、1社当り3〜5万店の代理店を抱えている。

　日本の乗合代理店制度に近いのが独立代理店系であるが、「満期表所有権」（序章－5参照）をもつのが日本と違う。実際に、独立代理店の店舗を訪問してみると、日本の支社よりもスケールが大きい。平均社員数は11名であるが、家族経営的な小さな保険代理店もあれば、複数の州にまたがり1,000名単位の社員をかかえる保険代理店もある。事務所は社員ごとのブースに分かれ、複数台の端末を使い分けている。契約の一定の引受権限を有し保険証券の発行も行う。個人物件についてはほぼ100％代理店システムで計上を行っている。

　保険会社に頼らず、自前で社員教育もしなければならないし、福利厚生費用も負担しなければならない。保険引受けに際しては、複数の保険会社からお客の要望に沿った保険商品の見積りをとるなど業務量も多い。保険会社から独立して経営をするための経費もかかるが、独立していることに大きな誇りをもっている。

　専属代理店系には、雇用契約形態（オールステートなど）と独立請負型代理店契約形態（ステートファームなど）がある。社員は数名の規模であり、保険証券の発行や契約計上は保険会社の業務である。満期表所有権をもたないかわりに保険会社から運営経費や営業支援を受けている。そのため手数料率は、独立代理店に比べて低い。年間の取扱保険料は1〜2億円程度のところが主力である。

[5-1]　米国の独立代理店と専属代理店

	保険会社との関係	従業員の育成方法	規模や法人形態	業務内容	採用している保険会社
独立代理店 (約3万7,500店)	数社の保険会社と委託契約 ●満期表所有権をもつ ●ブローカー免許を合わせてもつ代理店が多い	●自前で能力を取得	●数人から十数人(数千人の会社もある) ●通常は法人組織	●一定限度内で引受権限やクレーム処理権限を取得 ●保険会社の業務のほとんどを遂行(日本の支社に近い)	大多数の保険会社が採用
専属代理店 (約3万7,000店)	●特定保険会社とのみ委託契約締結(独立請負型：exclusive independent agency) ●保険会社と雇用契約形態(employee agency) ●満期表所有権をもたない	●保険会社が3年程度の期間をかけて育成 ●設備什器など会社が貸与	●店主と数人のスタッフ ●個人	●契約募集活動が中心 ●契約の入力、事故処理などは保険会社依存	ステートファーム、オールステート、ファーマーズ、ネーションワイド(後者3社は独立代理店制も併用)
ひとくちメモ	\multicolumn{5}{l}{**米国における代理店手数料体系の特徴** ●比較的単純な体系 　**新規と継続で手数料に差がある(自動車保険)、ボーナス手数料がある** ●独立代理店系損保会社と専属代理店系損保会社では大きな差 　(例)両制度併用のオールステート社(自動車保険) 　　　独立代理店15％ 　　　独立請負型専属代理店10％ 　　　雇用契約形態専属代理店8％}

5-2 米国独立代理店／保険ブローカーのビジネスモデル

　独立代理店／保険ブローカーの収入保険料のシェアは約55％で、おもに企業顧客の市場を取り扱っている。2010年度の数字をみると、企業物件の約75％、個人物件の約35％を取り扱っており、個人物件のウェイトは徐々に縮小している。第4章で米国の企業保険市場全体の特徴を紹介したが、厳しい市場で蓄積したR/Mノウハウが独立代理店／ブローカーの武器である。

　特定の業種、業態に特化した強みを発揮しており、特別な顧客への賠償責任保険や特殊な医療過誤保険の取扱いなど特徴ある独立代理店が成功を収めている（第5章－5参照：実際に訪問・調査した独立代理店の実態を紹介）。

　また、訴訟社会において、保険代理店への訴訟リスクに対応するために、専門家職業賠償責任保険への加入は必須である（第5章－3参照）。

　独立代理店が委託関係を結ぶ保険会社数は平均12.2社である。委託契約締結時には、最低取扱保険料など（第5章－4参照）が定められる。

　独立代理店が保険会社を選択する条件としては、①必要としている商品を提供できる、②アンダーライティングと事故処理サービスが充実している、③財務状況が安定している、④代理店手数料がよい……などが一般的である。

　ブローカーと独立代理店の認可方法は州によって異なる。共通のライセンスで認可しているところもあれば、別々の認可の州もある。保険代理店からみれば、保有する権限やリスク引受けの調達方法で両者を使い分けているケースが多い。たとえば、顧客が地震保険契約を必要としていて、代理店として委託している保険会社が地震保険を引き受けないケースでは、ブローカーとして地震保険の引受保険会社を探す、などである。

　保険代理店の能力向上と経営力向上のキーは、従業員教育とシステム武装である。従業員教育は、自社責任でやらなければならない。従業員には多種多様な損保関係の資格取得を奨励し、取得者には給与等で処遇している。会社業務、顧客サービスのため代理店システム（第5章－3参照：日本と違い情報ベンダーが開発）を導入し、保険会社とリアルタイムで業務を行うことは当たり前になっている。リアルタイムができない保険会社は相手にされない。

[5-2] 米国独立代理店／保険ブローカーのビジネスモデル

■ 米国企業保険市場全体の特徴

- リスク充満社会を受けての中堅・中小・零細企業相手の市場が成熟
- 特徴ある商品、特徴ある損保会社、ニッチ市場で生きる損保会社

■ 独立代理店／保険ブローカーのビジネスモデル

- 個人物件への取組姿勢（徐々に取扱ウェイトを縮小）
- R/Mの蓄積と「強み」の発揮分野（特殊な医療過誤リスク、特定の製造物責任保険、特定の業種、業態への特化など）
- 専門家職業賠償責任保険への加入（E&Oリスクへの対処、リスクコントロールアドバイスの過失、PMLの見積誤りなど）
- 代理店の役割（保険会社からの代理店委託）と保険ブローカーの役割の融通無碍の制度、仕組み（日本との大きな違い）
- 従業員教育はインハウス（社内）および多様な損保関係専門資格の取得
  （例）・CIC (Certified Insurance Counselor)
  ・CPCU (Chartered Property & Casualty Underwriter)
  ・ARM (Associate in R/M)
  ・AIC (Associate in Claims)
  ・AMIM (Associate of Marine Insurance Management)
- 代理店システムは市販の代理店システムを導入（ベルタフォアー社、アプライド社など）

5-3 米国独立保険代理店&ブローカー協会の活動 ❶

IIABAの組織と活動

　IIABAは全米の独立代理店／保険ブローカーの約7割に当たる約2万5,000店で構成される組織であり、独立代理店／保険ブローカーの地位向上や権益を守るためのさまざまな活動を展開している。

　また、別名Big・I（ビッグ・アイ）と称し、全米51の州協会に加え、日本などの海外会員で連盟組織も構成している。本部90名のスタッフが中心となり、以下のおもな活動を推進している。

① 法制度運動……連邦政府、州政府へのロビー活動と代理店／ブローカー経営に与える法制度の検討と情宣活動を行う。

② 保険商品の開発と保険会社への提供……小規模代理店のための保険商品の開発を行っている。会員に提供する自ら開発した専門家職業賠償責任保険の手数料収入は、大きな事業収益となっている。

③ 代理店の経営力アップと事業継承支援
　・Best Practice……自社と比較する目標となる優良独立代理店の経営分析資料（「ベスト・プラクティス・スタディ」）を2年に1回発表している。会員のなかから、1,200社を指定して毎年データを集め、さらに優良な代理店224社を選別し、分析した資料を会員に提供する。
　・代理店の事業継承時の「代理店の企業価値評価」……米国の場合、代理店の継承は、売買という形式がとられる。この客観的な売買価格をIIABAが評価して、必要な場合InsureBank（注）が資金の融資を行う。
　　（注）2001年IIABAとW.R.バークレー社の共同出資で設立した銀行。

④ 若手人材の教育・発掘……若者を保険業界に呼び込むためのプログラム（Invest Program）を提供したり、インターンシップ制度の運営支援も行っている。また、代理店のために教育資料のDBを提供している。

⑤ テクノロジー活用支援……ACT活動は、保険会社、情報ベンダーと代理店のテクノロジー活用を推進する組織であり、ACORDは、標準化の推進活動の組織である。

[5-3] 米国独立保険代理店＆ブローカー協会の活動 ❶

IIABA(Independent Insurance Agents & Brokers of America)

2万5,000会員
90名の運営体制
運営：会費35%、
事業収益50%、
その他15%

①法制度運動
　連邦政府などへの
　ロビー活動と提言

②保険商品の開発と保険会社への提供
　● 代理店ブローカー賠償責任保険など

③代理店の経営力アップと事業継承支援
　● Best Practice（代理店経営分析資料：2年に1回発表）
　● 代理店継承支援（M＆A基準の評価と資金融資）

④若手人材の教育・発掘……場と教育資料の提供
　● Invest Program（高校などで保険やリスクの講義）

⑤テクノロジー活用支援……二つの組織で推進
　● ACT活動（Agent Councel for Technology）
　● ACORD（標準化推進組織）

5-3 米国独立保険代理店＆ブローカー協会の活動 ❷

IIABAが支援するACORDの組織と活動

　米国では、保険業務にかかわる帳票や保険代理店と保険会社間のオンライン処理手順やデータ交換について標準化が定着している。この標準化を推進する団体がACORDであり、1970年設立の非上場の非営利団体である。

　最初のキッカケは1970年、カリフォルニア州の独立代理店と西海岸に拠点を置く中堅保険会社12社が行った申込書類の標準帳票の検討である。1972年に共通の事故報告書を公開、1975年には損害保険の申込書など標準帳票の導入を実現した。現在、生損保（再保険含む）の約800帳票が標準化され、独立代理店のほぼ100％が採用している。最近では専属代理店にまで採用が広がっている。その後、帳票関係の標準化のみならず、保険会社と保険代理店間の電子データの標準化へ進み、現在は、異なるシステム間のデータ交換の世界標準であるXMLを採用したACORD XML標準規格を開発し、保険会社と代理店間のリアルタイム処理の拡大に取り組んでいる。

　ACORD運営会員は、保険会社、ITベンダーおよびISOなどで構成され（2012年500会員）、世界12カ国で活動している。

　ACORD標準を採用するメリットとして、保険用語や項目が統一された帳票や電子データを使うことによるコスト削減と効率化がある。また電子データのXML標準では、異なるシステムを利用する保険会社と代理店間のデータの共有・共用が容易にリアルタイムで実現できる。さらに、標準化規約が公開されていることから、一般の情報ベンダーが代理店システムを開発・販売できる。保険会社は規約に準拠したデータ交換のインターフェースだけを開発すればよい。独立代理店は、取引保険会社のシステムの違いを意識することなく保険会社のデータを活用し、保険料の一括見積などのサービスを受けることができるようになる。日本の場合、30年前に決めた契約データ等の標準化規定は範囲が狭いため、特に乗合代理店の不満は大きい。日本版ACORD規約の早期開発は業界全体の責務である。

[5-3] 米国独立保険代理店＆ブローカー協会の活動 ❷

米国では標準化「ACORD Standards」が常識
Association for Cooperative Operations Research and Development

ACORD運営会員数（2012年）＝500

独立代理店と取引する保険会社、ITベンダー、関係団体などで構成

ACORDの沿革
- 1970年、カリフォルニア州の独立代理店と西海岸拠点の中堅保険会社12社で申込書類の標準帳票の検討をスタート
- 1972年、共通の事故報告書を公開
- 1975年、損害保険の標準帳票の申込書導入を実現

> - 現在、約800帳票を標準化（損保576、生保128フォームなど） → ACORDフォームの名称で全独立代理店が採用

- 申込書フォームから保険会社と代理店間の電子データの標準化へ進む
  異なるシステム間のデータ交換の世界標準言語であるXML(注)を採用したACORD XML標準規約を開発する
  （注）　XML：Extensible Markup Language 文書やデータの意味や構造を記述するための世界的な標準マークアップ言語の一つ。異なる情報システムの間で、特にインターネットを介して、構造化された文書や構造化されたデータの共有を、容易にできる

> - 米国の代理店システムは、ACORD標準規約をベースに情報ベンダーが開発し、独立代理店に販売（アプライド社のTAMシステム、ベルタフォアー社のAMS360システムなど）

ACORDのメリット
- 代理店・消費者にとって利便性が大きい
  （処理・用語の統一、保険料の一括見積りの実現、ペーパーレス、コスト削減など）

- 会社にとってもメリットが大きい
  （コスト削減、代理店システム開発負担がない、優良代理店との取引など）

- 他業界を含めた標準の推進にも大きなメリット
  （住宅ローンの証明はACORDフォームでなければ銀行は拒絶→専属代理店も採用）

⬇

- 全世界への展開
  （英国、カナダ、中国、オーストラリア、南アフリカ……中国は2009年採用）

5-4 米国独立代理店の大型化 ■

目指す方向と注目すべき動き

　米国の独立代理店は、1990年代初頭には約5万店もあったが、その後代理店の淘汰と代理店の合併統合が進み、現在は約3万7,500店である（専属代理店は、約3万7,000店）。ここ数年、全体数の変化はみられないが、一方、年間4,000店もの新設があることは、若返りと合併・統合が進み、質の向上も図られていると推察できる。現在の独立代理店は、ほぼ共通して①大型化、②システムへの積極投資による経営品質の強化、③優秀な人材の確保、④徹底したR/Mサービス等の提供、および⑤ベストな保険会社・商品の提供、を目指している。

　米国の損害保険会社と代理店の関係で、注目すべき動きが2点ある。1点目は、小規模独立代理店のグループ化である。独立代理店約3万7,500店のうち20％がグループ化している。保険会社による年間最低取扱保険料の引上げにより、小規模代理店は保険会社との委託契約を解約される。このため、小規模代理店が集まりグループをつくり、グループ保険料の集積により保険会社との委託関係を継続させるのである。グループ化は、合併とは違い、業務基盤やノウハウを共有することがポイントである。コストを要するオフィス設置やシステムと従業員教育を共同で運用する効果が大きい。さらに保険会社との関係を強化できるほか、メンバーお互いの強み（専門性）を活かし相互にシェアする関係ができるなどの利点もある。

　2点目は、保険会社が顧客サービスのために設けたCSC（カスタマーサービスセンター）を独立代理店が継続手続や異動処理のために活用する動きである。CSCの活用は個人物件のみならず企業物件にも広がっている。

　業務委託料支払のため手数料は2～5％下がるが、センターにこれらの業務を委託することで、見込み客の開拓や新規契約獲得の時間を捻出し、専属代理店や通販との競争力を強化することができる。

　2006年頃には約32％の独立代理店が採用していたが、リーマンショックにより現在は20％弱に落ちたものの、徐々に利用状況は回復している。

[5-4] 米国独立代理店の大型化 ❶

目指す方向

① 大型化
② システムへの積極投資
③ 優秀な人材の確保
④ 徹底したサービスの提供
⑤ ベストな保険会社・商品の提供

独立代理店の合併・買収・売却の背景
- 引退の時期が近づいた
- 最低保険料が維持できない
- 顧客ニーズに応えられない
- 規模が小さく、利益が出ない

注目すべき動き

代理店のグループ化(クラスターグループ形成)

- 保険会社からの最低取扱保険料の引上げ
- コストの削減
- 代理店の事業永続プラン

会社CSC(カストマーサービスセンター)との連携による
サービス戦略
(一時30%以上の代理店が活用していたが、リーマンショックで一気に減少する。現在18%の代理店が活用、最近利用が回復中)

- 継続手続など既存契約のサービスを委託
- 新規契約獲得時間を得る

(出典)「ベスト・プラクティス・スタディ」(2011年)

5-4 米国独立代理店の大型化 ❷

独立代理店の収入と経費

　IIABAが、2年に一度発行している「Best Practice Study」では、独立代理店の手数料収入額を6区分に分けて、経営指標の分析をしている（1ドル＝95円換算）。小：1.2億円以下、中小：1.2～2.4億円、中：2.4～4.8億円、中大：4.8～9.5億円、大：9.5～24億円、ジャンボ：24億円以上。

　ここでは、手数料区分2.4～4.8億円の中規模クラスの代理店について、収入と支出をみてみる。収入の源泉はほとんどが代理店手数料である。

　保険会社と委託契約書を交わすときに、最低取扱収保要件と手数料の要件が決められる。最低取扱収保要件とは、委託保険会社に持ち込む年間の最低取扱保険料である。近年この最低限度額が上がり、1社100万ドルといわれている。独立代理店の手数料率は、収保規模、増収額、損害率によって決まる。同じ保険種目でも、保険会社により差異がある。独立代理店の場合、収保規模が大きくなるほど企業保険、従業員福利厚生関連の保険の割合が大きくなる。注目すべきは、代理店手数料が純新規と更改契約で差を設けている点である（新規12％ならば、継続は8％など）。世界的にみれば、差があるのが一般的であり、日本の現状は例外である。

　コンティンジェンシー・コミッションは、年間収保、損害率、継続率を基に算出され、年に一度保険会社が支払うボーナス手数料である。これは、優良リスクの契約をより多く自社に回してもらうための保険会社の施策である。リスクマネージメント、ロスコントロール収入は、顧客のリスクを診断して種々の対応策を提案・支援することに対する顧客からのフィー（手数料）である。ロスコントロールサービスなどでフィーを顧客から受領することは、顧客との信頼関係をつくるためにも重要である。

　経費のなかで、最大の支出は、人件費であり、興味深いことに規模が大きいほど人件費率は高まる傾向にある。優秀な人材の確保のためである。利益率は、13～25％の水準を確保しており、われわれが知る限りにおいては、日本の代理店と比較して相当高い。

第 5 章　海外にみる保険代理店／保険ブローカーの先進的ビジネス

[5-4]　米国独立代理店の大型化 ❷

独立代理店の収入と経費

手数料250 ～ 500万ドルのケース
円換算（ 1 ドル＝95円）で、年間収入手数料2.4 ～ 4.8億円の下の円グラフで「中」に属する代理店の実態
（出典）「ベスト・プラクティス・スタディ」（2011年）

収　入	割合(%)
損保企業保険	54.9
損保個人保険	22.2
従業員福利厚生（団体生命、医療、年金）	10.2
個人生命・医療	2.0
コンティンジェンシー・コミッション	8.5
リスクマネージメント、ロスコントロール	1.2
投資等	1.0
	100.0

> 規模が大きいほど企業保険、従業員福利厚生保険の割合が大きくなる。

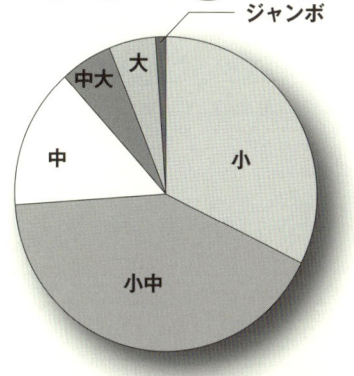

経費内訳	割合(%)
人件費（賃金、福利厚生）	62.6
販売費（広告、自動車、交通）	4.1
事業費（家賃、光熱、通信）	6.1
（教育、消耗費、保険）	3.0
（IT、機器リースほか）	6.2
管理費（減価償却、役員生保ほか）	2.4
経費合計	84.4
税引前利益	15.6
	100.0

手数料規模	代理店数	割合(%)
小	12,150	32.4
小中	15,600	41.6
中	5,438	14.5
中大	2,063	5.5
大	1,913	5.1
ジャンボ	338	0.9
計	37,500	100

（出典）IIABA発表資料（2011年）

> 規模が大きいほど人件費率が高まる

> ベスト・プラクティス・エージェンシーの場合、25％

5-5 米国の先進的代理店／保険ブローカーの紹介 ❶

Thoits（ソィツ社）

　カルフォニア州サンノゼにある、1891年設立の歴史ある典型的な独立代理店である。

　ソィツ家のファミリー企業として、カルフォニアのパロアルト市とスタンフォード大学を顧客として、小規模企業と個人のための保険代理店からスタートした。1975年、5人の従業員が、ソィツ家から経営権を買い取った。当初からESOP（Employee Stock Ownership Plan、従業員持ち株・退職金制度）を導入している。米国内ではESOPの先進企業として知られており、彼らもそれを誇りとしている。モチベーションは非常に高い。

　手数料収入は約1,300万ドル（約12億4,000万円）、従業員83名の規模である。従業員1人当り手数料収入は約1,490万円以上と高い水準にある。取引保険会社は、損害保険会社が22社、生保・年金会社が16社と多く、著名なブローカー数社とも取引している。独立代理店の使命である、"顧客のすべてのニーズに合った商品を提供"することを実現している。

　おもしろいのは、取引保険会社を独自の指標で、AからFにランク付けした格付リストを作成していることである。ランク付けをすることにより、最も望ましい取引保険会社を選択して、顧客に勧めることができるようになる。さらに保険会社のサービスを引き出すこともできる。独立代理店が満期表所有権をもっているので強気に対応できるのだ。

　得意とする顧客業種は、生医学、IT、建設、教育、食料品卸や食料品小売であり、収入の93%が企業物件分野である。組織も徹底した分業体制をとっており、営業担当も業種別のチームに分かれている。専門能力を高めるため、外部の業種別専門家を採用している。

　徹底したシステム化を進め、顧客と会う以外はすべてシステムで応対する。システム経費は、収入の10〜12%と、このクラスの平均よりもかなり高い。専用のコンピュータルームがあり、代理店システムはパッケージソフトを採用している。システム専任担当者は2名である。

[5-5] 米国の先進的代理店／保険ブローカーの紹介 ❶

保険会社を独自に格付け

Thoits Insurance Service, Inc.（設立1891年、San Jose, CA）

- ● 特　　徴：直近30年間12〜15％の売上増を継続。
  1974年以来、従業員が株主（オーナー）となっている。
  取引保険会社を独自にAからFにランク付けしている
- ● 従 業 員：83名（男20＋女63）、平均年齢40歳、勤続6年
- ● 収　　入：Total Sum：＄13,046,936（約12億4,000万円）、従業員平均＄157,192（約1,490万円）、平均代手率は10％
- ● 得意分野：Technology、Food、Construction、School……
  （企業物件93％、個人物件7％）
- ● 運　　営：組織的に分業化を徹底
  ⇒営業部門：団体・個人・法人5チーム（白・青・緑・金・赤の色名称をつけた業種別チーム）
  ⇒管理部門：IT・OS・会計・EST（損調・市場開拓）
- ● IT 経 費：収入の12％：＄1,566,000（約1億5,000万円）

組織図

```
                    Board
                      |
                   CEO/Chairman (1)
                      |
                   President/COO (1)
                      |
   ┌──────┬──────┬──────┬──────┬──────────┬──────────┐
Benefits  PSL    CML    IT     OS        EST        Accounting   Total
Team     Team   Team   Team   Team      Team       Team         (83)
(4+5)    (7)  (15+28)  (2)    (6)       (10)       (4)
                │              └─Office Services─┘  └─Extended Services─┘
    ┌───┬───┬───┐                  ┌──────┬──────┬──────────┐
  White Blue Green Red           Marketing P&L Claims Workers'
  Team  Team Team  Team          Team      Team       CompClaims Team
```

5-5 米国の先進的代理店／保険ブローカーの紹介 ❷

Clements（クレメンツ社）

　独立代理店はここまで進化しているのか、という最先端のビジネスモデルを開発している。多くの保険会社からリスク別に保険商品を「部品」として提供を受け、一種のパッケージに組み立て、元売りだけではなく、他の保険代理店／ブローカーに卸売りでも提供している。

　おもな取扱商品は多国籍企業向け総合保険（賠償責任、誘拐など）と、米国政府（海外派遣の軍人など）や多国籍企業の海外派遣（出張）者を対象とした賠償責任保険、自動車保険、医療保険などである。長年の損害データの蓄積により海外在住の人たちのリスクをアンダーライティングし、自社開発商品については証券発行と損害処理までできる権限をもっている。

　他社にはないニッチ市場向けの独自商品を開発し、サービスと高付加価値の提供により、過去5年間の成長率は年率平均で15％と非常に高い。また手数料水準も25％と一般水準の2倍と圧倒的に高い。これは独自商品を扱っているため、マーケティングフィー、アドミニストレーションフィー、事故処理フィーなどが上乗せされるためである。

　取引保険会社数は50社（取扱高、25～500万ドル／社）である。取引保険会社の選択要件として、格付けが高いこと、お客の評判がよいことを条件としている。従業員数は55人（企業物件セールス10人、マーケティング5名、CSR 10人（第6章-3参照）、医療保険5人、個人物件セールス15人等）であり、1人当りの代理店手数料収入はかなり高い。ライバル社としてマーシュやエーオンのブローカーとGEICO、USAAを名指ししていたのは興味深かった。

　米国はマーケットが大きく、専門分野に特化し個性をもった保険会社や独立代理店と周辺ビジネスを展開する業者が多数存在していて、さまざまな組合せが可能で、選択ができる多様性がある。保険業界における「製販分離」は、米国のように多様性をもったマーケットとClements社のような自立し力量をそなえた代理店の存在なくして考えられないことを教えられる。

第 5 章　海外にみる保険代理店／保険ブローカーの先進的ビジネス

| [5-5] | 米国の先進的代理店／保険ブローカーの紹介 ❷ |

多くの保険会社からリスクを部品として調達、自ら保険証券発行

Clements International（設立1947年、Washington DC）

- ●特　　徴：直近5年間15％の売上増を継続。米国の海外サービス向けアンダーライターのトップ。保険会社からリスクごとに保険を調達し、自ら保険証券を発行
- ●従 業 員：55名
- ●収　　入：Total Sum：＄10,000,000（約9億5,000万円）、従業員平均＄181,818（約1,700万円）、平均代手率は25％
- ●得意分野：民間企業の海外勤務者、海外勤務の政府職員などを対象に独自商品を販売（個人自動車、個人賠責、医療）、多国籍企業向け保険（財産、賠責、国際団体医療、誘拐他）
- ●運　　営：代理店社員への教育を徹底
　　　　　　⇒自社スタッフとパートナー Agency＆Brokerのジョイント
- ●IT 経 費：収入の5％：＄500,000（約4,750万円）
　　　　　　Applied Systems（カストマイズ）

Clementsの海外向け商品開発事例（OEM型開発）

グローバル商品の開発

- ●財産保険、賠償責任保険
- ●自動車保険（すべての国で）
- ●誘拐および身代金
- ●個人傷害保険
- ●専門家職業賠償責任保険
- ●役員賠償責任保険（D&O）
- ●政治リスク（戦争、テロリズム）
- ●防衛基本法に基づく労災保険
- ●従業員福利厚生プログラム
- ●個別開発商品
- ●積荷・運送保険

グローバル商品の運用

- ●契約の引受権限
- ●損害処理（一部）
- ●特殊処理（誘拐、身代金）
　－危機管理チームによるサポート
　－人質交渉
　－身代金の受渡方法の段取り

左側：
- 海外に展開する多国籍企業
- 米国政府（海外勤務の政府職員）・紛争国に派遣された軍人など
- ・海外在住者
- ・短期出張者
- ・商用旅行者

右側：
- 保険会社
- ロイズ（リスク別に調達）
- 損害処理専門会社
- 危機管理専門会社（提携）

5-5 米国の先進的代理店／保険ブローカーの紹介 ❸

HRH（エイチアールエイチ社）

　2007年訪問時、全州で営業している全米8位の巨大独立代理店であった。当時でも、120拠点を構え、3,500名のスタッフを擁する日本の中堅保険会社に匹敵する規模であったが、2008年6月、Willisグループに買収され、社名もWillis HRHに変わり、全米3位の規模となった。ここで紹介するのは、ワシントンDCからバスで1時間弱のメリーランド州にある拠点（営業所）での調査である（数字は訪問時のもの）。

　郊外型の店舗といっても、日本の損害保険会社でいえば、支店というよりは「小規模の保険会社」のイメージである。実際、営業所は自立した会社組織になっており、役員がいて独立採算で運営されている。

　社内は、パーソナル、コマーシャル、会計、総務など部門別に区画がされており、約90名のスタッフは、全員個人別ブースで仕事をしている。

　最大の特徴は、収保規模の大きさを最大限活かしていることである。保険会社から、代理店手数料は新規継続とも同一の15％という優位な条件を引き出している。さらに、顧客の満期更改処理は、10年前から保険会社のCSC（カスタマーサービスセンター）に任せているが、業務委託フィーは個人保険の場合は負担していない（小企業保険の場合のみ1％負担）。

　「われわれ、独立代理店は顧客を握っているため、途中のサービスはだれがやろうと、顧客からみると影響ない」と、自信にあふれた回答であった。システム投資も手厚く、徹底したペーパーレスとオンライン処理および保険会社のCSCの活用により、1人当り代理店手数料は約2,600万円の水準であった。契約前に、顧客に代理店手数料を開示していることも驚きであった。

　企業顧客の開拓でも彼らの方式に自信をもっていた。まずマーケティング部門でターゲット層を抽出し、分析する。セミナーなども開催し、見込客には、自社が提供できるロスコントロールや事故処理サービスの優位性を説明する。そのうえで顧客から過去の事故データの提供を受け、リスク全体のマネージメントプランを提案するのが一連の流れである。

第 5 章　海外にみる保険代理店／保険ブローカーの先進的ビジネス

| [5-5] | 米国の先進的代理店／保険ブローカーの紹介 ❸ |

規模の大きさと顧客サービスの品質でブランド力アップ

Hilb Rogal and Hobbs of Metropolitan Washington）
（設立1984年⇒2008年 6 月Willis Group に買収され、Willis HRHに）

- ●特　　徴：全米に120拠点、従業員3,500名展開、手数料収入950億円、全米 8 番目の巨大代理店。拠点は自立・独立採算。顧客に訴えるポイントは保険料の「安さ」ではなく、ロスコントロールやクレームサービスの優位性である
- ●従 業 員：82名（訪問先のWashington支店のみ）
- ●収　　入：Total Sum：$22,375,267（約21億円）、従業員平均 $272,869（約2,600万円）、平均代手率は15％（新規と継続の手数料は同じ）
- ●得意分野：企業物件95％、個人物件 5 ％
- ●運　　営：従業員教育を徹底して「Best Practice」に選定、顧客の信頼を獲得
  CSCを活用(注)
  （注）　一般的に、保険会社のCSCを利用している代理店の割合は18％：2010年度
- ●IT 経 費：収入の 4 ～ 5 ％、代理店システムはAMSを利用

事務所内部、通路両側に社員のブース

役員とのディスカッション

5-5 米国の先進的代理店／保険ブローカーの紹介 4

HTG（エイチティジー社）

　30名にも満たない少人数の社員で、全米40州で営業をしているニッチ市場専門の独立代理店である。高い生産性を実現している。それを可能としているのが、ITを徹底的に活用していることと特殊なマーケットを開発したため他の競争相手がいないことである。

　組織の構成は、オーナー／経営者3名、企業保険担当7名、個人保険担当5名、プロデューサー3名、事故処理1名、経理1名、従業員福利厚生3名、401(k) 1名で、ITを活用しているといっているが、実は、ITの専門家はいない。特殊なマーケットを占有するため、取引保険会社は、損保31社、生保32社と多く、手数料収入は約4億5,600万円、社員1人当り約1,900万円と高い水準にある。

　特殊領域の一つ目は、口腔および顎外科医師協会の保険プログラム（医療業種向けの専用保険商品と付帯サービスの提供）の独占的保険代理店（同協会はHTG社のみをエージェンシーとして公認）である。二つ目は、過去15年ほど力を入れてきた、住宅建設業のためのプログラムである（メリーランド住宅建設業者協会（HBAM）がHTG社を推薦）。この保険プログラムは、住宅建設業者協会の会員勧誘にも役立っている。三つ目は、1996年からセレクティブ保険会社の子会社、「セレクティブHR」が提供する"雇用にかかわる専門サービス"の販売である。雇用にかかわる専門サービスとは、企業の人事部と総務部の業務請負会社に類似している。企業にかわって、給料支払業務管理、従業員福利厚生プランの作成と管理、納税申告書作成、州や連邦法のコンプライアンス査定、雇用法コンプライアンス査定、労災保険カバー内容の査定、などを行っている。保険代理店はこのサービスを企業顧客に販売することにより報酬を受け取る。ITの運営をアウトソーシングをすることによりコストを抑えている。保険証券は、保険代理店でチェックするため、保険会社から送られてくる証券をイメージで取り込み、チェックしてから顧客へ送るのがユニークである。

第 5 章　海外にみる保険代理店／保険ブローカーの先進的ビジネス

[5-5]　米国の先進的代理店／保険ブローカーの紹介 ❹

独自商品とIT活用で全米制覇

HTG Insurance Group（設立1967年、Ellicott City, Maryland）

- ● 特　　徴：ITを駆使して40州での営業サービスを展開、手数料収入5億円。特に口顎の医療の賠償責任保険は全米1位
- ● 従 業 員：24名
- ● 収　　入：Total Sum：$4,800,000（約4億5,600万円）、従業員平均$200,000（約1,900万円）、平均代手率は10%
- ● 得意分野：口腔および顎外科医師協会、歯科、住宅建設業者のための特別プログラムを用意
企業物件82%、個人物件18%
- ● 運　　営：少人数で40州でのビジネスを可能にしているのはITの活用による。特殊なマーケットの専門性があり他の競争相手がいない
- ● IT経費：収入の1.5%、低コストでできているのはアウトソーシング。最新システムの「ZYWAVE（ASP）」を採用

営業担当者のデスク

ZYWAVEとの通信サーバー

5-5 米国の先進的代理店／保険ブローカーの紹介 5

AFS（エイーハート社）

　Webで場所を照会すると、"Located on the Delaware River, in a beautiful setting of rolling hills, woodlands, and flowing waters "……"と出てくるように、こんなところに独立代理店があるのかという田園風景のなかにある。企業物件60％、個人物件40％で構成されており、社員14名、手数料収入1億4,250万円と独立代理店のほぼ平均に位置している地域密着型の独立代理店である。第4章-14、15で紹介されているPHLY社とも取引している。

　主力の企業保険の顧客は、大企業から一人企業までさまざまである。取引保険会社にリスクカバーがない場合は、大手ブローカー・ギャラガー社のサープラスラインのブローカーである社長夫人に付保保険会社の探索を依頼する。5～10社の見積りのなかから顧客との契約が成立すれば、手数料15％のうち、代理店（社長）は10％、ブローカー（夫人）は5％の割合となる。

　企業保険を担当している若くて優秀な女性社員デイネット・キャロラインが、AFS社に就職した事例は、日本でも参考になる。大学で基本的な保険の勉強をした後、AFS社でアルバイトをしながら保険業務を覚えた（インターンシップ）。卒業後AFS社と本人の希望が合致し入社した。入社後は、州が認定する先生から講義（8H／日、3週間のコース）を受け、代理店資格を取得した。現在は、CPCU、AICの専門資格も取得し、保険会社や外部の勉強会に参加し、さらに高いレベルを目指している。

　インターンシップとは、学生が一定期間企業等のなかで研修生として働き、自分の将来に関連のある就業体験を行える制度である。この制度を日本の代理店強化策のなかに取り込み、優秀なR/Mのプロの育成をすることが日本の保険市場の活性化に役立つはずである。

　全保険売上の40％を占める個人保険は、通販、専属代理店の進出もあり、競争がますます増している。以前は、個人自動車保険は6カ月契約が主力であったが、最近は保険会社が顧客確保のために1年契約に切り替えている。代理店から"3年契約がほしい"との声が出てきたのには驚かされた。

第 5 章　海外にみる保険代理店／保険ブローカーの先進的ビジネス

[5-5] 米国の先進的代理店／保険ブローカーの紹介 ❺

**インターシップ制度を活用して優秀な学生を確保
代理店とブローカーの使い分けと社内コラボレーション**

AHART, FRINZI & SMITH（設立1950年、Belvidere Road Philipsburg, NJ）

- ●特　　徴：顧客は、大企業から一人企業まで、
  企業物件60％、個人物件40％
- ●従業員：14名の典型的な地域郊外型の独立代理店
- ●収　　入：Total Sum：$1,500,000（約1億4,250万円）、個人代手率＝10～13％、企業代手率＝15～17％
- ●運　　営：社長が代理店、社長夫人がブローカーを担当、取引保険会社にリスクカバーがない場合は、夫人が引受先を探して手当
  女性従業員教育に力を入れている。学校で保険の基本的な勉強をしている学生をアルバイトで雇用し、卒業後採用する方式（インターシップ制度）で効果をあげている。採用後も専門性の高い教育、フォローアップを行う
- ●IT経費：ASP型のアプライドシステム
  年間経費約4万ドル（約380万円、収入の3％弱）
  保険料試算に保険会社とのリアルタイムを活用

郊外型代理店の典型
元銀行の支店を事務所として使用

受付にかかっている取引保険会社の会社マーク

コラム12　米国企業物件向けのサープラス市場（2010年）

　サープラス（Surplus）商品市場は、Excess & Surplus商品市場とも呼ばれており、「ハイリスク商品」や「ハイリスク企業」向けの独特の市場である。
　わが国にはこのような市場は存在しておらず、初めて聞く方も多いと思う。
　企業物件が発達した米国では、各州ごとに現地での事業免許を受けている保険会社の商品では対応できない特殊なリスクや高額物件、あるいは、アンダーライティング危険度の高い物件などは、州外や海外での保険加入が認められている。3～5社程度の損害保険会社から引受けを拒絶されたハイリスクな商品や企業向けに保険カバーを提供する市場である。
　この市場専門で活動をするブローカーや独立代理店が存在し、リスクを引き受ける保険会社が存在する。サープラス商品に特化した保険会社は、企業物件市場で強みを発揮している大手損害保険会社の子会社である。この市場における保険料シェア上位5社を並べてみたが、チャーティスグループのレキシントン社が圧倒的シェアを占めている。
　この市場においては、ISO（〈コラム11〉参照）の提供する標準約款や標準ロスコストでは引受けが不可能であるため、保険会社は、①高い適用料率の設定、②高額免責の設定、③種々の制約条件の設定を通して、案件を引き受けるための工夫をする。ハイリスクな市場のため、この分野の保険会社をモニタリングするため"Stamping Offices"と呼ばれる別の組織が州によっては用意されている。
　この市場においてリスクの仲介役を担う保険代理店やブローカーには独特のノウハウや人脈が必要となる。
　東日本大震災やタイの大洪水等の影響を受け、わが国の損害保険会社の引受姿勢が厳しくなっているなかで、逆に、企業の保険加入ニーズは高まっている。
　わが国においても、サープラス市場を構築すべきであるとの声が高まる可能性がある。最近日本に進出したばかりの米系損害保険会社は、米国のサープラス市場で強みを発揮している。今後の活動分野に注目が集まっている。

第5章 海外にみる保険代理店／保険ブローカーの先進的ビジネス

〈コラム12〉米国企業物件向けのサープラス市場（2010年）

サープラス市場における保険会社別保険料シェア

	会社名	親会社	保険料 （百万ドル）	保険料 （1ドル＝95円換算）
1	Lexington Insurance	Chartis Inc.	4,606	4,376億円
2	Steadfast Insurance	Zurich Financial	1,073	1,019億円
3	Scottsdale Insurance	Nationwide Mutual	1,004	954億円
4	Chartis Specialty	Chartis Inc.	785	746億円
5	Columbia Casualty	CNA Financial	718	682億円

（出典）　米国・III発行「The Insurance Fact Book 2012」

ポイント

- サープラス商品市場とは、Excess & Surplus商品市場とも呼ばれ、「ハイリスク商品」や「ハイリスク企業」向けの独特の市場である。
- 3～5社程度の損保会社から引受けを拒絶された、ハイリスクな商品や企業向けに保険カバーを提供する市場である。
- この市場だけで活動するブローカーや独立代理店が存在し、リスクを引き受ける保険会社が存在する。サープラス商品に特化した保険会社は、企業物件市場で強みを発揮している大手損害保険会社が、子会社を設立して参入している。
- 同様の市場がわが国でも成立するかどうかが注目される。

5-6 英国の事例紹介 ❶

アグリゲーター

　英国では17世紀における保険市場「ロイズ」の誕生以来、保険の先進国として時代の流れに即した革新を遂げてきた。自動車保険においても1985年、世界に先駆けて「ダイレクトライン社」が電話による自動車保険の引受けを開始した。同社のロゴ「赤い電話」は広告媒体を通じて広く世に知られ、保険代理店を介在させない顧客との直接販売（直販）を実現し、爆発的な成長をみた。さらにインターネットの発展は、市場をいっそう活性化させ、アドミラルグループなど特徴ある保険の直販会社が多数輩出している。

　もう一つの動きはアフィニティと呼ばれるものの存在である。高いブランド力の本業と多数の顧客会員をもつ企業体、たとえば有名スーパーマーケット、電力・ガス・水道会社、大手旅行社などが保険販売を行う形態である。会員カードの発行などで顧客を囲い込むと同時に、自社の顧客に対して、提携保険会社あるいは保険子会社の扱う自動車保険、住宅保険、旅行保険などを販売するビジネスモデルであり、年々取扱量を増加させている。

　直販、アフィニティの興隆とは別に、近年「保険の価格比較サイト」が急速に普及している。アグリゲーターと呼ばれるものである。2002年、最初の保険の価格比較サイト「コンフューズド.コム（Confused.com）」が設立され、その後「マネースーパーマーケット.コム（Moneysupermarket.com）」、「テスココンペア（Tesco Compare）」等が相次いで参入し、現在ではブローカーやアフィニティなどのチャネルも加わり、多様なアグリゲーターが競争する保険市場が出現している。これら「価格比較サイト」の多くは、顧客に保険の比較情報を提供した後、保険料の試算を行った見込み顧客の情報（leadsと呼ばれる）を保険会社やブローカー等に送ることで手数料収入を得ている。

　直近の調査では、2010年度のアグリゲーターによる自動車保険の取扱いは全体の42％を占め、2014年にはその率が49％と自動車保険引受けの半数はアグリゲーター経由となる予測もある。ITの進歩が、個人自動車保険の販売チャネルに構造的な革新を起こしている事例である。

第 5 章　海外にみる保険代理店／保険ブローカーの先進的ビジネス

[5-6]　英国の事例紹介 ❶

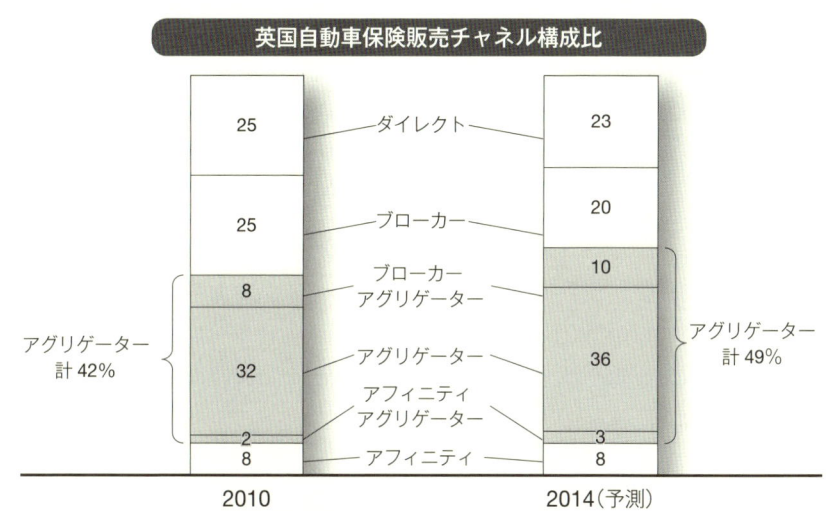

英国自動車保険販売チャネル構成比

	2010	2014(予測)
ダイレクト	25	23
ブローカー	25	20
ブローカーアグリゲーター	8	10
アグリゲーター	32	36
アフィニティアグリゲーター	2	3
アフィニティ	8	8

アグリゲーター計 42%（2010）／アグリゲーター計 49%（2014）

(出典)　「Bringing profitability back from the brink of extinction」
　　　　a report on the UK retail insurance market CII 2011

英国における代表的なアグリゲーターとその特徴

名称	保険比較参入年	自動車保険供給会社数	試算所要時間	抽出比較可能数	広告費(ポンド)	特徴
Confused.com	2002年	87社	30秒弱	4社	1,510万	●Admiral グループ●初めての保険アグリゲーター●契約販売ごとの手数料収入
comparethemarket.com	2006年	87社	約50秒	-	1,120万	●ブローカーBGLグループ●ミーアキャットのTVCM●契約販売ごとの手数料収入
Moneysupermarket.com	2003年	111社	50秒弱	5社	740万	●独立系ロンドン証券取引所上場●契約販売ごと＋保険会社へのアクセスごとの手数収入
Go Compare.com	2006年	120社以上	約30秒	-	1,350万	●2009年8月よりTVCMキャンペーンを実施●契約販売ごとの手数料収入
Tesco Compare	2007年	60社	約1分	4社	不明	●大手スーパー Tescoグループ●手数料収入は不明

(注)　広告費（2009年）は、自動車保険に関する広告費。
(出典)　菅沼美香「イギリスにおけるアグリゲーター」損保ジャパン総研トピックスVol. 9（2010年6月21日）

5-6　英国の事例紹介 ❷

チェリーピックド インシュアランス.コム

　中小企業マーケットは大企業と個人物件の中間にあって損害保険においてはアプローチが非常にむずかしいマーケットである。インターネットで広く訴求し契約へつなげる個人物件型でもなく、オーダーメードでR/Mを駆使してグローバルなカバーを構築する大企業物件型でもない。対面である程度手作りが必要な部分がある一方、国際的な手配が発生する場合もあり、すべてを現地に委ねてしまうこともできないといった特徴がある。顧客に近い存在である地域の有力保険代理店にとって、中小企業にニーズの高い地震利益保険や取引信用保険など、いわゆる特殊保険分野では既存の保険会社からの商品供給が容易に得られないこと、またキャプティブ、キャットボンドなど保険代替マーケットへのアクセスノウハウがないこと、さらに国際展開している中小企業顧客へのサービスの提供の困難さなどの悩みがあり、切実な問題となっている。英国でのユニークな事例を紹介したい。

　大手国際ブローカーとローカルブローカーが提携した仕組みで、ブランドネームは「チェリーピックド インシュアランス.コム（Cherrypicked insurance.com）」と呼ばれている。インターネット環境を使ってブランドイメージを明示し企業顧客へ訴求する方式であり、顧客が各地域のローカルブローカー（94社加盟）を自由に選択できるよう図っている。大手国際ブローカーであるウィリス社（Willis Limited）がこのビジネスモデルの要としてリスクマネージメント・保険ノウハウや国際ネットワークの提供を保証することによって、前述のローカルブローカーの弱点を補完し、一方ローカルブローカーは地域密着の利点を活用して積極的に中小企業顧客のリスクに対応することができる。同時にあらかじめ協力保険会社（AVIVA等大手社）がパネルとしてリスクの共同引受けの態勢を整えていることで商品の安定供給を確保している。これに各種協力団体が加わりビジネスモデルの安定性を増している。英国のこのビジネスモデルの日本への導入は、日本の地方の有力専業代理店にとって、有力な武器になる可能性を秘めている。

第 5 章　海外にみる保険代理店／保険ブローカーの先進的ビジネス

[5-6]　英国の事例紹介 ❷

地域中小企業のために、国際ブローカーと地域ブローカーがコラボして、最適商品の提供と共同引受けの仕組みを提供

英国ローカルブローカーの生き残り戦略の事例

cherrypicked insurance.com
enlightened business solutions

職人保険	配管工事、電気工事、塗装、建築
家主保険	賃貸物件関連
高額財産保険	明記物件等
事務所保険	事務所什器備品、賠償責任
役員賠償責任	取締役、監査役
賠償責任	施設、生産物等
職業賠償責任保険	医師、弁護士、会計士等
自動車フリート保険	自動車フリート
小規模事業者保険	店舗リスク
ブローカーサービス	リスク分析、アドバイス等

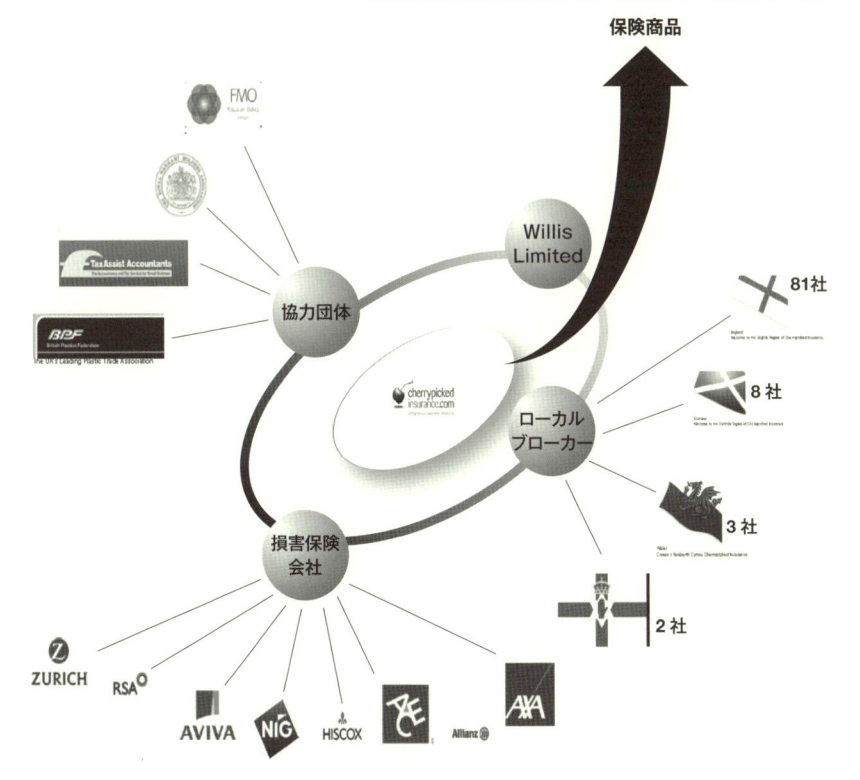

保険商品

Willis Limited

協力団体
FMO
TaxAssist Accountants
BPF

ローカルブローカー
81社
8社
3社
2社

損害保険会社
ZURICH　RSA　AVIVA　NIG　HISCOX　ACE　Allianz　AXA

第 6 章
わが国における損害保険代理店ビジネスの現状

British Fire Office

6-1 損害保険会社における営業の業務

　自由化以前も自由化以降も、損害保険会社の営業現場は繁忙をきわめている。ただし、自由化前後で営業現場の「忙しさ」の中身が質的に大きく変わりつつあり、現在もその流れは継続している。営業を取り巻く環境や営業を構成する「枠組み」が大きく変わっているからである。

　自由化以前は、全社がまったく同じ商品を同じ値段で売っていた。このため、営業の最大の仕事は、「売上高の極大化」に置かれていた。売上高の極大化が即収益の極大化につながる時代であった。元受収入保険料で設定される営業目標の必達が至上命令であり、目標に足りなければ、社員が自ら動いて保険料を稼いでいたのが現実である。営業保険料の必達と並んで営業の仕事で重要なのが、「販売網の開拓」であった。

　保険代理店の設置目標（販売網予算）は「店数」や「店数ポイント」で示され、これも必達が至上命令であった。保険代理店の育成よりは、「まずは、数をそろえることが重要」であった。営業優績表彰の基準には、販売網の設置状況が置かれ、これが達成できないと優績には該当しない。団体定足数のチェックなどコンプライアンスの管理も事後チェックがメインであった。

　それが大きく変わるのが自由化の進展と会社あげてのコスト削減、コンプライアンス重視の流れである。ようやく損保にも「当たり前」の時代が来たともいえる。国内市場が縮小傾向の方向に向かうなか、売上と同程度の比重で、収益と経営の健全性に眼を向けざるをえない時代となった。

　つくりすぎた代理店を整理・統合するために、会社主導で保険代理店の統合・合併と廃業が進められている。強い販売網をつくることが保険会社の事業費の改善にもつながることに、ようやく気がついたのだ。一方、通販や銀行窓販など、保険販売のマルチチャネル化が急速に進んできている。

　「効率性」と「市場競争」の利害衝突を超えるマーケティング力を創造することが各社に求められている。「仕組み」づくりが大事な時代になったが、特に損保の本業であるリスクマネージメント力とアンダーライティング能力は、顧客からも保険代理店からもますます問われることになるのである。

第 6 章　わが国における損害保険代理店ビジネスの現状

[6-1] 損害保険会社における営業の業務

自由化前	背景	自由化後
売上の増大 ● 拠点の増強 ● 社員の率先垂範	**競争の激化** ● 料率競争 ● ダイレクト販売の進出 ● 業務コストの圧縮要請	**売上と収益** ● 収益目標の設定 ● 率先垂範の反省
販売網の拡大 ● 質よりは量の重視 ● チャネルの開拓	**自己責任原則** ● コンプライアンス問題	**代理店への業務シフト** ●「売れる」仕組み ●「自立」した代理店の育成
営業の管理統計 ●（売上など）中心 ● 事後管理型		**コンプラとリスク管理** ●「仕組み」づくり ● モニタリング重視

枠組変化が進行中

6-2 損害保険会社・支店の機構・機能と代理店の位置づけ

　損保険会社の営業組織の核は地域を総括する営業支店組織である。かつては、1県1支店を標榜し、全国展開を図った会社や時期があるが、事業費の削減のためもあって、支社を含めて最近は統合傾向にある。まだ合併が継続中の会社にとっては、ここでの合理化がキーである。

　支店長に直結するスタッフとして、代理店指導専門担当やコンプライアンス推進担当管理職（コンプライアンス・リーダー）を配置することが当たり前になった。代理店指導専門担当の業務内容は、代理店コンプライアンスの推進や代理店業務指導（顧客・契約管理や代理店オンラインの活用方法など）、代理店研修、講習、代理店経営指導などである。ただ、コンプライアンスの方針については、各損害保険会社間で力点の置き方に違いがあり、乗合代理店からすると戸惑いが大きいようである。

　最近は、CS（顧客満足）活動に、各損保会社とも注力している。支店にはCS委員会組織が置かれ、単なるCS活動を超えて経営品質の向上運動にアップグレードするケースが定着化しつつある。支店長スタッフとして最も重要な組織が業務開発課である。支店戦略の立案、営業統轄機能、事務統轄機能それに引受管理機能などを果たす。営業からの商品関係の規定や料率に関する問合せ窓口でもある。営業現場、保険代理店、顧客からの生の情報を本社スタッフ部門につなぐ重要なパイプ役の役割も担っている。

　支店の営業課は、官庁や企業・金融機関等を担当する（企業）営業課（複数）とディーラーをおもに担当する自動車営業課に分かれる。官公庁や団体開拓を専門とする管理職や専任課を配置するケースも多くなっている。おもに中小企業や個人物件を担当するのが支社の役割である。保険代理店を所管するのが、これらの営業課支社である。最近の保険代理店の大型化と多店舗化によって、保険会社の支社のテリトリーをまたがるケースも出現しており、新たな課題となっている。

第 6 章　わが国における損害保険代理店ビジネスの現状

[6-2] 損害保険会社・支店の機構・機能と代理店の位置づけ

損保会社の支店は、生保会社の支社に、支社は、支部(営業所ともいう)に当たる

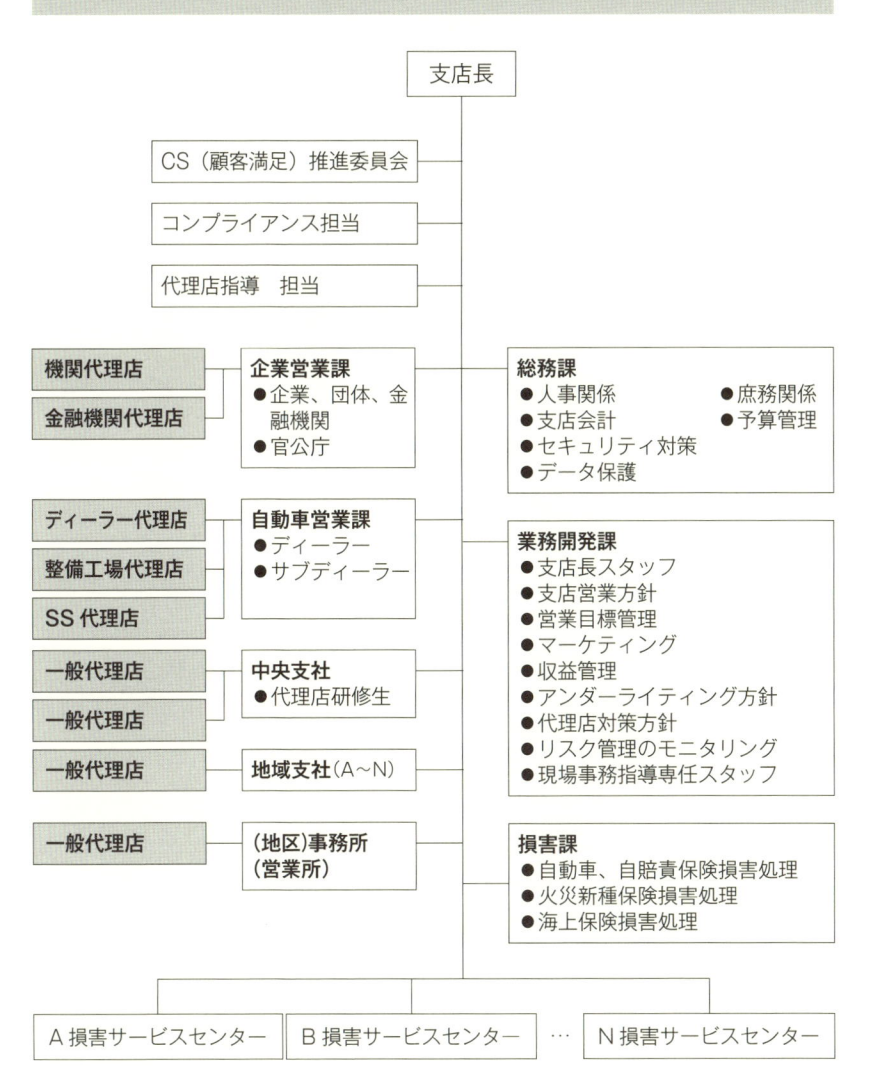

```
                              支店長
                                │
        ┌──────────────────────┤
   CS（顧客満足）推進委員会      │
        ├──────────────────────┤
   コンプライアンス担当          │
        ├──────────────────────┤
   代理店指導　担当              │
        └──────────────────────┤
                                │
```

代理店区分	支店内各課
機関代理店／金融機関代理店	**企業営業課**　●企業、団体、金融機関　●官公庁
	総務課　●人事関係　●庶務関係　●支店会計　●予算管理　●セキュリティ対策　●データ保護
ディーラー代理店／整備工場代理店／SS代理店	**自動車営業課**　●ディーラー　●サブディーラー
	業務開発課　●支店長スタッフ　●支店営業方針　●営業目標管理　●マーケティング　●収益管理　●アンダーライティング方針　●代理店対策方針　●リスク管理のモニタリング　●現場事務指導専任スタッフ
一般代理店／一般代理店	**中央支社**　●代理店研修生
一般代理店	**地域支社(A～N)**
一般代理店	**(地区)事務所 (営業所)**
	損害課　●自動車、自賠責保険損害処理　●火災新種保険損害処理　●海上保険損害処理

A損害サービスセンター	B損害サービスセンター	…	N損害サービスセンター

6-3 損害保険代理店の役割と業務

　損害保険代理店はお客様のリスクコンサルタントとして、お客様のニーズやリスクとお客様の負担できる保険料などの条件を相談しながら、最適な保険を勧めるのが役割である。代理店業務の全体像を右図に示す。ここ数年で大きく変化したのは、代理店システムの普及と定着により、システムを活用した営業スタイルになったことである。

　保険料の試算は、代理店システムを使い、事前に代理店のオフィスで見積り、勧める保険の申込書をPC等で作成し、お客様のところを訪問するケースが多い。1回の訪問であまり多くの時間がとれないのと、お客様に未付保の第三分野の商品などを効率的に提案するためである。最近ではノートPCやモバイル端末を携行し、申込書などの紙をいっさい使わないペーパーレス契約や、保険料の電子決済を行う方式も導入され、従来の契約手続プロセスがITの採用により抜本的に変わりつつある。

　ここまで述べたのは主として個人のお客様との見積り、契約手続である。企業のお客様は簡単にはいかない。企業はさまざまなリスクを抱えている。気がついていないリスクが隠れているケースも多い。お客様との面談や事業所の視察などからデータを収集し、お客様の抱えているリスクを把握・分析する。そのうえで、取引保険会社から最適な保険商品と保険料を引き出し、お客様に提案する。これこそR/Mの総合力が問われる仕事であり、保険代理店の存在意義そのものである。達成感のある仕事だということが理解していただけるだろう。

　最近特に注目され実行されているのがCSR（Customer Service Representative）の充実である。お客様サポート専門の代理店独自のオフィス機能を設置し、IT・テレフォニー技術を活用して、顧客サポート力をアップさせ、顧客の信頼度をより高める差別化戦略である。自社だけでむずかしいなら他代理店との提携も考えられる。お客様の信頼を得て、口コミなども上手に利用し、ブランド構築を図ることが生き残り戦略となる。

第 6 章　わが国における損害保険代理店ビジネスの現状

[6-3]　損害保険代理店の役割と業務

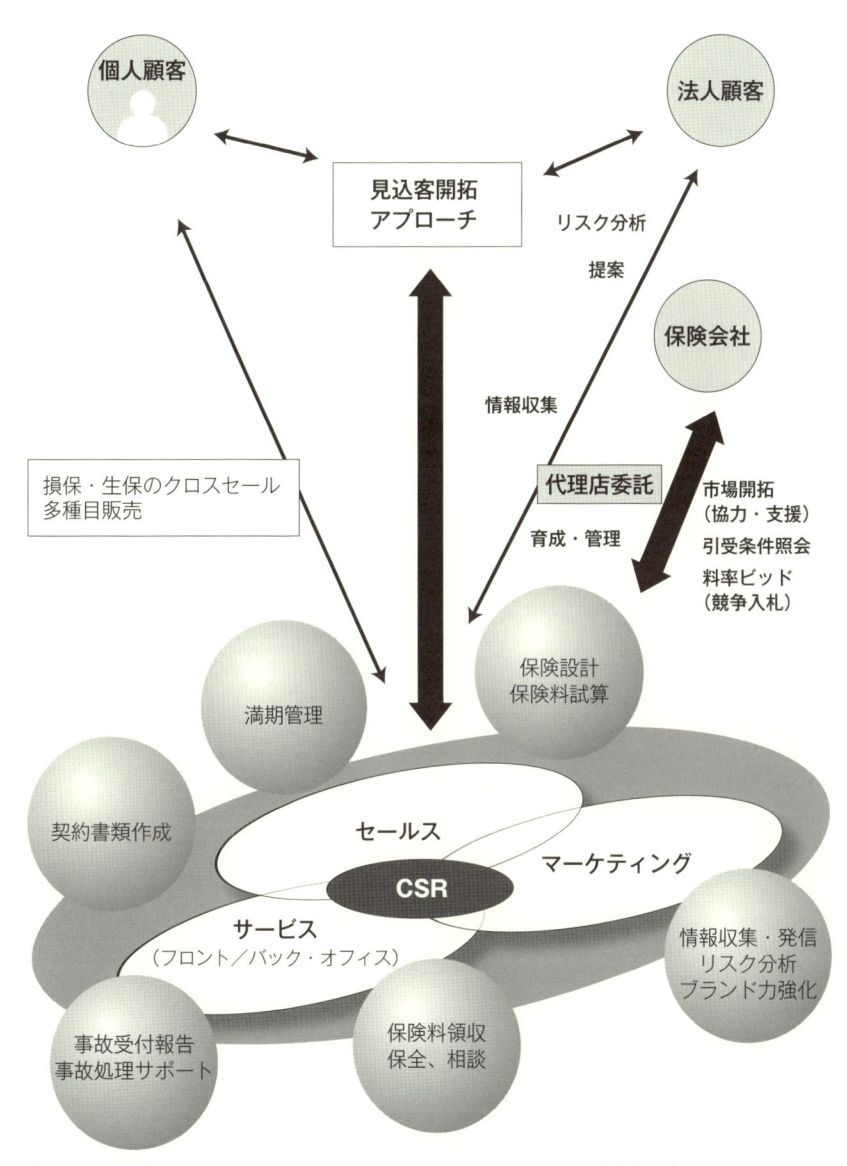

個人顧客　　　　　　　　　　　　法人顧客

見込客開拓アプローチ

リスク分析
提案

保険会社

情報収集

代理店委託

育成・管理

市場開拓（協力・支援）
引受条件照会
料率ビッド（競争入札）

損保・生保のクロスセール
多種目販売

満期管理

契約書類作成

保険設計
保険料試算

セールス

マーケティング

CSR

サービス
（フロント／バック・オフィス）

事故受付報告
事故処理サポート

保険料領収
保全、相談

情報収集・発信
リスク分析
ブランド力強化

（注）　CSR（Customer Service Representative. 顧客サービス対応部門）

6-4 日本における代理店形態の特徴

　保険を販売する代理店は、保険販売の委託契約をする保険会社との関係で、専属代理店と乗合代理店に分かれる。消費者の立場からすれば、複数の商品を比較できる乗合代理店のほうが望ましいが、違いをきちんと説明できる能力が問われる。一方、専属代理店の場合は、委託保険会社を含めた商品力とサービス力が問われることになる。

　乗合代理店には副業代理店が多く、ディーラー、整備工場など本業に関連した保険販売のメリットも大きく各保険会社の委託競争が激しい。経営基盤が、保険代理店専業か、他の本業があり保険代理店が副業かにより、専業代理店と副業代理店の区別がある。日本では副業代理店が圧倒的に多く、先進国のなかでは特異なケースとなっている(注)。このことが、代理店専業のプロ代理店の力が強くならない理由の一つともいわれている。

　（注）　米国では、法律上は禁止されていないが事実上皆無である。欧米、アジアの一部の国では実在する。

　右ページのグラフから、専属代理店と乗合代理店の1店当りの収入保険料比は、1：4.7であり、いかに脆弱な専属代理店が多いかがわかる。副業代理店の場合、本業の違いによる特性や実態を十分考慮した代理店管理、育成および販売戦略等を進める必要がある。この本業業種に分類（区分）された個々の募集集団を販売チャネルと称する。

　1996年度のピーク時には約62万店強の代理店があったが、その後13年連続で減少が続き、2012年3月末には、約3分の1以下の19万7,000店となった。ただ、米国等と比較するとまだまだ過剰である。代理店数減少の動きは、各損害保険会社が進めてきた非効率代理店の統合・整理や代理店大型化への支援および代理店自身による経営統合などの動きによるものである。

　特に最近、大手保険会社の手数料体系が増収額にリンクする傾向が強くなってきたこともあり、合併や買収による統合が急速に進んでいる。一方、無理な統合による業務品質の劣化やコンプライアンス問題の発生も心配される。

第 6 章 わが国における損害保険代理店ビジネスの現状

[6-4] 日本における代理店形態の特徴

専業・副業別店数

専業代理店 16.9%	副業代理店 83.1%
（3万3,222店）	（16万3,783店）

副業代理店とは、自動車ディーラー、整備工場等、保険手数料以外に収入源がある代理店

専属・乗合別店数

専属代理店 76.1%	乗合代理店 23.9%
（14万9,959店）	（4万7,046店）

乗合代理店とは、2社以上の損保会社と代理店委託契約を締結している代理店

専属・乗合別収入保険料割合

専属代理店 40.4%	乗合代理店 59.6%
（2兆3,731億円）	（3兆5,050億円）

1店当りの収入保険料

1 : 4.7
1,582万円　　7,450万円

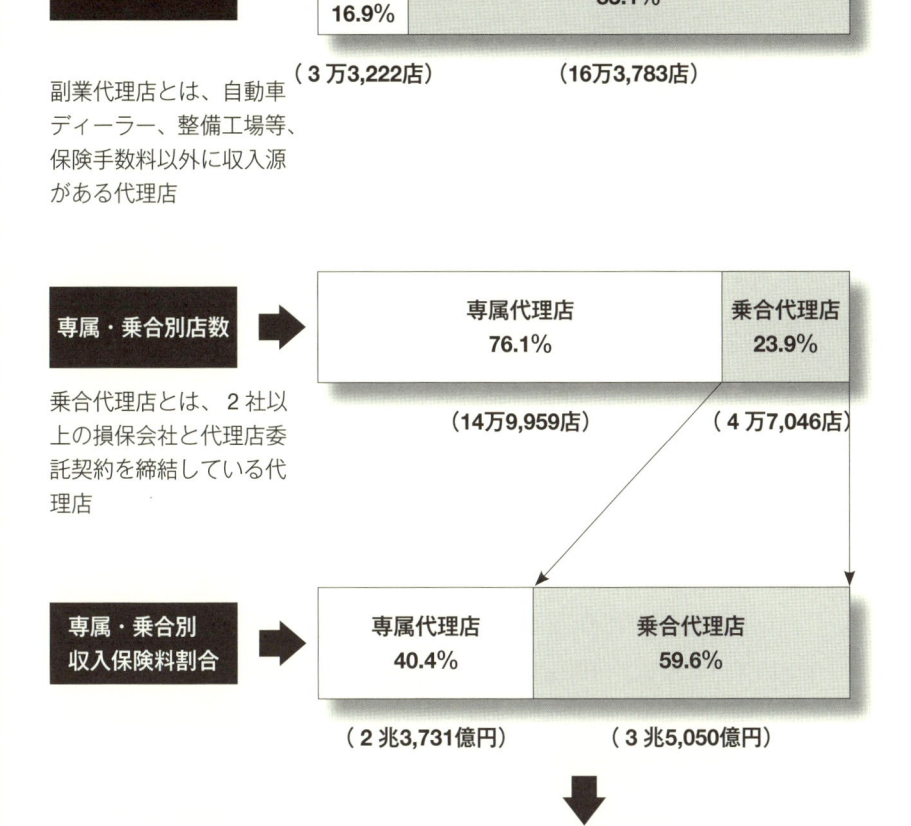

（注）　火災、自動車、傷害保険の合計額（2012年3月末）。
（出典）　日本損害保険協会資料

6-5 保険募集に従事する人たち

　保険代理店の数は減少しているが、販売チャネル別にみると自動車関連業が、約10万店と全体の半分強を占め、損害保険会社にとって重要なチャネルになっていることが理解いただけるであろう。若者の自動車離れなど、自動車販売競争が激化するなか、これらの保険代理店にとって、保険販売による一定の手数料収入は、経営安定化に貢献しているのも事実である。

　一方、保険募集を行うことができる、保険募集従事者は約214万人で、2010年度までは10年連続増加していた（2011年度は1.6％減）。いちばんの増加要因は銀行窓販による保険募集従事者の急増である。実際、銀行窓販の従事者は約65万人と、専業代理店の従事者約12.5万人の5倍にも及んでいる。銀行窓販の生保販売では、一時払養老保険、定額年金商品の巨大販売チャネルとなっているが、損保の銀行窓版シェアは全体の5％以下と当初の損保会社の期待には届いていない。

　代理店の形態別にみると、代理店業だけで生計を立てている専業代理店は、1995年の約9万7,000店をピークに一貫して減少し、2012年3月末では約3万3,200店と全代理店の約16.9％しかなく、自由化以降、厳しい経営環境に置かれてきたことがわかる。一方、数は減少したが、自立した日本版の大型プロ代理店の割合は、近年着実に増加してきている（第8章参照）。

　3億の人口を抱える損害保険の先進国米国と比較してみよう。米国の場合保険の管理・監督が、州政府の管轄下にあるため損害保険会社の数は2,686社と多く、会社社員数は約63万人と日本社の約6倍の規模であるが、保険代理店（保険ブローカー）の数は、遥かに少ない約7万4,500店である。

　一方、米国の保険代理店／ブローカーの従業員の数は日本の専業代理店の募集従事者の数の約7倍である。米国では、まず保険会社に入社し、約10年前後の経験を経て保険代理店／ブローカーに移るケースが多いが、このことからも代理店の社員の専門性の高さをうかがい知ることができる。

　日本の募集従事者の総数の多さは副業代理店の多さによる。

第 6 章　わが国における損害保険代理店ビジネスの現状

[6-5]　保険募集に従事する人たち

代理店数 19.7万店（▲5,805店） → **募集従事者 213.9万人（▲3万4,125人）**

代理店構成比（単位：％）
- 金融 0.9
- 運輸通信 1.1
- 旅行業 1.4
- 会計士等 2.0
- 建築建設 2.2
- 卸・小売 3.3
- その他企業 9.0
- 不動産 12.4
- 専業 16.4
- 自動車 51.3

募集従事者構成比（単位：％）
- その他企業 6.3
- 金融 30.4
- 自動車 27.6
- 専業 14.9
- 運輸通信 8.2
- 旅行業 2.7
- 会計士等 0.7
- 不動産 5.7
- 卸・小売 2.0
- 建築建設 1.5

（注）（ ）は、2010年度との増減。
（出典）2011年度日本損害保険協会資料

専業代理店数の推移（万店）
1996年: 約9 → 2010年: 約3.5（減少傾向）

損保社従業員（2011年度）
- 米国損保会社：59万9,300人（日本の約6倍）
- 日本損保会社：9万6,663人
- 外国損保会社：5,587人
- ＋ 再保険（おもに損保）：2万6,300人
- ＋ 日本：342人（トーア再保、日本地震再保）

代理店従業員
- 米国：約88万人
- 日本：約214万人（米国の2.4倍、うち専業12万5,400人）

（出典）米国・III発行「The Insurance Fact Book 2013」、インシュアランス損害保険統計号（平成24年版）

6-6 日本における代理店のビジネスモデル ❶

専業・専属プロ

　右ページの図は、東京近郊の支社のトップクラスの専属・専業プロ代理店の、実際に存在する代理店をモデルにしている。このような代理店は大手の損害保険会社の場合でも、10年前は1支社に数店あればよいほうであったが、最近は着実に増加している。

　信用金庫をバブル崩壊前に退職し、代理店研修生から専属代理店として独立し早20年、手数料収入規模も約5,000万円／年となった社長の現在の最大の悩みは、自身の高齢化と会社の将来である。取引保険会社からは、別の法人代理店との合併の打診がきている。規模が大きくなれば現状の手数料水準を維持することができ、従業員もより安定することができるはずである。取引保険会社も自立した規模の大きな代理店を増やすことにより、効率化を進めることができる。強い専業・専属プロ代理店が会社の事業費削減に貢献するのである。このモデル代理店のようなケースが増えている。

　一般論に話を戻すと、トップクラスの専業プロ代理店は、対外的な信用度向上のために法人格を取得し、自社専用の事務所を設けている。損害保険会社提供の代理店システムを導入しており、営業担当者1人1台のPCは当たり前になっている。営業管理、顧客管理のために独自のシステムをもつ代理店もある。最近は、ホームページをもち、会社のシステムと連携し、一部の保険種目の保険料の見積りや顧客宛て保険情報の発信をする保険代理店が増加するなど、顧客サービス競争も一段と激しさを増している。

　専業プロ代理店が生保数社と乗り合っているケースが多い。これは、損保が生保に進出する前から外資系生保と代理店委託契約を結んでいたためである。経営の安定化のためや顧客とのグリップ力を強めるために生保に力を入れている代理店が多い。生保併売率はまだ低いが、生保専従者をもつ保険代理店も多くなる傾向にある。1件当りの保険料単価が高い個人の自動車保険は保険代理店の飯のタネだが、事故率が高い自動車保険のウェイトが高いと代理店の負担になる。さらに、通販対策も大きな経営課題である。

第 6 章　わが国における損害保険代理店ビジネスの現状

[6-6] 日本における代理店のビジネスモデル ❶

提案力のＸＸ代理店
自社ビル保有

××代理店

お客様サポートはまかせて、
業務担当３～４名

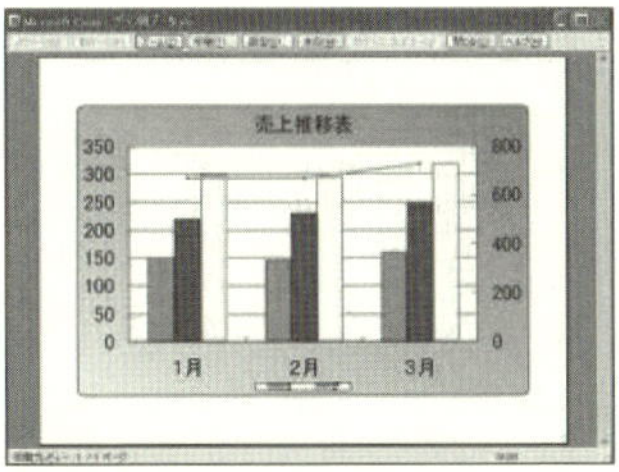

IT武装の営業担当２～３名
リスク分析、提案、見積り

損保と生保のクロス販売、第
三分野にも注力

プロフィール

社長は、代理店研修生出身(60歳前後、元信金)、地元に多数の人脈あり
ライオンズクラブ会員など

収入保険料規模は、損保２億5,000円、生保2,000万円～

収入手数料は、5,000万円／年

保有顧客数：2,000～2,500名、フリート契約者：３～５社、生保併売率：５～７％

社員の業務分担　　社　　長：重要得意先、新規開拓、人脈づくり
　　　　　　　　　営業担当：お客様担当、見込み客開拓、お客様のリスク分析
　　　　　　　　　　　　　　提案・契約手続、保険会社営業担当との協業
　　　　　　　　　業務担当：お客様相談、事故受付、会計、内部事務、契約保全、
　　　　　　　　　　　　　　書類作成

6-6 日本における代理店のビジネスモデル ❷

企業代理店（機関代理店）

　企業内の保険代理店は企業の子会社代理店も含め、機関代理店（インハウス代理店）とも呼ばれている。母体企業の業種、規模、伝統、商品、取引先……および代理店の社長、役員の出身等により、代理店の位置づけと事業活動は、千差万別である。以下、規模が大きく組織化され、複数の損害保険会社と取引している乗合企業代理店を想定してその特徴を述べてみよう。

　経営姿勢が母体企業の方針や文化等に左右されることが多い。社員構成は、母体企業からのシニアクラスの出向・転籍者が多く、R/M能力の取得・育成に大きな課題を抱えている。保険業務支援や事故処理対応で、損害保険会社から出向・転籍者を受け入れている代理店も多い。

　企業代理店のマーケットシェアは、2009年度で23.3％である。保険の対象は、母体企業、グループ会社および取引企業等の建物、自動車、原材料、生産物などと、そこに勤務する従業員の団体契約である。これらの物件の保険契約は、複数の損害保険会社からビッド（競争入札）して見積りをとるのが当たり前になり、非常に厳しい競争となる。最終決定は営業上の取引実績なども加味され、1社単独または、複数の損害保険会社の共同引受け（共同保険）の形態で契約される。従業員の団体契約は、従業員の福利厚生の一貫として傷害保険から医療、介護、年金などに対象が広がっている。団体契約の獲得は、損害保険会社にとって最も重要な営業目標である。

　取扱保険料は、一般的には数億〜数十億円であるが、巨大企業グループであれば、海外を含め100億円以上の規模となる。既存取引損害保険会社にとっては、死守すべき重要なマーケットであり、会社のなかでも最優秀な営業担当者を配置しているのが一般的である。また成長企業に機関代理店を設置することが営業の発想となっていることも事実である。

　企業が海外展開を拡大するなかで、一部の企業では、傘下企業代理店のR/M能力の不足をカバーするため、グローバル展開をしているブローカーを活用する例も出てきている。

[6-6] 日本における代理店のビジネスモデル ❷

企業グループ企業単体
（総務部、人事部、管財部　ほか）

```
[企業ビル]
         ┌─ 関係先、取引先などの契約 ─┐
         │                              ├──→ A損保
企業代理店├─ 企業の建物、設備、動産、     │
         │   原材料、自動車など       ──→ ビッド ──→ C損保
         │                           （競争入札）
         └─ 従業員の団体保険、団体扱   ──→ B損保
             保険（給与から保険料控除）
                     ↑
                 人的支援など
```

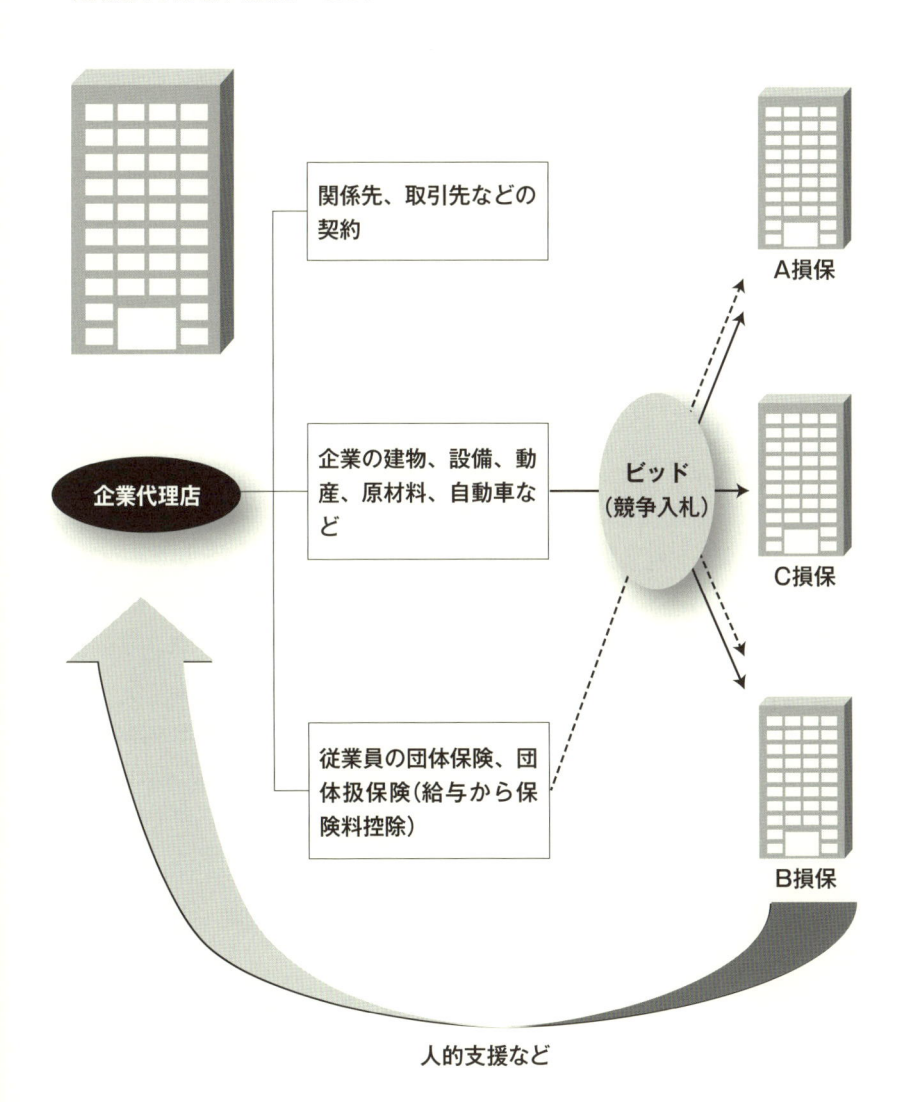

6-6 日本における代理店のビジネスモデル ❸

自動車ディーラー代理店

　自動車保険と自賠責保険は、2011年度の正味収入保険料が合計4兆3,635億円、全保険種目の正味収入保険料収入7兆1,161億円の約61.3%を占める最重要商品である。両種目の自動車ディーラー代理店の占有率は約25%、1兆円強の保険料収入を売り上げる最重要チャネルである。

　自動車ディーラーにとっても自動車保険をはじめとする保険商品は、お客様とをつなぐ戦略商品である。ディーラー経営が若者の自動車離れや小型車にシフトし、収益をあげにくくなってきている市場環境では、保険販売の手数料収入は経営の安定化に役立つ。自動車ディーラーは、経営の多角化を必死に進めており、そのなかで、本業と密接な結びつきのある自動車保険は、お客様との接点を広げることができる重要な柱となっている。

　このように、損害保険会社と自動車ディーラーとは切っても切れない関係にあり、自動車メーカーとも緊密な連携関係にある。自動車事故減少のための施策や安全対策技術の開発と特定車種ユーザーのための専用自動車保険などの開発を通して保険会社は会社同士の関係を強めようとしている。自動車メーカーの海外展開や現地での自動車保険の普及なども共同で進めている。

　個々の自動車ディーラー販社との協力関係で最も重要なのが車の購入見込み客の紹介である。販社はメーカー直結の子会社と地場資本販社に分かれている。同じメーカー傘下の販社間でも、他メーカー販社とも激烈な競争をしている。取引保険会社の選定が厳しくなるなかで、車の購入見込み客の紹介・成約数は、ディーラーでの自社保険商品の取扱いに直結する、損害保険会社にとって重要な指標になっている。

　当然、損害保険会社の営業担当者は、頻繁に担当販売会社、販売店を訪問する。朝礼、車の販売キャンペーンにも積極的に参加し、ディーラー営業担当者との親密度を高める。保険商品の説明やお客様への保険加入の進め方などを伝え、保険営業のモチベーションをあげてもらうのだ。自動車ディーラーにとって自動車保険の通販対策も、今後大きな課題となってくるはずだ。

第6章 わが国における損害保険代理店ビジネスの現状

[6-6] 日本における代理店のビジネスモデル ❸

ディーラー専用資格制度、販売指導・評価、システムサポート、海外、リスク管理等の支援

A保険会社
企画、商品開発
自動車営業推進
損害調査
システム部門
等の各部門

支店 自動車営業部
自動車営業課
営業店

販社（地場資本）
保険部
代理店（乗合）

自動車メーカー
企画
国内販売
海外部門
保険部門
…

車両販売支援
キャンペーン支援
車検紹介　ほか

新車販売台数の減少
⇩
経営の多角化を推進

販社（直轄）
保険部
代理店（乗合）

…N保険会社

車両販売・車検紹介要請、人脈……車製造・販売に関連するサポート全般

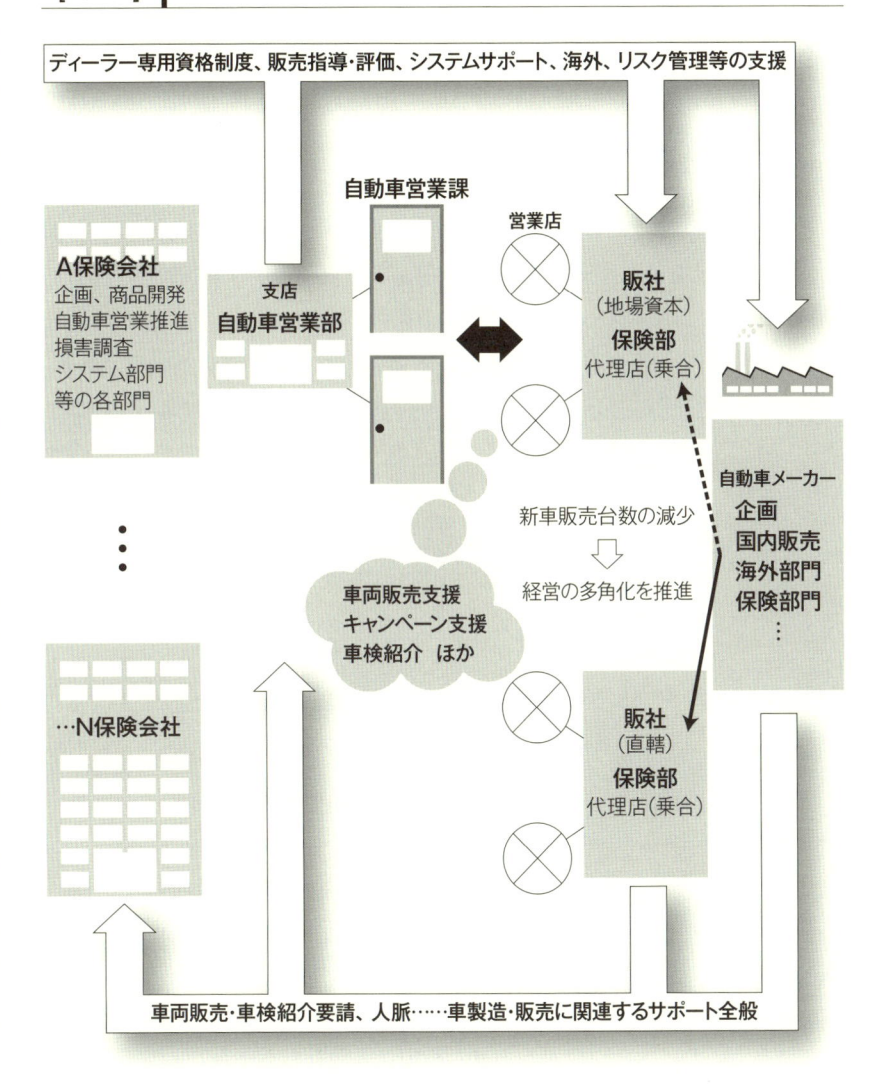

6-6 日本における代理店のビジネスモデル 4

自動車ディーラー以外のモーター系代理店

　自動車関連産業の総市場（100兆円以上）の約60％を流通、整備、サービス、ガソリンスタンド、資材関連、駐車場などの分野の業種が占めているといわれている。

　そのなかで整備業は大きなウェイトをもっている。平成23年度末で、全国に専業整備工場は約8万5,000事業所があり、損害保険の代理店は約7万3,000店委託されている。収入保険料は全種目で約5,500億円の規模になるが、取扱保険商品は95％が自動車保険、自賠責保険という販売チャネルである。自動車関連保険では、自動車ディーラー、専業プロ、代理店研修生OBの各チャネルに次ぐ第4位のチャネルウェイトをもっている（この4チャネルで自動車関連保険の約89％を占めている）。

　各損害保険会社は、これらの整備工場と提携し、「××会」等の名称をつけて自社の推奨整備工場として組織化し、お客様が車両事故等で車の修理が発生した場合には、推奨工場に案内して便宜を図っている。一方、整備工場はお客様に提携保険会社の保険を案内することになる。損害保険会社の戦略の違いによって、このチャネルに強い保険会社と弱い保険会社がある。

　自動車保有台数の減少とともに、整備工場の減少も予想されているが、生き残っていくための戦略の一つとして、保険商品の品揃えと提案力の強化の必要性が指摘されている。

　一方、ガソリンスタンドへの委託代理店は、SS（サービスステーション）代理店と呼ばれているが、整備工場と比較して、本業の減少が止まらない。燃費効率のよい車の保有台数が増加していることが大きな理由でもある。

　かつては地域密着の代理店として、SS店の半径1～2キロの固定客に積立保険を案内し、大きな成果をあげた損害保険会社もあった。

　現在、SSは本業で大きな曲がり角に直面している。整備業やコンビニを兼業して多角化を図りながら商圏を広げ、固定客以外の顧客取込みに注力している。チャネル特性に合った専用保険商品の開発などが待たれる。

第 6 章　わが国における損害保険代理店ビジネスの現状

[6-6]　日本における代理店のビジネスモデル ❹

整備工場代理店

提携整備工場
損保会社
お客様を紹介
サービスを提供
お客様に提携整備工場を案内する
顧客

SS（サービスステーション）代理店

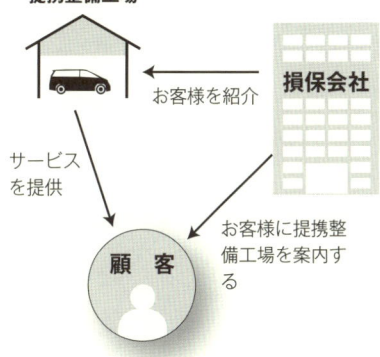

整備、コンビニほか兼業
周辺2K商圏
周辺5K商圏

なじみ客以外のユーザーの取込みに多角化展開

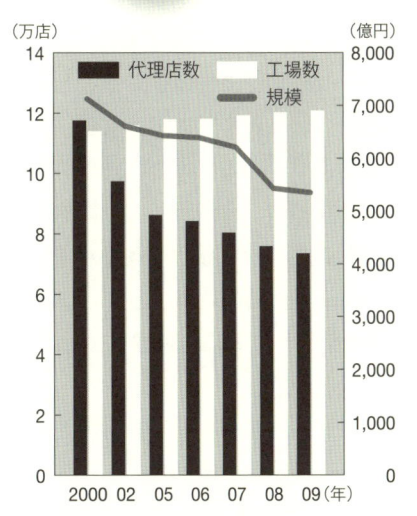

（万店）／（億円）
代理店数　工場数　規模
2000 02 05 06 07 08 09（年）

（注）　工場数は専業、兼業の合計。
（出典）　国土庁統計資料など

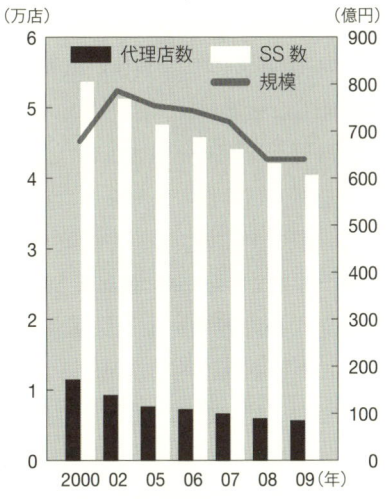

（万店）／（億円）
代理店数　SS数　規模
2000 02 05 06 07 08 09（年）

（出典）　石油情報センター調査報告書など

6-6 日本における代理店のビジネスモデル 5

銀行窓販

「日本版ビックバン」の一環として、2001年4月保険商品の銀行窓口販売が一部解禁され、今年で11年を経過した。この間、銀行窓販が保険商品の多様化と消費者への利便性を向上させ、規模の拡大とともに、保険市場に与えたインパクトの大きさは図りしれない。

銀行窓販は、第一次解禁後、2002年10月に第二次解禁、2007年12月の全面解禁と販売保険種目の拡大に合わせ、市場が急拡大してきた。

2007年12月の全面解禁では、銀行側は、顧客への新たなサービス提供と高い保険販売手数料収入による収益の拡大をねらい、全面解禁を主張した。一方、マスコミや有識者は融資条件に保険購入を迫るなどといった圧力販売の危険性を問題とした。また、大手生保会社は、死亡保障性保険が解禁されると、既存直販営業職員が築き上げてきた市場が浸食されることを最もおそれた。その結果、「弊害防止策」が合意され、2007年12月に全面解禁となった。

「弊害防止策」は、銀行が融資先企業やその経営者に保険を売ることを原則禁止し、従業員50人以下の中小企業の場合は、特例を除き認めない、さらに、融資と保険販売担当者は区分するなどの細目からなり、その効果をモニタリングすることも決められた。この弊害防止措置は、2012年4月に見直された。融資先に対する一時払終身保険や一時払養老保険などの販売が可能となり（募集先制限規制の緩和）、さらに、これまで全面的に禁止されていた融資申込中の顧客に対する保険募集も一部解禁（タイミング規制）となった。さらに銀行窓販に拍車がかかる状況になったのだ。

現在の銀行窓販は、生保・年金商品と第三分野商品が売上の95％以上を占め、残念ながら損害保険の銀行窓販は、火災保険を除いてみるべき成果はあがっていない。全面解禁時には、銀行側からも自動車保険の販売は大きな期待をもたれたが、生保系商品の高額手数料の魅力などから積極的な取組みはなかった。しかし、弊害防止措置が緩和され、従前以上に本格販売の条件が整ってきたことも事実であるが、現時点では損保への進出は限定的である。

[6-6] 日本における代理店のビジネスモデル 5

損保・生保とも全面解禁（2007年12月末）

損保会社　　　　　　　　　　　銀行等金融機関
　　　　　　　　　　　　　　　（総括責任者、責任者の設置）

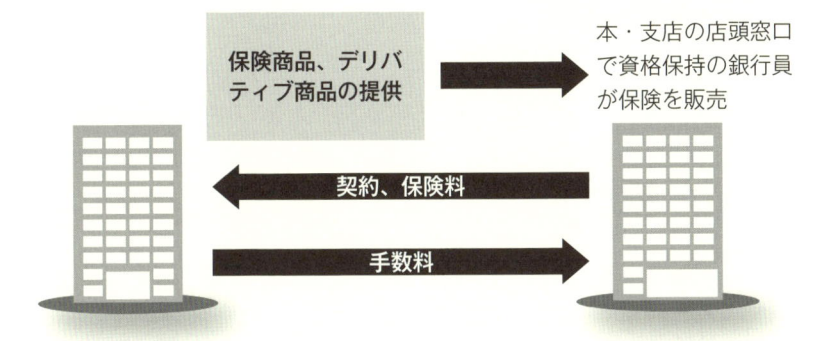

保険商品、デリバティブ商品の提供 → 本・支店の店頭窓口で資格保持の銀行員が保険を販売

← 契約、保険料

→ 手数料

弊害防止措置の導入
- 融資と保険販売者は区分する
- 融資先企業とその経営者への原則販売禁止

など

↓

2012年4月見直し
- 一時払終身保険、一時払養老保険、積立傷害保険、積立火災保険等、および事業関連保険（銀行等のグループ会社を保険契約者とするものに限る）の募集については、規制対象から除外する。
- 非事業性資金の融資申込者に対する保険募集については、規制対象から除外する。

など

第7章

東日本大震災の発生で見直された損害保険代理店の役割

West of Scotland Insurance Company

7-1 東日本大震災の概要と被害規模

　ケネディ大統領がテキサス州ダラス市内で暗殺されたのは、1963年11月22日（金）12時30分のことである。この事件を知る米国人も今では年配者が大多数になっているが、彼らはその時自分がどこにいて、何をしていたのかを鮮明に覚えているそうである。

　東日本大震災が発生をしたのは、2011年（平成23年）3月11日（金）14時46分である。米国人の場合と同様、ほとんどの日本人がその時自分がどこにいて、何をしていたのかを後世に伝えていくに違いない。

　ちなみに、世界的な大災害は、何故か「1」の付く日に発生している。NY同時多発テロが発生したのは2001年9月11日8時45分であり、関東大震災の発生は1923年9月1日11時59分のことである。

　東日本大震災を引き起こした地震が想定を遥かに超えて巨大なものとなった原因は、破壊された断層があまりに大きかったためである。長さ450キロ、幅200キロもの巨大な断層が、断続的に破壊されていったのである。

　実は、これ以上の巨大な断層の破壊は、1960年のチリ沖地震で起きている。この時には、長さ800キロ、幅200キロにもわたって断層が20メートルもずれたのである。M9.5という史上空前の大地震であった。近い将来、日本近海では、このチリ沖地震に匹敵するような超巨大地震の発生も予想されている。180ページの〈コラム13〉で紹介したい。

　東日本大震災による人的被害も大きかったが、物的被害も16兆9,000億円と巨額にのぼった。さらに、東日本に集積していたIT関係の部品の供給が途絶え、世界的な規模でサプライチェーンが寸断され、多くの企業の事業継続に多大な影響を与えたのである。

　これらの被害の影響をもろに受けたのが日本の損害保険産業であった。

　ここで、地元の利を活かし、あるいは、世界的な実績をもとに大活躍をしたのが保険代理店であり、保険仲立人（保険ブローカー）であった。今回の大震災の発生を機に彼らの役割が再認識されたのである。

第 7 章　東日本大震災の発生で見直された損害保険代理店の役割

[7-1]　東日本大震災の概要と被害規模

東日本大震災の概要

- 発生日時：平成23年 3 月11日（金）14時46分
- 発源地：三陸沖（北緯38.1度 東経142.9度）
- 地震の規模：マグニチュード9.0
- 震源の深さ：約24km
- 断層の大きさ：長さ（約450km）
  　　　　　　　幅（約200km）
- 断層のすべり量：最大20〜30m
- 震度：最大 7（激震）
- 津波：最大37.9M

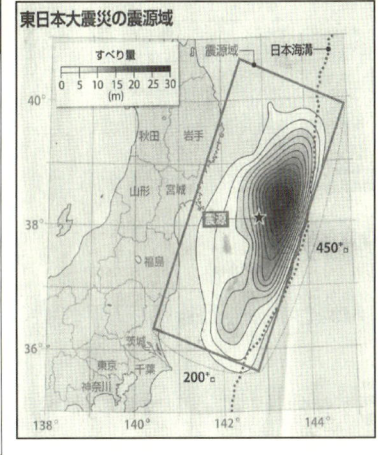

（出典）　産経新聞（2011年 4 月10日）朝刊

大震災による人的・物的被害

- 死者・行方不明：1 万8,800人強
- 全壊：13万436戸
- 半壊：26万2,975戸
- 一部損壊：71万7,768戸

- 被害額：16兆9,000億円
  （建築物等　10兆4,000億円）
- サプライチェーンの寸断
  （企業の事業継続に影響）

（出典）　内閣府緊急災害対策本部「規制・制度改革委員会報告書」（2012年 6 月26日）

コラム13　発生が予想されていた東日本大震災

　右ページの図と表に掲載した巨大地震の発生場所と発生確率は、毎年政府の「地震調査研究推進本部」が公表しているものである。

　実は、東日本大震災の発生は、その震源地を含め、かなり前から予想されていたのである。「宮城県沖地震」と呼ばれる大地震はこれまでに繰り返し発生しており、直近までは"30年以内の発生確率が99％"という値を示していた。そのため、その直撃を受ける宮城県の家計地震保険は、近年、大変な勢いで加入者が増加をしていたのである。

　筆者は、テレビで"三陸沖を震源とする大きな地震が発生"、という緊急テロップが流れた時には、「来るべきものが来た」、と思い、意外感はもたなかった。

　想定外だったのは、地震の規模が予想より遥かに大きかったという1点に尽きる。事前の予想では、地震のエネルギーは、M（マグニチュード）7.5程度、最大でもM8.0だったのである。当時、政府や東京電力がよく「想定外の地震」と口にしていたが、それはこのことをいっているのである。実は、M（マグニチュード）が「1」違うと地震エネルギーは30倍も違うのである。

　ちなみに、日本の周辺で近年発生したM8を超す大きな地震には、東北地方では1896年の三陸沖地震（M8.5）、南海トラフでは1911年の奄美大島近海地震（M8.0）と1946年の南海地震（M8.0）がある。

　なお、江戸時代にさかのぼると、1707年（宝永4年）には宝永地震（M8.6）が起きているが、これまでは、この宝永地震が日本周辺で起きる最大規模の地震とみなされていたのである。こうしたデータに引きずられて、M9以上の地震が起きる想定は、わが国ではなかったのである。

　このため、東日本大震災の衝撃は大きく、今後はどんな地震が発生しても「想定外」ということがないように、科学的に考えられる最大の地震と津波を想定することに変わったのが最近の傾向である。問題は、これから起きると予想される巨大地震が、いずれも、産業と人口の密集地を直撃しようとしていることである。損害保険産業には大変な試練が続くのである。

第 7 章　東日本大震災の発生で見直された損害保険代理店の役割

〈コラム 13〉発生が予想されていた東日本大震災

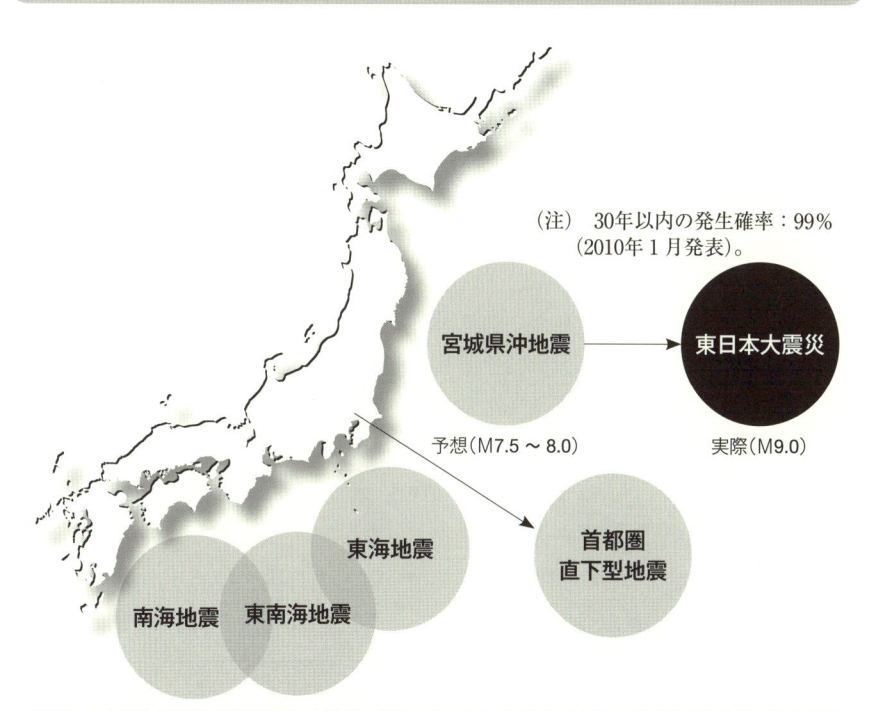

（注）　30年以内の発生確率：99％
　　　（2010年1月発表）。

宮城県沖地震 → 東日本大震災
予想（M7.5～8.0）　　実際（M9.0）

東海地震
南海地震　東南海地震
首都圏直下型地震

	地震の規模	30年以内の発生確率	震源地
首都圏直下型地震	M6.7～7.2	70％	南関東
東海地震	M8.0	88％	駿河湾から御前崎の一帯
東南海地震	M8.1 最大 M8.5(注)	70％	三重県志摩半島南南東20キロ沖
南海地震	M8.4 最大 M8.5(注)	60％	紀伊半島の熊野灘～四国南方沖

（注）　東南海地震と南海地震が同時に発生した場合。
（出典）　政府の地震調査研究推進本部「2012年1月の地震活動について」（2012年2月9日）

7-2 東日本大震災による家計分野の保険金支払実績

　東日本大震災の発生に伴う損保、生保、共済の保険金支払額は過去最大規模のものとなった。共済を含めた損保関係（企業関係を含む）が約2.7兆円、共済を含めた生保関係が約2,000億円、合わせて約3兆円である。

　損保関係の支払に比べ、生保系の支払が一桁少ないのは、今回の大震災で亡くなられた方の65％以上が60歳以上の高齢者であり、80歳以上の方だけでも22％にのぼっているからである。

　亡くなられた方の9割以上が津波による溺死であるが、犠牲者の大半を占める高齢者の方々は、そもそも生命保険に入っていないか、入っていたとしても保険金額は圧倒的に少ない金額だったのである。

　1995年1月に発生した阪神淡路大震災では、亡くなられた方の8割以上が建物の倒壊による圧死であった。この時も、犠牲者の多くを高齢者が占め大きな問題となっていた。大災害は、発生をする地域、時間帯などによって、被害の様相や被害者の層が大きく違ってくる。

　阪神淡路大震災では、家計地震保険で支払った保険金はわずか783億円であった。今回の大震災では、その16倍もの支払金額にのぼったのである。

　1995年当時の兵庫県における家計地震保険の世帯普及率は3％にも満たなかった。一方、東日本大震災が発生した当時、2010年度末における宮城県の世帯普及率は33.6％と兵庫県の約10倍の値を示していたのである。

　また、この地域はJA共済のシェアが高いところである。JA共済の主力商品である"建物更生共済"は、地震リスク（地震火災・倒壊、噴火、津波）を約款で自動的に担保をしている。それが、JA共済だけで8,600億円を超える支払に至った理由である。

　それにしても、家計地震保険関係の保険金支払件数は、80万件近くにのぼったのである。2010年度における日本全体の火災保険・住宅物件の支払件数は20万件強にすぎない。その4倍の件数を一挙に支払ったのである。当然、膨大な数の問合せや請求が損害保険各社等に集中したのである。

第 7 章　東日本大震災の発生で見直された損害保険代理店の役割

| [7-2] | 東日本大震災による家計分野の保険金支払実績 |

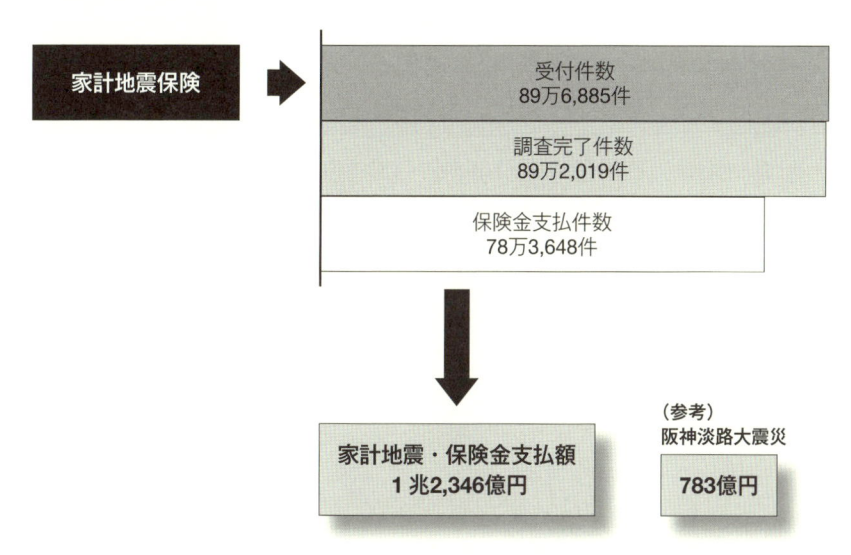

家計地震保険 →
- 受付件数　89万6,885件
- 調査完了件数　89万2,019件
- 保険金支払件数　78万3,648件

↓

家計地震・保険金支払額　1兆2,346億円

（参考）阪神淡路大震災　783億円

（注）　受付件数、調査完了件数には相談・問合せ事案の解決件数を含む。
（出典）　日本損害保険協会6月21日発表「2012年5月末実績」（外国社を含む）

JA共済 → 建物共済（団体建物を含む）　8,631億円

（生命共済）　319億円

（注）　地震リスク（地震火災・倒壊、噴火、津波）が自動担保。
（出典）　JA共済「2011年度決算資料」

生命保険（簡易生保を含む） → 1,565億円　内災害死亡保険金：494億円

（出典）　日本生命保険協会発表「2012年6月29日実績」

コラム14　家計地震保険の商品内容とポイント

　日本の家計地震保険制度は、1964年（昭和39年）に発生した新潟地震（M7.5）を契機として誕生している。当時の大蔵大臣は、新潟県を地盤としている田中角栄氏（後の首相）であった。彼は強力な"政治主導"によって、このむずかしい保険制度を実現に導いたのである。

　そもそも地震リスクは保険制度には乗りにくいといわれている。①めったに発生しないが、いったん発生すると巨大な被害をもたらすため、"大数の法則"に乗りにくい。②地震発生とは無縁と思われる地域がある一方、相当の確率で発生が予想される地域があるため、リスクの高い地域の保険加入率だけが高まるといういわゆる逆選択を招きやすい。③大都市圏で巨大地震が発生した場合は、保険金支払額は天文学的な金額に達する。これらが、保険に乗りにくい理由である。

　1966年に成立したわが国の家計地震保険制度は、これらの難題を克服するため、表にあるとおり、いくつかの制度設計上の工夫をこらしている。

　2011年度末の地震保険世帯加入率は、東日本大震災の発生もあって、全国平均で26％にまで上昇している。一方、地区別の加入率には大きな格差がある。巨大地震の30年以内発生確率が99％であった宮城県は43.5％にまで普及率が急拡大している。なお、普及率が最大の地域（宮城の43.5％）と最低の地域（長崎・沖縄の12.2％）では、約3.6倍の開きがある。この極端な逆選択にはなんらかの対策が必要である。JA共済の建物更生共済では、地震リスクを自動付帯としているが本来であればこの方向が望ましい。

　制度設計上いろいろな工夫が施されているが、当然のことながら表にあるとおり懸念事項も存在していた。それらの懸念事項は、今回の大震災の発生によって検証を受け、損害要員の動員態勢などいくつかの懸念は払拭されたのである。

　一方、懸念されていたとおり、全損、半損、一部損の認定割合が大まかなため、被災者との間でトラブルとなるケースが発生していた。損保協会長は、この認定基準の見直しを行うこと記者会見で表明をしている。罹災物件の確認と本人確認の点では、地元の保険代理店の活躍によるところが大きかった。

〈コラム14〉 家計地震保険の商品内容とポイント

保険の誕生	制度設計上の工夫	普及のポイント等
●1964年（昭和39年）新潟地震発生（M7.5） ●1966年（昭和41年）6月家計地震保険制度発足 （参考） 　新潟県出身の田中角栄氏（後に首相）が、大蔵大臣の時に誕生	①大数の法則に乗りにくい（採算性に疑問） ⇒国家再保険制度 ②地域別に逆選択(注)を招きやすい ⇒住宅火災保険に自動付帯（選択は可能） ③損害の過度な集積 ⇒引受保険金額の制限、総支払限度額の設定 （注）逆選択：リスクの高い層だけが保険に加入する傾向のことをいう。	●居住用建物と生活用動産についての各種火災保険に自動付帯（選択は可能） ●地域別世帯加入率にバラつき （参考） 　2011年度末加入率：宮城43.5％、愛知37.1％、東京33.2％、最低は長崎・沖縄12.2％ ・全国平均：26.0％（除く共済）

担保する危険	保険料の決定要素	懸念事項の検証
地震・噴火・津波による建物や家財の損壊、焼失を担保 ＜引受限度額＞ 主契約の30～50％に保険金額は制約され、かつ、 　建物：5,000万円限度 　家財：1,000万円限度 ＜総支払限度額＞ 6兆2,000億円（2012年4月6日以降）	①所在地（都道府県別単位）と建物の構造（木造か非木造か）の単純な組合せ ②全国を1～4等地に分類 ③割引制度（10～30％）がある （例）耐震等級割引（10～30％）など （参考） 　木造住宅、保険金額千万円、保険期間1年間、割引適用なし ・東京都：年間保険料 　　　　　　　　3万1,300円	①損害処理要員の動員に懸念 ➡全社をあげての動員態勢によって懸念は払拭 ②全損、半損、一部損の認定 ➡損保協会長が今後の見直しを表明 ③総支払額と削減規定(注)の適用 ➡引き続き課題 （注）削減規定：総支払限度額を超える支払額となる場合は個々の支払額が削減される。 ④罹災物件の確認と本人確認 ➡地元密着の代理店の役割が再認識

7-3 （家計地震保険）見直された地元保険代理店の役割

　大震災発生後における日本損害保険業界の立ち上がりは素早かった。

　発生と同じ日に、日本損害保険協会は、損害保険協会長を本部長とする「地震保険中央対策本部」と被災地の現地統轄機関として「地震保険現地対策本部」を設置したのである。

　あらかじめ定めていた「地震保険損害処理総合基本計画」にのっとり、今回の大震災は、"大規模地震用"を適用することを決定する。家計地震保険は、全損害保険会社が、同一約款と同一保険料によって商品の取扱いを行うと同時に、国家への再保険によって制度の安定性が保証されている、準公的な保険である。このため、損害認定にあたっては業界をあげての共同歩調が必要であり、損害保険協会と各損害保険会社間の連携はもとより監督官庁である金融庁との連携が何よりも必要であったのだ。幸い、この連携はかつてない程にスムーズに運び、世間からは高い評価を受ける結果となった。

　各損害保険会社では、会社をあげての動員態勢をとり、十数カ所に事故対応拠点を設けると同時に、最大手保険会社の場合、最大1,100名を超える規模で現地の損害調査に人員を投入したのである。また、コールセンターも大増員を行った。

　一方、今回の大震災発生によってあらためて見直されたのが保険代理店の役割の重要性であった。今回の大震災の発生によって、被災地に所在する保険代理店自身も大きな被害を受けている。日本損害保険代理業協会（日本代協）の資料によれば、日本代協会員代理店の事務所および自宅兼事務所が全壊をしたケースは1道7県で40店に及んでいる。自宅が全壊したケースも5県で36軒もあったのである。会員代理店の死亡も1件が報告されている。

　このように甚大な被害を受けながら、被災地の保険代理店は地震保険の支払等のために献身的な働きをしたのである。本社事務所を津波で流失されながら仮設事務所を立ち上げ、懸命な努力を重ねた大船渡の事例も報道された。被害物件の実査と被保険者本人の確認については、土地勘があり、被保険者の顔を見知っている地元代理店の活躍が何よりも役に立ったのである。

第 7 章　東日本大震災の発生で見直された損害保険代理店の役割

[7-3]　（家計地震保険）見直された地元保険代理店の役割

- 地震保険損害処理総合基本計画
  - 大規模地震用（東日本大震災で採用）
  - 中小規模地震用（阪神・淡路大震災で採用）
- 損害保険協会を中心に業界が共同態勢（独禁法適用除外）
- 航空写真・衛星写真による全損地域認定（3月28日）
- 共同踏査（現場対応）による全損認定境界線認定（4月25日）
- 対応の三本柱：損害調査・相談対応・広報対応
- 損保会社は、全社規模での動員態勢（最大1,100名強規模の動員）
- 損保社員・保険代理店が迅速・親切・丁寧な現場対応

中央対策本部・現地対策本部の組織図

地震保険損害処理の適正かつ円滑な実施を図るため、
- 3月11日　日本損害保険協会本部に中央統轄機関として、「地震保険中央対策本部」（本部長：協会長）を設置
- 3月11日　東北支部に被災地現地統括機関として、「地震保険現地対策本部」（本部長：協会支部委員長）を設置

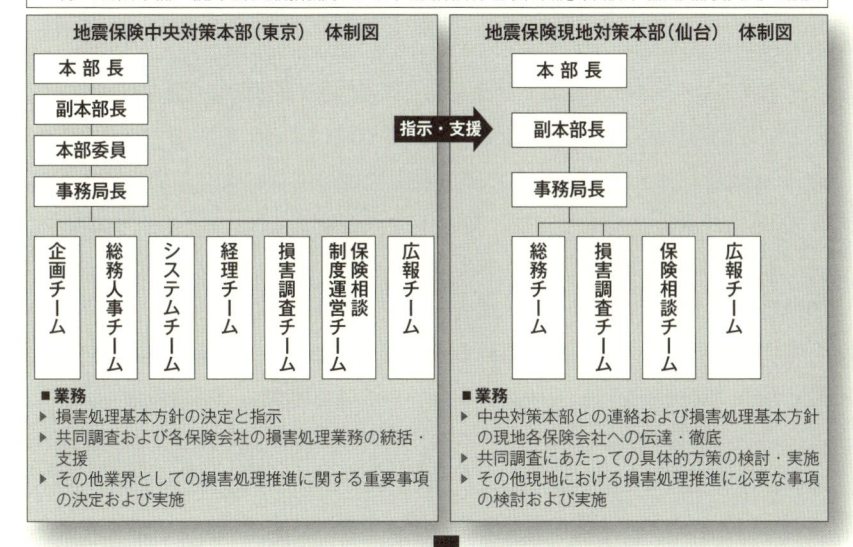

地震保険中央対策本部（東京）　体制図
- 本部長
- 副本部長
- 本部委員
- 事務局長
  - 企画チーム
  - 総務人事チーム
  - システムチーム
  - 経理チーム
  - 損害調査チーム
  - 保険相談制度運営チーム
  - 広報チーム

■業務
- 損害処理基本方針の決定と指示
- 共同調査および各保険会社の損害処理業務の統括・支援
- その他業界としての損害処理推進に関する重要事項の決定および実施

↔ 指示・支援

地震保険現地対策本部（仙台）　体制図
- 本部長
- 副本部長
- 事務局長
  - 総務チーム
  - 損害調査チーム
  - 保険相談チーム
  - 広報チーム

■業務
- 中央対策本部との連絡および損害処理基本方針の現地各保険会社への伝達・徹底
- 共同調査にあたっての具体的方策の検討・実施
- その他現地における損害処理推進に必要な事項の検討および実施

↓

見直された保険代理店の役割
- 被害物件の実査と被保険者本人の確認
- 地元密着の代理店

（出典）『保険業界の闘い―東日本大震災特集―』保険毎日新聞社刊

7-4 (企業向け地震保険) 大手企業の加入状況

　これまでは、東日本大震災発生による家計地震保険への影響をみてきた。
　ここからは、企業分野の地震保険が今回の大震災によってどういう影響を受けたのか、また、大手企業の地震保険への加入状況などを概観してみたい。
　そもそも、個人物件、企業物件に関係なく、通常の損害保険商品では、地震・噴火・津波の発生に伴うリスクは免責となっている。これらのリスクに備えるためには、火災保険などの通常の商品に"地震危険拡張担保特約"などの特約を付けるか、一部の損害保険会社が取り扱っている企業地震保険に別途加入をする必要がある。たとえば、損保ジャパンは「特定地震危険補償利益保険」を開発し、売り出している。この商品は、地震リスクを補償する利益保険であり、企業側のニーズに応えた差別化商品である。
　一方、総じて損害保険会社側の地震リスク引受けに対する姿勢は保守的であり、企業地震保険の普及は進んでいないのが現状である。
　それでも、今回の大震災の発生によって企業地震保険の支払額が6,000億円という巨額に達したことが金融庁の発表資料によって明らかになった。なお、6,000億円は元受ベースのため、再保険金の回収によって実質の損害は2,000億円程度に収まったものとみられている。
　一方、今回の大震災を機に、大手保険ブローカーの日本法人が、大手企業の地震リスク対策のアンケート調査を行い、興味深い結果を残している。
　まず、地震保険に加入をしている企業のうち56％が、更改時の保険料が上昇したことを明らかにしている。また、更改時に重視した項目の内容をみると、いまだに物損害が重視され、費用や利益損害が重視されていないという傾向がみてとれるのである。これは、欧米企業とはまったく逆の反応である。これに対し、未加入企業の回答をみると、新たに加入を検討した企業が38％も存在し、検討開始の目的の3位に、「サプライチェーン中断による喪失利益への対応」があがっている。「自社のBCP等のリスク軽減策を優先」などの回答もあがっており、地震リスクへの総見直しが進んでいることを示している。

第 7 章　東日本大震災の発生で見直された損害保険代理店の役割

[7-4]　（企業向け地震保険）大手企業の加入状況

企業向け地震保険の概要
- 通常の損保商品では、地震・噴火・津波は原則として免責
- 担保する場合は、特約（拡張担保特約など）による場合と、各種の企業地震保険への加入が必要
- 担保内容：①物的損害の補償（建物、機械設備、商品、動産など）、②事業中断への補償（利益補償）、③各種費用の補償

東日本大震災による支払額
- 損保大手 5 社の企業地震保険支払額（2011年 7 月19日、金融庁発表）

　（元受）6,000億円　➡　（正味）2,000億円
　　　　　　　　　　　　（注）　再保険回収後の正味負担額。

大手企業の企業地震保険への加入状況アンケート調査結果

- 売上高上位2,000社（除く保険・金融）を対象としたアンケート調査
- 回答企業は160社、回答率は 8 ％

（出典）　マーシュ ジャパン㈱、マーシュ ブローカー ジャパン㈱「リスクファイナンスサーベイ 分析レポート」（2012年 5 月）

加入企業（36％）	未加入企業（64％）
●更改時の保険料 　56％が上昇 ●更改時の重視項目 　①支払限度額（78％） 　②保険料水準（70％） 　　　⋮ 　⑤休業損失・業務復旧のための特別費用 　　（ 2 ％） ●支払限度額設定方法 　①リスク調査による（48％） 　②保険料予算による（40％）	●新たな加入の検討開始（38％） 　予定なし（57％） ●検討開始の目的 　①財物損害（85％） 　②生産減への対応（44％） 　③サプライチェーン中断による喪失利益への対応（36％）…… ●加入の予定なし企業の理由 　①保険料が高い（71％） 　②自社のBCP等のリスク軽減策を優先（29％） 　③支払限度額が低い（20％）……

（注）　BCP（Bussiness Continuity Plan）：事業継続計画

コラム 15　世界的保険ブローカーの東日本大震災対応事例

　前ページで紹介した大手保険ブローカーの日本法人は、東日本大震災の発生に伴う企業関係の地震保険金支払状況についても、興味深い情報を公開している（「リスクファイナンスサーベイ 分析レポート」2012年5月）。

　この日本法人は、保険代理店と保険ブローカーの2社で構成されているが、両社が取り扱った企業地震保険の保険金支払対象件数は137件に及んでいる。

　保険金の支払見込額は717億円である。金融庁の発表ベースでは企業地震保険の支払見込額は6,000億円であり、同社の占める割合は高い。

　一方、2012年3月末時点において解決した事案は、保険金支払対象事案全体の45％程度の進捗であり、企業関係の保険金支払手続のむずかしさを物語っている。家計地震保険では、地震発生後3カ月程度で保険金支払にほぼ目処を立てたのとは大きな違いである。

　また、このレポートによれば、保険金の支払見込額の76％を利益・費用保険が占めているという。東日本大震災発生による建物や機械・装備など資産の損害への補償よりも、事業中断期間の喪失利益や罹災後も支出を要する人件費などの固定費、さらには事業継続に要する特別費用などのほうが遥かに高額になっていたのである。一般的に、事業中断による喪失利益や発生費用損害は、資産などのモノ損害の3～4倍に達するといわれている。これが欧米の企業が、物保険よりも利益保険や費用保険を重視する理由であるが、このようなリスクの実態を顧客企業に訴えていくのも、保険代理店や保険ブローカーの大きな役割なのである。

　この会社が行っている損害発生後に企業の事故処理を支援する"FACS"チームによるサービスの骨子を下図に示した。このサービスの背景としては、企業保険の分野（特に利益保険）において、税務や財務会計などの専門知識に加え、保険にかかわる相当の知識が求められること、企業として保険請求に際しては、外部の公認会計士や社内の各部門などの費用と多大な労力を割くことが求められることにある。"保険金の迅速な受領"を目的とするこの専門チームを支えているのが各分野の専門家とこれまでに蓄積してきた豊富なデータベースである。

第 7 章　東日本大震災の発生で見直された損害保険代理店の役割

〈コラム 15〉 世界的保険ブローカーの東日本大震災対応事例

マーシュ取扱地震保険の支払実績

- 事故報告件数：396件
- 保険金支払対象件数：137件
- 損害額見込額：約1,469億円
- 支払保険金見込額：約717億円（内利益・費用保険の占める割合：76％）
- 損害額に対する保険金回収割合：49％
- 保険金支払対象件数137件に対する解決事案の割合：45％（62件）

（注1） 数字は、2012年3月末。
（注2） 未決事案でも半数以上で、保険金一部支払はなされている。
（出典） マーシュ ジャパン㈱、マーシュ ブローカー ジャパン㈱「リスクファイナンスサーベイ　分析レポート」（2012年5月）

"FACS"（Forensic Accounting and Claims Services）チームの企業支援サービス　　（原則 有料）

（企業の被害内容）
- 物的損害
- 臨時費用支出
- 事業所への直接的な損害から発生する事業中断
- 間接的な事由によって発生した事業中断
- ユーティリティーの中断
- サプライチェーンの混乱

（支援サービスの内容）
"迅速な保険金受領実現への支援"
- 各国、各業界における幅広い経験を積んだ会計の専門家と損害処理コンサルタント
- 損害処理マネジメントの提供
- "FACS"データベースの活用による事故の効率的、正確な追跡

（注）　本サービスは有料サービスとなる。ただし、保険条件のなかに Other professional Fee という補償条項などで、保険金請求の際の費用を補償されている場合がある。

7-5 保険代理店の役割、大事なのはR/Mと危機管理

　東日本大震災の発生に伴う保険代理店や保険ブローカーの活躍ぶりを眺めてきた。彼らの活躍が、保険契約者はもとよりマスコミを含め、世間から高い評価を受けたのは、保険金の支払に向けて懸命な努力を重ねてきたことに加え、お客様に対して、日頃から自然災害や利益喪失リスク等の大きさを訴え、リスク対策のプロとして活動していた点が大きい。

　右ページの図はR/M（リスクマネージメント）と危機管理の関係を示している。そもそも損害保険業は、リスクすなわち"経済的損失を発生させる不確実性"、がその存立基盤をなしている。そのリスクを最低限に抑え込むためのリスク管理の手段の一つとして保険商品が存在するのである。保険商品を販売するだけでは、損害保険業の本分をまっとうしていないのである。

　リスクを管理するためには、まず、そのリスクのあることに気づき（認識）、そのリスクの発生頻度（Frequency＝F）と、リスクが発生した場合の大きさ（Damageability＝D）を評価することが重要である。

　たとえば、減多に発生しないが、いったん発生すると巨大な損害になるような地震のようなリスクの場合は、"リスクの転嫁（保険）"を選択するのが最適だといわれている。

　R/Mは、"リスクの回避"、"リスクの軽減・除去"、"リスクの保有"そして最後の手段が"リスクの転嫁（保険）"、というプロセスをたどる。それぞれのプロセスごとに、高度で専門的な知識とノウハウが必要である。また、"リスクの転嫁（保険）"にしても、適当な保険商品がない場合には、その商品を開発するように保険会社に働きかける機能も必要になってくる。

　一方、事前の想定を超える事態が発生すると「危機（Crisis）」となる。

　危機の発生時に、その状況を掌握し、最悪の事態を回避する手段を講ずるとともに、平常に復旧させる機能が危機管理である。東日本大震災の発生によって、R/M同様、危機管理の重要性も認識されたのである。

　これらは保険代理店が取り組むべき重要な役割である。

第 7 章　東日本大震災の発生で見直された損害保険代理店の役割

[7-5]　保険代理店の役割、大事なのはR/Mと危機管理

リスクとは → 経済的損失を発生させる不確実性 → 損害保険の存立基盤

R/Mプロセス

リスクの認識と評価 → リスクへの対処

被害想定の実施
- リスクシナリオ
- F(発生頻度)とD(損害額)の事前予想
  - F＝Frequency
  - D＝Damageability

リスクへの対処:
- リスクファイナンス（金銭的備え）
  - 転嫁（保険）
  - 保有
- リスクコントロール（リスクの抑制）
  - 除去・軽減
  - 回避

想定外の事態（危機）の発生 → 危機管理（Crisis Management） → リスクへの総合的な対応が保険代理店の役割

第 8 章
日本版独立代理店の誕生

National Fire Insurance Corporation Limited

8-1 専業プロ代理店の実態調査と訪問ヒアリング

　この本を執筆するにあたって、日本損害保険代理業協会（日本代協）をはじめ、東京、岐阜、大阪、福岡等に拠点を置く巻末に掲載した9店の先進的な保険代理店／保険ブローカーへの実態調査とヒアリングを行った。実施時期は2012年4月から10月であり、ヒアリングは一部では7～8時間にも及んだ。

　訪問先は、専業プロ代理店と保険ブローカーである。

　代理店手数料収入は、最も少ないところでも7,000万円、大きいところでは数十億円に達している。専属代理店の1店を除き、他の保険代理店は、ほとんどすべての生損保会社と乗り合っていた。また本社以外に支店を展開しているケースが多く、一部では来店型の店舗を併設していた。

　面談相手は、将来の展望として海外への展開も視野に入れているなど、総じて旺盛な事業意欲をもつ、実に魅力的な経営者たちであった。また、積極的に地元のテレビや新聞・雑誌などのメディアに顔を売り込み、保険代理店のイメージを大胆に変える戦略を展開する方もおられた。

　専属代理店の1店を除き、個人物件のウェイトは低く、法人相手にリスクマネージメントを売り物にしたビジネスを展開していた。専属代理店を除くと、法人からの手数料収入は、最低でも6割であり、大きいところでは9割にも達していた。興味深いのは、商品開発のアイデアを保険代理店／ブローカーが主体的に行い、その商品開発に協力をしてくれる保険会社を幹事会社として選定しているケースが複数事例でみられたことである。

　3社の保険代理店の社長は大手損害保険会社の出身者であった。また、社内の重要な部署で損害保険会社からの転身者が重要な役割を担っていた。

　ここ10年間、われわれは毎年のように米国の先進的な独立代理店を訪問し、彼らの旺盛な事業意欲と多様なビジネスモデルに大きな刺激を受けてきた。

　一方、今回の出張訪問を通じて、日本の先進的な保険代理店が急速に米国に追いつき、ある部分では彼らを追い抜いていることが確認できたのである。

　日本にも独立代理店が育ち、大きな勢力になろうとしている。

[8-1] 専業プロ代理店の実態調査と訪問ヒアリング

2012年4月～10月

訪問先：実態調査先9店および日本損害保険代理業協会

①本社所在地：東京（5店）、横浜、大阪、岐阜、福岡
②専属・乗合別：専属（1店）、乗合（8店）
③代理店形態：
　●専業プロ代理店系（7店、内1店は保険ブローカーを併設）
　●米系大手ブローカー（1店）
　●金融機関系代理店／保険ブローカー（1店）

⬇

実態調査の内容

①創業以来の経緯：会社発達の歴史
②専属・乗合区分：乗合の場合の取引生損保会社名
③手数料収入：生損保別
④費用の内訳：人件費、一般管理費別
⑤主たる顧客区分：法人・個人別の顧客数と手数料収入
⑥従業員の内訳：営業、事務、事故処理、その他
⑦店舗展開：支店の展開、来店型店舗の有無
⑧他の代理店との提携など：委任型代理店の有無と数
⑨情報システム：システム経費、独自システム開発の有無など

⬇

ヒアリングの実施

●自社の"強み"と展開しているビジネスモデル
●保険会社の代理店政策への注文と期待
●抱えている経営課題
●将来構想（海外とのネットワーク、海外進出）
●代理店ビジネスの今後の展望

8-2 日本版独立代理店の誕生

　日本にも米国のような独立代理店が育ちはじめ、大きな勢力になろうとしている背景には、自由化の進行に伴う損害保険会社の経営環境の急激な悪化がある。2008年度に始まる過去4年間、損害保険会社のコンバインドレシオは100％を上回っており、損害保険の本来事業が赤字体質に陥っている。

　このため、自立して契約を拡大する意欲と能力があり、R/Mの資質に長け、保険会社からみて手間ひまのかからない保険代理店としか取引をしない戦略を採用する保険会社が多くなっている。その戦略は各社の最近の代理店手数料体系のなかに明確に読みとれるようになっている。

　これに対し、保険代理店側も、保険会社から代理店委託契約の解除にあわないため、さらには、保険会社に対し一定の発言権や交渉力をもつために、自らの努力で大型化・自立化を図る動きを加速させている。また、保険金不払問題の発生以降、保険代理店にはコンプライアンス徹底の要求が厳しくなっており、リスクと保険商品に精通する人材をそろえるためにも経営の大型化が必須になっている。

　一方、東日本大震災やタイの大洪水などの発生によって巨大リスクが顕在化しており、顧客企業側にも多くの保険会社のなかから最適な条件でリスク対策と保険設計を求める動きが大きくなってきている。

　企業物件分野で保険市場を席巻してきた企業内の機関代理店（インハウス代理店）の一部には経営維持問題が発生している。機関代理店が保険業法295条の「自己物件代理店」禁止規定と同じ趣旨で、「（自己）物件的機関代理店」の認定を受けるケースが多くなっている。また、大手企業のなかには、自社の保有している機関代理店を廃止し、保険代理店や保険ブローカーにリスクマネージメントと保険手配を一任する動きも出はじめている。

　このような背景から、日本版独立代理店が急速に伸張しているのであるが、米国独立代理店とは違ったいくつかの特徴もある。生命保険を自己の経営の主軸に据える保険代理店が多くみられる点や、企業の機関代理店や整備工場代理店などの副業代理店との提携が進んでいる点などである。

第 8 章　日本版独立代理店の誕生

[8-2]　日本版独立代理店の誕生

```
┌─────────────────────────────────────────┐
│ 自由化の進行、保険金不払問題、巨大リスクの顕在化 │
└─────────────────────────────────────────┘
```

- 代理店の大型化・効率化施策（保険会社の戦略）
- 代理店自身による保険会社対抗策（自立化意欲）
- リスク対策や他社比較を求める契約者（保険市場の変化）

- 代理店手数料体系への組込み（自立化、大型化促進）
- 代理店同士の合併・統合、営業権の買収
- 企業の機関代理店の経営維持問題（「（自己）物件的機関代理店」の認定(注)）

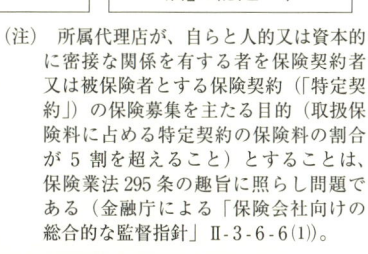

（注）所属代理店が、自らと人的又は資本的に密接な関係を有する者を保険契約者又は被保険者とする保険契約（「特定契約」）の保険募集を主たる目的（取扱保険料に占める特定契約の保険料の割合が 5 割を超えること）とすることは、保険業法 295 条の趣旨に照らし問題である（金融庁による「保険会社向けの総合的な監督指針」Ⅱ-3-6-6(1)）。

日本版独立代理店の誕生

米国独立代理店と共通する特徴	日本独特の特徴
●企業物件の取扱いが中心 ●大規模経営、従業員の高生産性 ●リスクマネージメントのプロ ●多くの保険会社と乗合（自立） ●多店舗展開代理店が多い	●損保・生保の併売 　（生保の取扱高の大きさは日本独特） ●来店型店舗の併営 ●他販売チャネルとの提携 　（企業の機関代理店、整備工場等）

コラム16　日本版独立代理店の典型的な経営形態

　右ページの図に示したのは、今回の保険代理店への訪問ヒアリングのなかで確認された日本版独立代理店の典型的な経営形態である。かつての個人の専業プロ代理店は、自宅兼事務所を営業の拠点とし、奥様を含めてもせいぜい5～6人で営業を行っていたが、そのイメージとはかなり異なっている。

　彼らは多くの生損保と乗り合っており、代申保険会社はあるものの、代申社への依存心はなく、保険会社とは等距離外交を貫いている。毎年春に自社の経営計画の発表会を開催し、乗合全社の営業担当者を招待しているケースもあった。委任型代理店を傘下にもつケースもあるが、自社の経営姿勢を貫くため営業権や契約の買取りに徹している保険代理店のほうが多いようである。

　また、落下傘方式で多店舗展開を図っている代理店が多く、岐阜に本社がある保険代理店は、北海道から鹿児島まで全国に25拠点を構えていた。

　市街地に来店型店舗を構え、個人のお客様を開拓しているケースもあった。那覇の中心部にある来店型オフィスを訪問してみたが、10人ものスタッフが活発に動き回っていた。一見すると地方銀行の窓口に似ている。

　大手の保険ブローカーは、海外の保険ブローカーとの間で提携関係を築き、海外進出企業向けのリスクマネージメント関係サービスを展開していた。

　一方、福岡に本社がある保険代理店は、中国を中心にアジアに進出する企業向けに新しいサービスを行っていた。中国・上海に本社がある日系医療サービス会社と提携をして、質の高い医療サービスが受けられない社員向けに健康診断と医療アシスタンスを行うサービスである。海外進出企業が増加するなかで、海外の多様な機関との提携関係を築くケースが多くなりそうである。

　また、米国の独立代理店と同様、各社ともCSR（Customer Service Representative、顧客対応サービス部門）の充実を図っていた。営業部門を支える事務と業務の中核部門であるが、単なる保険契約の事務処理だけを行う部門ではない。各損保会社の企業向け商品の約款・特約、標準保険料等を横並びで比較表をつくり、営業部隊を支援するような業務がここで行われていた。

第 8 章　日本版独立代理店の誕生

〈コラム 16〉日本版独立代理店の典型的な経営形態

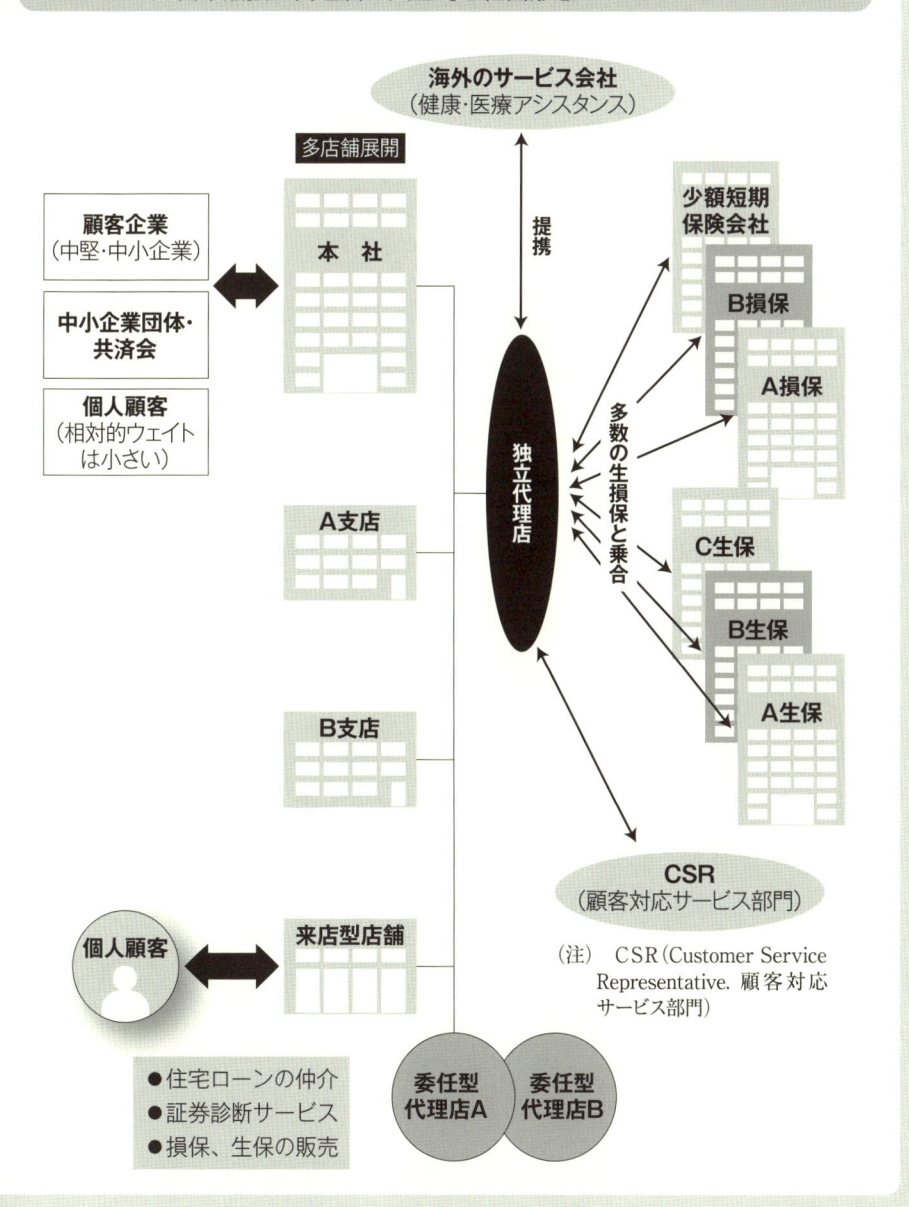

- 海外のサービス会社（健康・医療アシスタンス）
- 多店舗展開
  - 本社
  - A支店
  - B支店
  - 来店型店舗
- 顧客企業（中堅・中小企業）
- 中小企業団体・共済会
- 個人顧客（相対的ウェイトは小さい）
- 独立代理店
  - 提携
  - 多数の生損保と乗合
    - 少額短期保険会社
    - B損保
    - A損保
    - C生保
    - B生保
    - A生保
  - CSR（顧客対応サービス部門）
- 委任型代理店A
- 委任型代理店B
- 個人顧客
  - 住宅ローンの仲介
  - 証券診断サービス
  - 損保、生保の販売

（注）CSR（Customer Service Representative. 顧客対応サービス部門）

8-3 保険会社とこれからの保険代理店の関係を考える

　自由化の進行と巨大リスクの発生によって、損害保険会社はいずれも厳しい経営環境のなかに置かれている。各損害保険会社にとって何より重要なことは、損害保険の本体事業を安定した収益体質に変えることである。その実現のためには、新たな成長戦略を軌道に乗せると同時に、営業拠点網と人件費などを絞り込み、事業費を最低でも30％以下に抑え込むことが必須である。

　新成長戦略のカギを握っているのが新市場の開拓と新商品・サービスの開発である。そのためには、市場ニーズの的確な把握が必須であり、市場とお客様を握っている保険代理店の活躍がますます重要になってきている。

　また、保険会社の営業拠点網や営業社員を圧縮するためには、保険会社の営業支社機能のほとんどすべてを保険代理店に移転することが必要である。

　一方、個人や企業を問わず、保険市場からの要請はますます厳しくなっている。顧客は自分たちがさらされているリスクへの十分な説明を求めており、リスク対策のための最適な保険会社と商品・サービスの提案を求めている。

　保険会社が開発した保険商品を、保険代理店を通じて顧客に一方的に"売り込む"ビジネスモデルは過去のものとなった。これまでのモデルは、損害保険料率算定会制度のもとでのみ有効であったのであり、この発想から一刻も早く抜け出すことが重要である。

　保険会社と保険市場からの要請に応えるためには、両者の掛け橋役である保険代理店に大きな期待が寄せられる時代に入っている。この役割を担いうるのが日本版独立代理店であり、日本の市場環境に適合した保険会社と保険代理店の新しい関係を構築していく必要がある。

　図に掲げたように、保険代理店は安定した売上と収益基盤を築くなかで経営の継続性を求めている。また、保険会社との間で良好で対等な関係を築こうとしている。保険会社への甘えをもつような保険代理店は不要な時代となっている。日本版独立代理店が育ちつつあるなかで、これからの保険会社と保険代理店がWIN-WINの関係を保つための五つの課題を掲げてみた。

第8章 日本版独立代理店の誕生

[8-3] 保険会社とこれからの保険代理店の関係を考える

市場（個人、企業）の要請	保険代理店の希望	保険会社の要請
顧客が向き合っているリスクへの十分な説明（リスクの認識と評価）	●経営の継続性（安定した売上と収益基盤） ●優秀な人材の確保	損害保険事業本体の収益改善（コンバインドレシオ＝100％以下）
最適な保険会社と商品・サービスの選択	●リスクと保険に関する高い専門性 ●保険会社との良好で対等な関係の構築	市場ニーズ（商品やサービス）の把握と保険会社との連携
リスク対策の全面支援・事故防止対策・危機管理	●社会的認知と地位の向上	販売力、顧客管理、事務処理の自立化＝営業支社機能の代替

これからの課題

①新しい成長戦略の実現とR/Mの推進
②保険会社の果たすべき営業推進機能
③保険商品の開発と既存商品の改善
④代理店の業績評価と新しい代理店手数料体系
⑤保険会社と代理店双方の業務の効率化

8-4 (課題その1) 新成長戦略の実現とR/Mの推進

　損害保険の本来事業で収益を確保する体質に転換するためには新しい成長戦略を構想し、それを実現することが不可欠である。ただし、損害保険事業を支えるパラダイムが自由化によって180度変わったため、成長戦略の構想自体を既存路線の延長線で描くことはできない。

　経済の低迷が続き、個人の所得が増えないなかでは、消費者が保険料の安い通販や共済などに流れるのは避けようがない。また、少子高齢化の進行による影響も重なり、個人物件市場の今後の伸びには期待できない。

　そこでターゲットとなるのが、欧米に比べて著しく開拓深耕が遅れている企業物件分野である。われわれが、内情を知るいくつかの企業の機関代理店の契約状況一覧を拝見すると、工場や社有車を対象とする火災保険と自動車保険がいまだに主力となっており、賠償責任保険等その他新種関係の開発は本当に進んでいない。大手企業の場合ですらこのありさまである。中堅中小企業に対する新種保険の普及状態は大企業の比ではなく遅れている（第4章－10参照）。

　一方、この分野を開拓するためにはどうしてもR/Mアプローチが必要になってくる。個人分野と違って、対象とする業種・業態が広く、直面しているリスクも実に多種多様であるからだ。大手メーカーなどの場合には、お客様のほうがリスクに詳しく、豊富な事故データをもっている例も多い。逆に、中堅・中小企業の場合には、直面しているリスクに気づかずにいることが多く、リスク担当部署すら置かれていないのが実情だ。

　R/Mアプローチで大事なことは、相手企業の直面しているリスクに精通することと、その対処のために多くの保険会社のなかから最適な解決策をみつけ出してくることである。直面するリスクの種類によっては保険手配がつかない場合がある。その解決策を一緒に考え、別の対策を考える必要も出てくるし、リスクエンジニアリング会社などとの連携も必要になってくる。

　R/Mアプローチの主役となるのが日本版独立代理店である。彼らが等しく保険会社に期待を寄せているのが、リスクや事故・災害情報の提供である。

[8-4] （課題その1）新成長戦略の実現とR/Mの推進

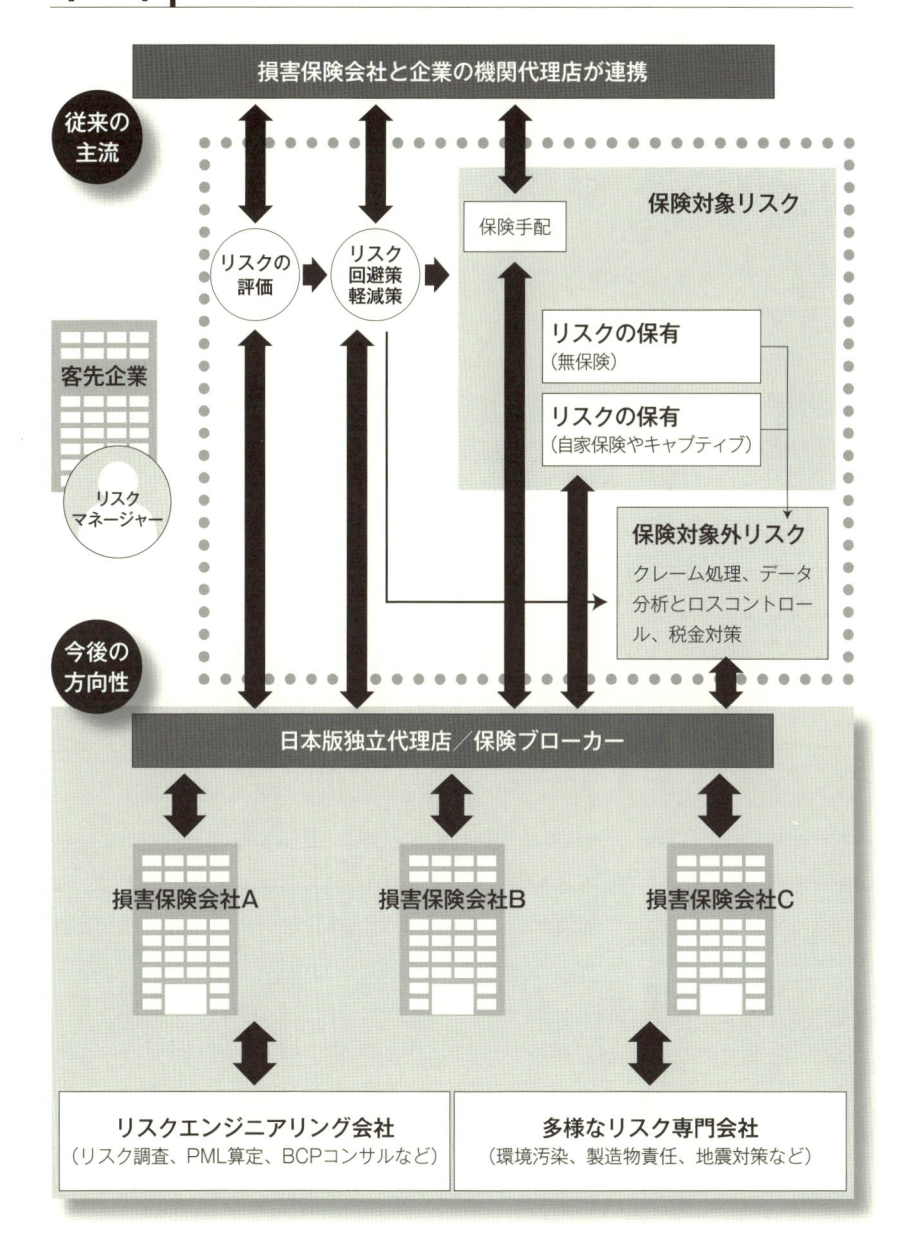

従来の主流

損害保険会社と企業の機関代理店が連携

- 客先企業
  - リスクマネージャー
- リスクの評価
- リスク回避策・軽減策
- 保険手配
- 保険対象リスク
  - リスクの保有（無保険）
  - リスクの保有（自家保険やキャプティブ）
- 保険対象外リスク
  - クレーム処理、データ分析とロスコントロール、税金対策

今後の方向性

日本版独立代理店／保険ブローカー

- 損害保険会社A
- 損害保険会社B
- 損害保険会社C

- リスクエンジニアリング会社（リスク調査、PML算定、BCPコンサルなど）
- 多様なリスク専門会社（環境汚染、製造物責任、地震対策など）

コラム17　R/M推進用の情報系DBの整備

　企業物件分野のR/Mアプローチで必要となってくるのは、まずは業種・業態に特化したビジネス特性とリスク特性に関する豊富なデータである。

　現役時代に、海外の大手保険ブローカーの手腕を評価するため、特定業種を例にあげて、R/Mを推進するうえでの情報収集をお願いしたことがある。そのブローカーから1カ月後に膨大な報告書が届いたが、その内容はビジネス特性とリスク特性に関するデータが大半であった。その業種の主要なビジネスの流れ、平均売上高や収益基盤、平均従業員数や平均賃金などと並んで、過去に発生した事故・災害情報などのリスク情報が報告されていたのである。

　大手損害保険会社は、図にあるような企業情報システムを構築ずみである。ただ、このDB（データベース）は、営業推進のために構築したものであり、取引実績や融資・持ち株情報以外には過去のアテンド記録や人脈情報等が主要な内容となっている。このため、R/M推進に必要な企業や工場・ビルごとのリスクの詳細報告や過去の成約（不成約）経緯等は含まれていない。また、個々の企業を横断した業種・業態別のリスク特性などのDBは構築してこなかったのである。

　一方、保険代理店へのヒアリングのなかで、彼らが強く望んでいたことが企業物件分野における過去の保険事故支払事例の照会機能の充実であった。単にどのような商品でいくらの支払があったのかという内容ではなく、事故の原因やロス拡大経緯、さらには、保険金支払根拠や積算経緯などの詳細を知りたがっていたのである。お客様へいちばんインパクトがあるのが、過去の保険金支払事例である。残念ながら、一部の大手保険会社を除き、企業物件分野の損害情報システムはR/Mの推進に役立つような内容にはなっていないのである。

　さらに、重大事故・災害の記事情報や地震・噴火・津波や気象災害に関する基礎データ等もR/Mの推進には不可欠である。米国では、市販の代理店システムのなかに、リスクの基礎データを検索する機能が備わっている。

　個々の保険代理店がこのようなデータベースを構築することは不可能である。保険会社がこれらのインフラを整備する時代に入っている。

第8章　日本版独立代理店の誕生

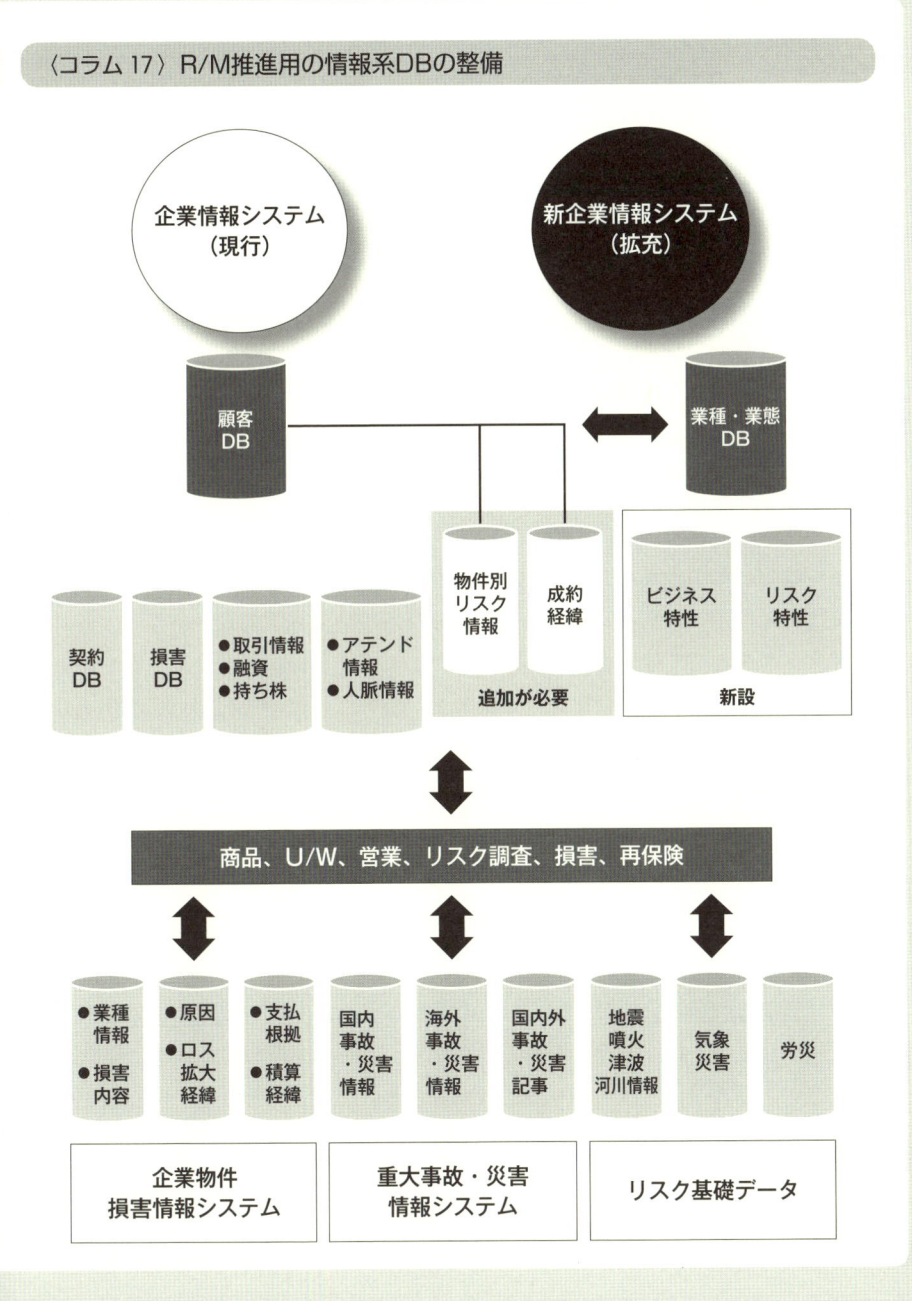

〈コラム17〉R/M推進用の情報系DBの整備

企業情報システム（現行）

新企業情報システム（拡充）

顧客DB ── 業種・業態DB

契約DB ／ 損害DB ／ ●取引情報 ●融資 ●持ち株 ／ ●アテンド情報 ●人脈情報 ／ 物件別リスク情報・成約経緯（追加が必要） ／ ビジネス特性・リスク特性（新設）

商品、U/W、営業、リスク調査、損害、再保険

●業種情報 ●損害内容 ／ ●原因 ●ロス拡大経緯 ／ ●支払根拠 ●積算経緯 ／ 国内事故・災害情報 ／ 海外事故・災害情報 ／ 国内外事故・災害記事 ／ 地震噴火津波河川情報 ／ 気象災害 ／ 労災

企業物件損害情報システム ／ 重大事故・災害情報システム ／ リスク基礎データ

8-5 (課題その2) 保険会社の果たすべき営業推進機能

　今回実施した一連の代理店ヒアリングのなかで最も白熱した議論となったのが、保険会社の営業担当者の存在意義とその評価にかかわる部分であった。最も手厳しい意見として出されたのが、「保険会社の営業担当者はいらない。わが社には来てほしくない」というものであった。一方、「いつも最優秀の営業担当を配置してもらっており不満はない」という意見もあった。

　今回実態調査を行いヒアリングを実施した相手は、企業物件を対象にR/Mアプローチで契約を大きく伸ばしている保険代理店／ブローカーが中心であった。専属代理店の場合もトップクラスの売上を誇る有力なプロ代理店である。かつての保険代理店とは保険会社の営業に期待するレベルがまったく違っている。

　保険会社の開発した保険商品を、個人を中心に売り込む時代の営業推進活動の仕組みは図の真ん中に書いたとおりである。このような算定会料率制度時代のビジネススタイルを、いまだに踏襲している保険会社があることもヒアリングを通じて確認することができた。一方、第一線の営業担当者を厳しく絞り込むと同時に、営業を"攻め"と"守り"に役割分担し、営業担当者の生産性を一気に高めようとする保険会社もあったのである。

　たしかに、製販分離が進み、中堅・中小企業を中心とする企業物件分野の開拓を保険代理店中心で進めなければならない時代となると、保険会社の営業担当者の役割は大きく変化をしてくる。これからは、事務処理はもとより、販売活動においても保険会社と保険代理店の二重構造は完全に払拭される構図となるはずである。

　一部の大手保険会社が行っているように、これからは営業担当者の徹底したスリム化が進むはずである。そのなかで、営業担当者の役割は、保険代理店を支えるスーパーバイザー役に徹することになると思われる。保険代理店と一緒にむずかしい市場開拓を行い、代理店が欲する商品やサービスの開発のために本社を突き動かす役割である。有能な営業とそうではない営業の差が明確に業績となって現れる時代に入ってきている。

第 8 章　日本版独立代理店の誕生

[8-5] （課題その２）保険会社の果たすべき営業推進機能

（従来の営業推進活動）　　　　　　　**これからの営業担当者の役割**

営業目標の策定

A. 年次目標（予算）
　（売上、シェア、収益目標等の策定）

B. 目標達成施策の策定
　● 販売網目標
　● 企業・団体、他社プロ代理店の獲得目標
　● 悪績契約、代理店の分析と対策立案

C. 目標達成状況の管理と本部への報告

市場開拓
● 市場調査、フォーラム開催
● 未開拓企業の発掘、企業のリスク対策要望聴取

→ **代理店と保険会社が連携**

　　　　スーパーバイザー役に

代理店との営業目標の共有化
● 売上、リザルト、開拓目標、M＆A施策

→ **代理店の目的達成の支援役**

直接アテンド
● 企業・団体アテンド
● 官公庁アテンド
● 生保大口見込み客アテンド

→ **代理店の本来活動**

販売推進督励策
● コンテスト・キャンペーン企画・推進
● 成績把握と表彰

→ **算定金制度時代の遺物**

● 209 ●

8-6 （課題その3）保険商品の開発と既存商品の改善

　市場のニーズに合致した保険商品の開発は、保険市場の成長にとって常に欠かせない要素である。米国においては、企業物件市場において、独立代理店や保険ブローカーが、新規市場の開発と商品開発の主役を担っているが、わが国においてもそのような傾向が現れてきている。

　今回の代理店訪問とヒアリングのなかでも新商品開発の分野で日本版独立代理店が大きな役割を担っているケースを確認することができた。

　一つは、海外貿易に伴う「取引信用保険」の分野である。

　「取引信用保険」とは、取引先倒産等による売掛債権リスクを補償する保険であり、欧州では取引先の与信管理と債権保全の有効手段として幅広く利用されているが、わが国においては普及率がいまだに低いのが現状である（東京海上日動火災保険『損害保険の法務と実務』金融財政事情研究会刊）。

　今回ヒアリングを行ったある保険代理店／保険ブローカーは、この分野で新しいスキームを考え出し、アンダーライティングから一部事故処理まで行い、安定的に良好な損害率を残していた。この商品の普及に損害保険会社が二の足を踏んでいるのは、保険の目的について、保険会社は被保険者より少ない情報しかもっていないという理由による（前掲書より）。この間隙を埋めたのが、この保険代理店が開発した引受スキームであった。

　もう一つが、金型メーカー特有のリスクに着目をして、動産総合保険をベースに特別な特約を開発した独立代理店の事例である。金型メーカーの工場に足繁く通って特有のリスクを把握したという。

　この二つの事例は、現場から発想して、顧客ユーザーの真の問題を解決するアプローチの大事さを教えてくれる。損害保険会社の本社のデスクに座ってデータを眺めているだけでは、絶対に出てこない発想なのである。

　個人物件分野における商品開発では、保険代理店が主導権をとることはありえなかった。一方、中堅・中小企業分野の市場開発と商品開発においては主役が入れ替わる。企業と現場を握っているほうがリード役になるのである。

[8-6]　（課題その3）保険商品の開発と既存商品の改善

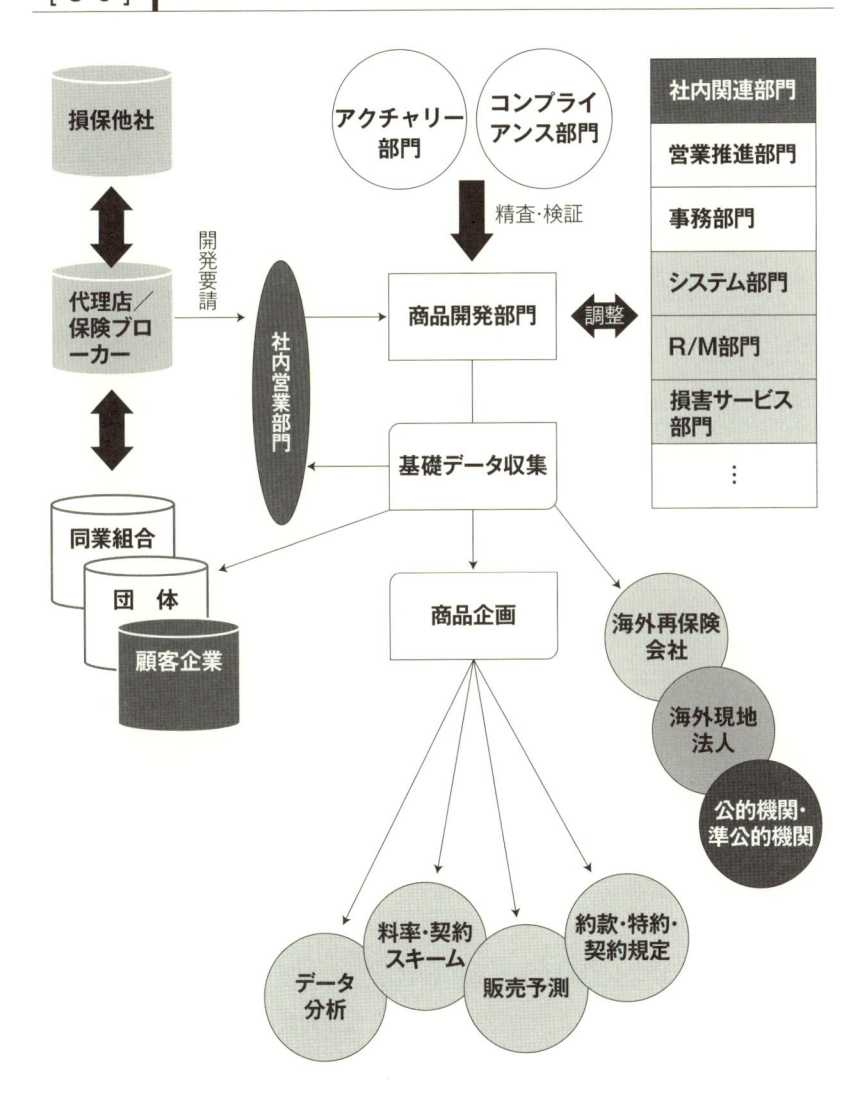

図の構成要素：

- 損保他社 ⇔ 代理店／保険ブローカー ⇔ 同業組合／団体／顧客企業
- 代理店／保険ブローカー →（開発要請）→ 社内営業部門 → 商品開発部門
- アクチャリー部門、コンプライアンス部門 →（精査・検証）→ 商品開発部門
- 商品開発部門 ⇔（調整）⇔ 社内関連部門
  - 営業推進部門
  - 事務部門
  - システム部門
  - R/M部門
  - 損害サービス部門
  - ：
- 商品開発部門 → 基礎データ収集 → 社内営業部門
- 基礎データ収集 → 同業組合／団体／顧客企業
- 基礎データ収集 → 商品企画
- 基礎データ収集 → 海外再保険会社／海外現地法人／公的機関・準公的機関
- 商品企画 → データ分析／料率・契約スキーム／販売予測／約款・特約・契約規定

8-7 （課題その4）代理店の業績評価と新しい代理店手数料体系

　代理店制度が自由化されだしたのは2001年のことである。2年間の"激変緩和期間"を経て、2003年からは代理店手数料体系等は完全に各社マターとなった。全社がまったく同じ体系であった時代との大きな違いは、毎年春に代理店手数料率の決定をめぐって、交渉と調整が行われるようになったことである。特に、乗合代理店の場合は、各保険会社から提示される代理店手数料水準に大きな差が生ずることもあり、交渉は数度にわたることも珍しくない。保険会社、保険代理店双方に言い分があり、保険会社間の方針の違いも目立つようになってきたため、むずかしい交渉になることも多いと聞く。

　手許には主要損害保険会社の代理店手数料体系と水準の比較表があるが、実に精緻な内容となっている。このなかで、代理店手数料水準を決めるうえで最大の要素となるのが「保険料規模基準」である点は各社間で共通している。この「規模基準」が毎年厳しくなっており、前年と同じ取扱保険料を維持するだけでは手数料はダウンする方向になっている。また、増収額・増収率や損害率によって手数料が増減するが、その水準も厳しくなっている。

　一方、"まるで百科事典のようだ"といって揶揄されるのが「業務品質基準」である。早期更改率、キャッシュレスの推進などから構成されるが、この内容が保険会社によってはあまりに細かいのである。非自立代理店を自立化させるうえで一定の役割を果たしたことは間違いないが、保険代理店の業務の内容への過剰な介入であるとして総じて評判が悪い。一部の保険会社ではこの基準を事実上撤廃している。最低基準という位置づけに変えているのだ。

　現在の手数料体系については、多くの保険代理店から不満や改善要求が寄せられている。特に、"保険代理店の経営品質を評価すべきである"、"専属代理店への上乗せポイントは不公平である"の2点は、損害保険会社の対代理店戦略を考えるうえで重要な指摘である。保険代理店の毎年の業績への評価が代理店手数料である以上、合理的で公平な仕組みが必要である。これからは保険会社の業績への貢献度と保険代理店の経営品質を評価する方向に向かうものと思われる。

第 8 章　日本版独立代理店の誕生

| [8-7] | （課題その４）代理店の業績評価と新しい代理店手数料体系 |

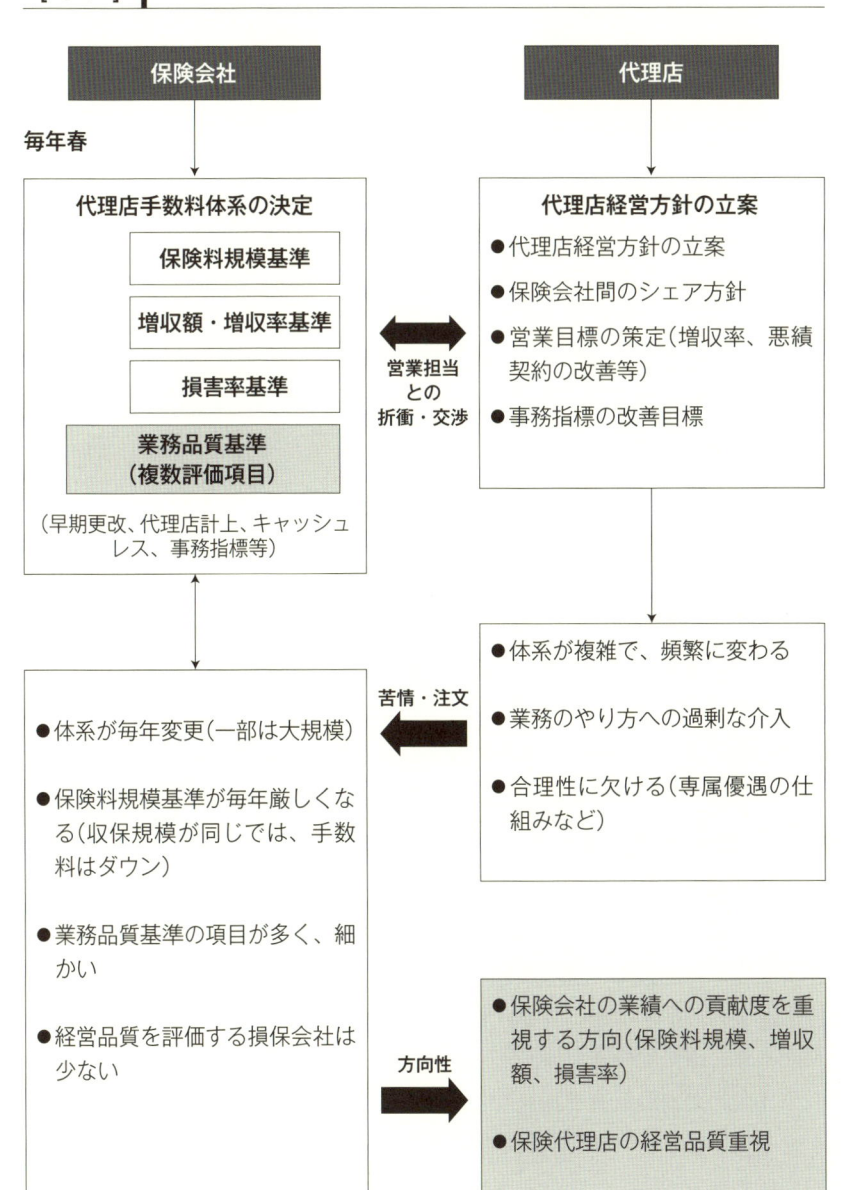

保険会社　　　　　　　　　　　　　　**代理店**

毎年春

代理店手数料体系の決定
- 保険料規模基準
- 増収額・増収率基準
- 損害率基準
- 業務品質基準（複数評価項目）

（早期更改、代理店計上、キャッシュレス、事務指標等）

　　　　　　　　　　　　　　← 営業担当との折衝・交渉 →

代理店経営方針の立案
- 代理店経営方針の立案
- 保険会社間のシェア方針
- 営業目標の策定（増収率、悪績契約の改善等）
- 事務指標の改善目標

↓　　　　　　　　　　　　　　　　　　　　　↓

← **苦情・注文**

- 体系が毎年変更（一部は大規模）
- 保険料規模基準が毎年厳しくなる（収保規模が同じでは、手数料はダウン）
- 業務品質基準の項目が多く、細かい
- 経営品質を評価する損保会社は少ない

- 体系が複雑で、頻繁に変わる
- 業務のやり方への過剰な介入
- 合理性に欠ける（専属優遇の仕組みなど）

方向性 →

- 保険会社の業績への貢献度を重視する方向（保険料規模、増収額、損害率）
- 保険代理店の経営品質重視

8-8 （課題その5）保険会社と代理店双方の業務の効率化

　第3章「自由化の進展と損害保険代理店をめぐる環境の激変」で概観したとおり、わが国損害保険の事業費率は欧米や韓国等と比べてかなり高い水準にある。

　この高コスト体質にあらゆる側面からメスを入れ、大胆に改善を果たしていく必要がある。事業費率を改善するためには、営業の業務処理とそれを支える情報システムにメスを入れる必要がある。

　銀行はいまや装置産業であるといわれており、これまでは各行ごとに独自の基幹系システムの構築と運用に多額のコストをかけてきた。それが、リーマンショック以降の厳しい経営環境によって状況が一変している。地銀などでは、基幹システムの"共同利用"に流れが一気に変わっている。この流れは頭取クラスの決断によって行われ、コストは半分以下になっている。

　一方、銀行業界の動きに比べると、わが損害保険業界の動きは鈍い。保険業界の営業と損害関係業務処理とそれを支える基幹系システム（契約管理や損害処理）は、各社ごとの独自システムとなっており、その運用と保守にシステム経費の7割程度を割いている。保険契約の計上処理や保険証券の発行などを担当する契約管理システムは、どの保険会社でも基本は同じであり、共同化しやすいシステムである。損害処理も基本は同じである。

　また、各社ごとの独自路線は、契約帳票や異動・解約処理規定等あらゆる業務に及んでおり、乗合代理店の業務効率を著しく損なう結果となっている。

　保険会社の営業支社が行ってきた業務の大部分を保険代理店に移行させようとする時代のなかで、乗合代理店の契約取扱のウェイトは全体の6割を占めている。システムの共同利用と業界を横断する標準化を推進し、事業費率の大幅な改善を果たすと同時に保険代理店の利便性と生産性をあげていく必要がある。標準化の推進は、保険契約者の利便性を高める。

　業界全体で協調領域と競争領域を峻別し、協調領域においては共同で変革を行っていくべきである。事業費率の大幅なカットができない保険会社が市場で生き残っていくのはむずかしい。

第8章 日本版独立代理店の誕生

[8-8] （課題その5）保険会社と代理店双方の業務の効率化

外部環境の変化	業務処理・システムの方向
事業費（人件費・物件費）の大幅な圧縮要請	ローコスト・オペレーションの実現（営業業務の効率化）
契約者目線の事務システム（平易な帳票、比較しての商品選択）	契約規定、異動解約処理規定等の標準化
企業や企業団体、同業会等からの多様なリスク対策要望	R/Mや保険設計に柔軟に対応する支援システムの開発
専属代理店重視路線から乗合代理店に重点が移行（製販分離）	データ・帳票・オンライン手順等の業界標準化推進

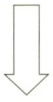

⬇

競争領域と業界協調領域の峻別

協調領域	⇔	競争領域
契約管理システム（共同利用）		市場にマッチした新商品の開発
損害サービスシステム（共同利用）		料率の細分化
代理店システム（オンライン処理手順などの標準化）		R/Mサポート
		アンダーライティング

第9章 損害保険代理店の経営課題と今後の方向

The Royal Exchange Assurance

9-1 保険代理店経営を成功に導く視点

　この章では、新しい時代にあって、これからの保険代理店の経営を成功に導く方向性について考えてみたい。われわれの提示する考えは、海外の保険代理店／ブローカーへの数多くの訪問や、今回行った国内の保険代理店／保険ブローカーとの長時間にわたる議論によって得た一つの案である。

　なお、ここで想定をしている保険代理店とは、銀行や商社系の大手保険代理店／保険ブローカーではなく、一般的な大型専業プロ代理店である。

　保険代理店経営を成功に導くうえでわれわれが考える最も重要な要素は、代理店トップのビジョンと方針の貫徹ということである。今回訪問ヒアリングを行った保険代理店が典型であるが、海外同様、わが国においても成功している保険代理店のトップは皆、強烈な個性とビジョンをもっている。"リスクマネージメントノウハウで機関代理店の市場を奪還する"、"日本で最もよい代理店を目指す"、"いずれ海外に拠点を展開する"、など大きな夢をもっており、保険代理店の仕事に高い誇りをもち、多くの知恵を集めていた。

　保険代理店はいわゆる大企業ではない。トップのよい意味での"独裁"が代理店経営を成功に導くと考えている。官僚体質は最大の敵である。

　トップの"強い思い"と"こだわり"を重視したうえで、自社の"強み"を皆で確認し、ビジネスモデルを確立することが次に重要である。短期・中期の事業戦略もトップのビジョンを実現するものでなくてはならない。

　一方、保険代理店は損害保険の流通部分を担っているだけに、対契約者と対保険会社という双方の視点をもつことが求められる。対契約者では保険代理店は"リスク対策"を通じて最高の満足を与えるミッションをもっていることが原点である。一方、対保険会社との関係については、契約者のためにも、保険会社の優劣を評価してつきあう姿勢が大事である。

　内部態勢の充実策については、日本全国や海外に目を転ずればいくらでも成功事例（Best Practice）があり、それを積極的に取り入れる姿勢が大事である。これからは、国内外を含めたネットワークが役立ってくる。

第 9 章　損害保険代理店の経営課題と今後の方向

[9-1]　保険代理店経営を成功に導く視点

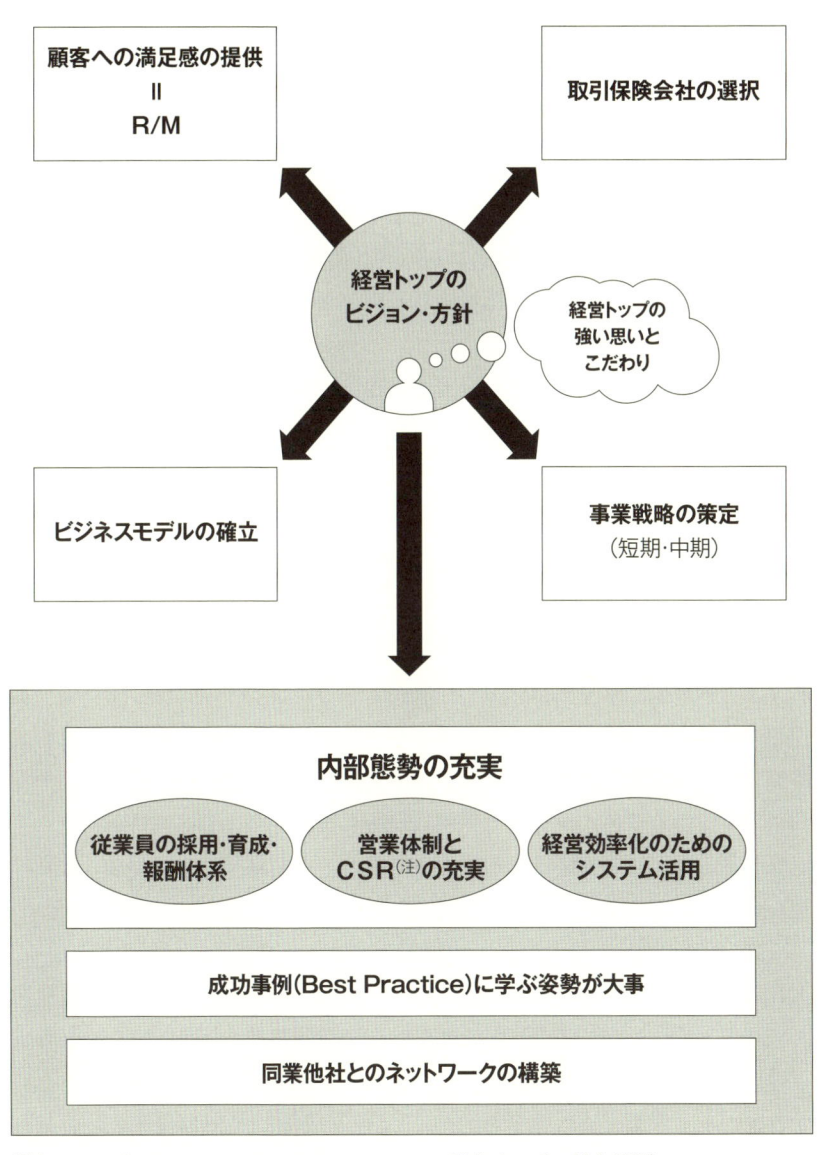

```
┌─────────────────────┐                      ┌─────────────────────┐
│  顧客への満足感の提供  │                      │    取引保険会社の選択    │
│         ＝           │                      │                     │
│        R/M          │                      │                     │
└─────────────────────┘                      └─────────────────────┘
              ↖                              ↗
                    ┌──────────────┐      ╭─────────────╮
                    │  経営トップの  │      │  経営トップの │
                    │  ビジョン・方針 │      │  強い思いと  │
                    │              │      │   こだわり   │
                    └──────────────┘      ╰─────────────╯
              ↙                              ↘
┌─────────────────────┐                      ┌─────────────────────┐
│  ビジネスモデルの確立   │                      │    事業戦略の策定     │
│                     │                      │    （短期・中期）     │
└─────────────────────┘                      └─────────────────────┘
                              ↓
┌───────────────────────────────────────────────────────────────┐
│                      内部態勢の充実                            │
│  ┌──────────┐    ┌──────────┐    ┌──────────┐                │
│  │従業員の採用・│    │ 営業体制と │    │経営効率化のための│        │
│  │育成・報酬体系│    │CSR(注)の充実│    │ システム活用 │          │
│  └──────────┘    └──────────┘    └──────────┘                │
│  ┌───────────────────────────────────────────────────────┐   │
│  │     成功事例（Best Practice）に学ぶ姿勢が大事              │   │
│  └───────────────────────────────────────────────────────┘   │
│  ┌───────────────────────────────────────────────────────┐   │
│  │           同業他社とのネットワークの構築                   │   │
│  └───────────────────────────────────────────────────────┘   │
└───────────────────────────────────────────────────────────────┘
```

（注）　CSR（Customer Service Representative. 顧客サービス対応部門）

9-2 保険代理店の経営課題①：ビジネスモデルの確立

　経営学の手引書によれば、ビジネスモデルとは、"顧客の満足を得ながら、売上と収益を持続してあげることができる事業の仕組みである"、という。

　たしかに、成功を収めている保険代理店の事例をみると、手引書どおりのビジネスモデルが構築されている。ただ、そのモデルに行きついた経緯をお聞きすると、大変な紆余曲折と困難を乗り越えて現在に至っている。保険代理店の経営を安定させ、持続的に収益をあげるためのビジネスモデルをどのように構築をするのか、日本版独立代理店の場合と専属代理店の場合に分けて先人たちの知恵を後追いしてみたい。

　まず、日本版独立代理店の場合であるが、最も重要なことは、トップ自身の経営ビジョン、すなわち自分の"こだわり"を確認することである。保険代理店を経営することによって、自分は何を実現したいのかを確認するのである。

　そのうえで、多様なアプローチから選択をすることになる。たとえば、自社のパンフレットにトップの大きな顔写真を使い、徹底してトップ自身の存在をアピールしている保険代理店がある。地元のメディアを通じて多くの政財界人と顔を会わせる機会をもち、その人脈をビジネスに利用している。このスタイルが自分に合っていると思えばマネをすればよい。逆に、地道に工場やメーカーの同業団体などを回り、抱えている課題を一緒に考えるなかで商機をみつけるスタイルをとる保険代理店もある。

　ビジネスモデルの構築に王道はない。試行錯誤を繰り返しながら、自分に最も合ったモデルをつくっていくしかないのである。

　一方、専属代理店の場合は独立代理店とは違ったアプローチが必要となる。1社のみと関係をもっているため、自分が代理店委託を受けている保険会社の"強み"を自社の"強み"とする戦略が必要となる。今回訪問をした専属代理店の場合も、所属する保険会社の独自商品を自分の最大の"売り"として首都圏トップクラスの売上を果たしていた。名刺には所属保険会社の最上級の認定代理店であることが印刷されていた。これも立派なモデルである。

第 9 章　損害保険代理店の経営課題と今後の方向

[9-2]　保険代理店の経営課題①：ビジネスモデルの確立

日本版独立代理店の場合

自社の経営ビジョン・方針の確認

↓

（多様なアプローチからの選択）

- 経営トップ自らの売込み：メディアの活用によるトップ営業

- 多様なネットワークの構成：
  税理士、BCPコンサルタント、社労士、健康・医療アシスタンス、海外ネットワーク

- 各種セミナーの開催による人脈と見込客の発掘：
  専門家と提携した課題解決型セミナーの開催

- 保険会社の活用：リスクマネージメント子会社など

- 顧客企業との共同研究の開催：
  課題解決型（労災事故、交通事故、PL対策、環境対策、セクハラ……）

↓

ビジネスモデルの構築
（"強み"を発揮すべき分野の選定と方策の決定）

専属代理店の場合

自社の経営ビジョン・方針の確認

↕

保険会社のブランド力と独自商品の活用

9-3 保険代理店の経営課題②：従業員の採用・育成と報酬制度

　国の内外を問わず、保険代理店のトップに共通する悩みは有能な人材の確保と育成である。難解な損害保険商品を理解し、多様なリスクに精通する人材を育てるためには相当の期間が必要である。このため、有為な人材が会社を去らないような魅力的な報酬制度と福利厚生プランを用意する必要がある。ただ、すべての原点は保険代理店の仕事が魅力的であることである。ここでも極力事例を紹介しながら、この課題の解決策を提示してみたい。

　まず人材の採用であるが、有能な人材を外部から集めるためには自社の経営ビジョンを確立し、中期的な戦略計画と合わせその"見える化"を図る必要がある。トップの人柄や魅力を前面に打ち出すことも一つの案である。成功している保険代理店は、自社のブランド化に多大な労力を払っていた。会社の名前にも工夫が凝らされており経営ビジョンと一体となっている。

　専門性の確保のために、損害保険会社の内部事務のベテラン女子や代理店研修生OBを積極的に採用している事例が見受けられた。保険会社の支店長に、直接専門要員の放出を依頼しているケースがある一方、保険会社出身者は絶対に採用しないという方針をとっているケースもあった。インターンシップ制の確立もこれから保険代理店業界が取り組むべき課題である。

　従業員の能力向上施策については、すべての保険代理店／保険ブローカーが苦心を重ねていた。社員全員に保険ブローカー資格や日本代協の認定保険代理士の資格をとらせているケースや、BCP（事業継続計画）やFP（ファイナンシャルプランナー）のような専門の資格をとらせている事例もある。ただ、ヒアリングしたトップの大多数が、わが国には、R/Mに関する実践的な教育プログラムが用意されていないことに大きな不満をもっていた。

　一方、従業員の業績評価と報酬制度については、営業要員（セールス）に対しても年次目標制度に基づく"年俸制"を採用している会社が圧倒的に多いのが日本の現状であった。米国の独立代理店の営業（Producer）が歩合制の報酬体系となっているのとは対象的である。

第 9 章 損害保険代理店の経営課題と今後の方向

[9-3] 保険代理店の経営課題②：従業員の採用・育成と報酬制度

経営ビジョンの確立と中期経営計画 ⇔
- 自社の見える化、ブランド構築（ウェブサイトの活用）
- メディアへの露出

人材の確保と育成

- 採用計画と採用方針 →
  - インターンシップ制の確立（これからの課題）
  - 損保会社のOB、代理店研修生出身者（専門性の重視）
  - CSR(注)要員には損保のベテラン女子

- 従業員の育成と専門性の確保 →
  - 日本代協の育成プログラム（保険大学、認定保険代理士）
  - 保険ブローカー資格
  - CPCU資格
  - BCP資格、FP資格

- 従業員の業績評価と幹部育成 →
  - 自社の経営理念、方針
  - 社長の"思い"（中小企業のよさ）

従業員福利厚生制度
- 定年制、年金制、従業員持ち株会
- その他施策の充実

(注) CSR（Customer Service Representative. 顧客サービス対応部門）

9-4 保険代理店の経営課題③：取引保険会社の選択

"保険代理店が取引保険会社を選択する"、という概念については違和感を覚える向きもあるに違いない。われわれ自身、米国の保険代理店を訪問した時に、取引損害保険会社の評価一覧をみて、心底驚いたものである。

一方、米国損害保険市場の実情を知るにつれて、保険代理店が取引保険会社の評価を行い、常に見直しを行っていることの合理性を納得するに至っている。わが国においてもいずれ同じような方向に向かうはずである。

"取引保険会社の選択"には二つの側面がある。まずは保険代理店がどの保険会社と代理店委託契約を締結するのかという会社対会社の関係である。それに次ぐのが、個々の契約取引のなかで、代理店委託契約を締結している保険会社のなかから、最終的にどの保険会社を契約者に勧めるのかという個別選択の問題である。後者は、契約者の満足感に決定的な影響を与える。

そもそも、どの保険会社と代理店委託契約を締結するのかが重要であるが、これを決めるためには、保険代理店の戦略スタンスと保険会社の戦略スタンスをマッチングさせることが必要である。保険代理店の戦略スタンスのなかで最も重要な点は、今後の自社の市場開拓の方向である。どのような業種・業態にねらいを定めるのか、また、どのような地域への進出を考えているのかによって、取引関係を深めていく保険会社が分れてくる。

右ページの図に示したのは保険会社を評価する場合の視点である。市場開拓や商品開発にあたって、保険代理店と積極的に連携を図ろうとする保険会社がある一方、自社の開発した商品を一方的に押しつけてくる会社がある。この姿勢の差は、営業担当の能力によっても変わってくる。

一方、個々の契約取引のなかで、保険会社を選択する決定打は保険料水準と契約条件だけではなくなっている。保険会社のアンダーライティング能力と損害処理能力の見極めも必要な条件になっている。また、これからは、保険会社の経営破綻の確率も考慮に入れざるをえない時代に入ってくる。いずれにしても、特徴のない経営モデルを採用している損保会社には厳しい時代である。

第 9 章　損害保険代理店の経営課題と今後の方向

[9-4]　保険代理店の経営課題③：取引保険会社の選択

代理店の戦略スタンス

- 自社の顧客基盤
- 今後の市場開拓の方向
- 収益モデル（生保の位置づけなど）
- 自社の"強み"の強化戦略
- 要員・システムの増強計画

→ 中期戦略と経営計画

保険会社の戦略スタンス

- ● 独自商品の有無
- ● 商品開発力
- ● 市場開拓への協働体制
- ● 営業担当（スーパーバイザー）の評価
- ● リスク情報等の付加価値サービスの提供
- ● 海外ネットワーク
  ⋮
- ● ソルベンシーマージン比率
- ● 保険会社の財務格付け

→ 保険会社の総合評価

中期戦略と経営計画 ←マッチング→ 保険会社の総合評価

↓

新たな関係の構築

個別契約取引 ←（保険代理店による評価）→

- ● アンダーライティング能力の評価
- ● 損害処理能力の評価
- ● 提示する引受条件・保険料

9-5 保険代理店の経営課題④：経営効率化のためのシステム活用

　米国の損害保険とリスクに関する大手教育機関である"The Institutes"が発行している「代理店の経営管理と販売管理」のテキスト（3分冊）が手許にある。3分冊目の第1章は「代理店情報システム（技術）の管理」である。米国の独立代理店経営においてシステムの活用が重要になっていることの証である。第2章が「保険代理店による顧客サービスの管理」で、CSRの管理が中心である。そして第3章が、「保険代理店の財務管理」となっている。

　顧客に対してR/Mの提案と保険商品の営業活動を展開していくためには、情報の収集・分析とその活用は必須であり、情報システムの活用なくしては保険代理店の日常活動も経営管理も成り立たない時代になっている。わが国の保険代理店においてもCSRを充実する動きが増えている。この部門が情報システムの最大のユーザーである。システムを駆使して提案書や企画書を作成し、リスク情報を収集して営業部隊を全面的に支援する。また、直接契約者とコンタクトをとって、継続（更改）活動等を推進するのである。

　米国の独立代理店の場合、IT関係に全経費のうちの約6％程度を充てている。わが国の場合、このような統計はないが、保険会社提供の代理店システムがきわめて安いコストで使える環境にあるため、米国ほどの経費はかけていないものと思われる。むしろ、代理店経営の観点からいえば、契約計上、契約管理など代理店共通業務は、保険会社提供の代理店システムを活用して、徹底したコスト削減に取り組むのが賢いやり方である。

　一方、保険会社提供のシステムでは十分な機能が盛り込まれていない分野、たとえば、顧客管理、R/M、営業活動管理、経営管理などでは独自にシステムを構築してサービス力の向上と経営の独自性を発揮していくべきである。

　情報の高度利用と同時に忘れてはならないのが情報の管理である。顧客情報や企業から預かった機密情報の漏洩は代理店の存続につながる重大事だ。

　保険代理店自らのBCP（事業継続計画）の立案とそのための有事訓練の実施も大きなテーマである。この実践を始めた事例も聞くようになった。

第 9 章　損害保険代理店の経営課題と今後の方向

[9-4]　保険代理店の経営課題④：経営効率化のためのシステム活用

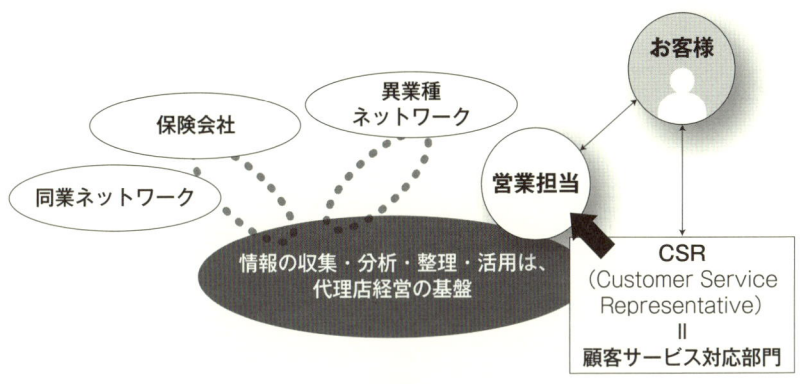

```
同業ネットワーク　保険会社　異業種ネットワーク　　　　お客様
                    ↓                          ↑
        情報の収集・分析・整理・活用は、      営業担当
        代理店経営の基盤                      ↑
                                              CSR
                                      (Customer Service
                                        Representative)
                                            ‖
                                      顧客サービス対応部門
```

IT武装の徹底
- 情報管理ツールの有効活用
  （情報端末やスマートフォンなど）
- 独自の代理店マネジメントシステム

（ポイント）
- 計上、契約管理など代理店共通業務は、保険会社提供代理店システムを活用して、徹底したコスト削減
- 顧客管理、R/M、経営管理、営業活動管理などは、独自システムで効率化とサービス力向上および経営の独自性を発揮

情報管理マネジメントの徹底
- 情報管理規定の設定
- 情報管理責任者の選定
- 顧客データ保護のトレース
  ➡ 顧客データ持出管理
- Pマーク取得で信頼度向上
- ペーパレスの推進

（ポイント）
保険代理店は顧客企業のもつトップクラスの機密情報を知る立場にあり、保険付保の関係でその機密情報を保有していることが多い。その機密保持には重大な責任が伴う

↓

保険代理店自らのBCP（事業継続計画）の確立と有事訓練の実施

コラム18　(米国独立代理店) システム利用の目的と効果

　データは少し古いが、米国独立代理店のシステム利用の目的と効果についての興味深い実態調査結果を紹介したい。わが国にはない調査結果である。

　第1位にあげられているのが、「保険会社へのリアルタイム照会」である。おそらくわが国においても同じ結果になると思われる。代理店システムで照会できる内容が限定されていたり、タイミングが古くなっている結果である。

　個人物件や企業物件データのダウンロード機能が上位にあがっているが、これもわが国でも同様の結果になるはずである。一方、「ペーパーレスの実現」が第3位にあがっているのは、多くの方にとっては意外な結果だと思われる。ところが、米国の先進的な保険代理店／保険ブローカーを訪問してみると、驚くほど紙が少ないことに気づく。向こうでは、一人ひとりがブースに入って仕事をしているが、1人で最低でも2台の端末をもち、目的に合わせて使い分けている。徹底したペーパーレスは、業務の効率化と情報漏洩の防止を目的に推進されているのである。

　第4位にあげられている「保険会社間の料率比較」は、かねて独立代理店が保険会社にその実現を求めていた機能である。1980年代の後半における米国独立代理店の保険会社への要求項目の第1位は、SEMCI（セムシー：Single Entry Multi-Company Interface）であった。要は、代理店の端末から1回の照会で、回答を欲するすべての保険会社から適用料率の回答を送ってほしいという要請である。当時、代理店は、必要とする保険会社ごとに個別に照会をする必要があったのだ。現在ではこの機能は充足しており、保険代理店の業務効率の改善と契約者利便に多大な効果をあげている。

　一方、わが国においては、このSEMCI機能はいまだに実現をしていない。

　わが国においても、乗合代理店が等しく要求する改善項目の上位にあげている事項である。

　保険証券の代理店発行は、米国の独立代理店独特の機能である。証券フォームがACORDフォームによって標準化されていることが前提になっているが、米国の郵便事情がわが国よりもかなり悪いことが背景にある。

〈コラム 18〉(米国独立代理店) システム利用の目的と効果

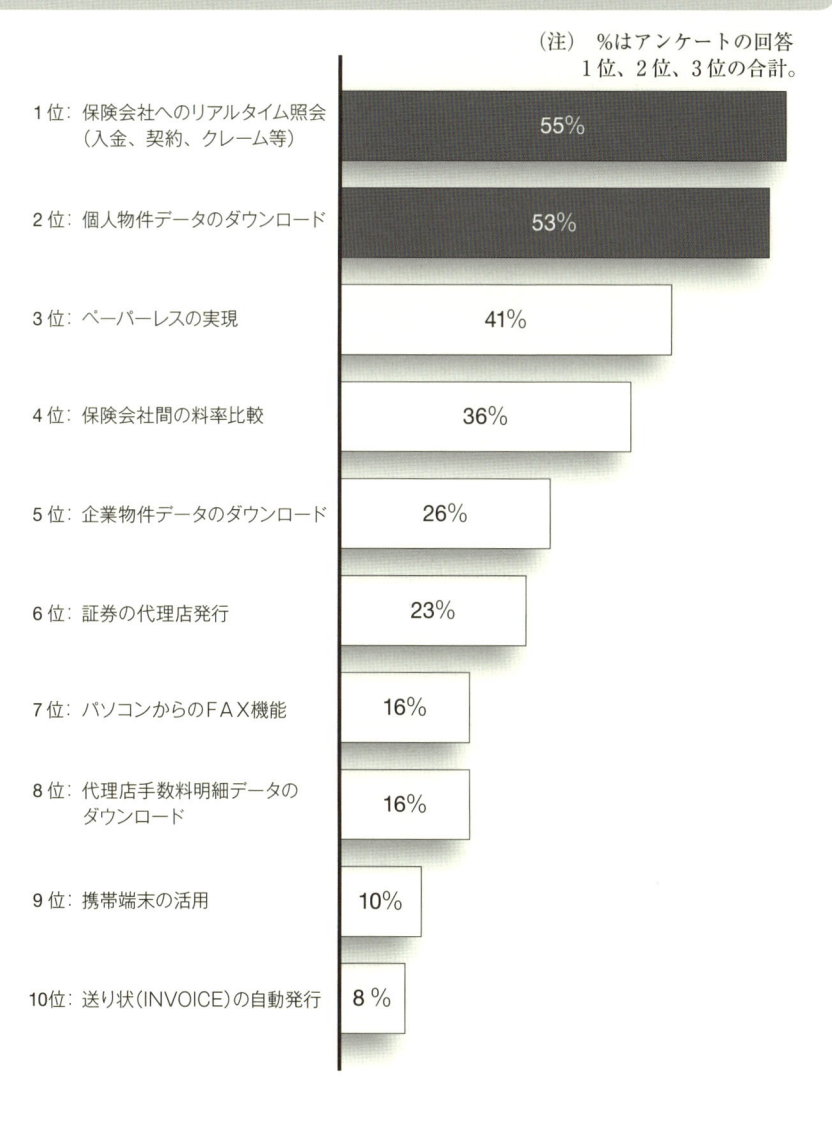

(注) %はアンケートの回答
1位、2位、3位の合計。

1位: 保険会社へのリアルタイム照会（入金、契約、クレーム等） 55%

2位: 個人物件データのダウンロード 53%

3位: ペーパーレスの実現 41%

4位: 保険会社間の料率比較 36%

5位: 企業物件データのダウンロード 26%

6位: 証券の代理店発行 23%

7位: パソコンからのFAX機能 16%

8位: 代理店手数料明細データのダウンロード 16%

9位: 携帯端末の活用 10%

10位: 送り状(INVOICE)の自動発行 8%

(出典) "Agency Universe Study Management Summary 2006" (IIABA)

第10章 結びにかえて
―損害保険業界のさらなる発展に向けて―

Insurance Company of Scotland

10-1 自由化の進行は損害保険業界をどう変えたのか？

　1996年12月の「日米保険協議」の決着を受け、わが国損害保険産業の自由化は急激に進行した。商品・保険料率と代理店制度双方の自由化が完全にそろったのは2003年のことである。それから10年が経過した。わが国損害保険産業はいったいどのような影響を受けたのであろうか？

　個人物件分野ではインターネットなどを活用した通販ビジネスモデルが「リスク細分型」商品と大量宣伝を武器として、急激に市場に浸透している。

　企業物件分野では、大口火災保険に端を発した保険料の値下げ競争がほとんどの商品分野に拡大し、ようやく一定の収束期に入っている。

　この間、大規模な自然災害の発生もあって、損害保険各社は業績の急激な悪化に苦しんでいる。ピーク時には60万店を超えていた損害保険代理店は20万店を切るまでに激減している。また、営業態勢のスリム化が進行している。支店・支社の統廃合や営業担当者のリストラである。損保業界はどうみても厳しい状況のなかに置かれている。

　ただ、以上のような自由化の進行による結果を、一般の契約者はどうみているのであろうか？　彼らからすれば、保険料の入手手段が多様化し、比較をしながら自分・自社に最適な商品とサービスを選択することが可能となったばかりでなく、保険料水準は相当程度下がっている。客観的にみれば、どうみても自由化は大歓迎だったはずである。

　一方、自由化の進行による急激な競争環境にさらされるなかで、損害保険各社は無駄肉をそぎ落とし、強靭な筋肉体質の経営に変わりつつある。目指しているのは、欧米や韓国等と同程度、すなわち最低でも30％未満、できれば27％程度の事業費率によるローコスト・オペレーションの実現である。

　保険の流通分野でも大きな変革が起きている。「日本版独立代理店」が誕生し、大きな潮流になってきた。損害保険会社における体質の改善と独立代理店の誕生によって、わが国損害保険産業はそのビジネスモデルを大きく転換させようとしている。このモデルはグローバル標準そのものである。

第10章　結びにかえて―損害保険業界のさらなる発展に向けて―

[10-1]　自由化の進行は損害保険業界をどう変えたのか？

```
┌─────────────────────────┐         ┌─────────────────────────┐
│  商品・保険料率の自由化   │         │    代理店制度の自由化    │
│    （実質2000年～）       │         │    （実質2003年～）      │
└─────────────────────────┘         └─────────────────────────┘
                   ↘                    ↙
```

損保業界の変化

- 保険料の引下競争
- 業態間の競争激化（通販損保、共済など）
- 自然災害の激増

⇒

- 損害保険各社の業績悪化
- 旧来型代理店の市場からの退場
- 営業態勢のスリム化

↓ ↘

強靭な体質の損保会社に脱皮（進行中）
- 事業費率＝27％程度

日本版独立代理店の誕生（流通の主力に）
R/Mのプロ、企業物件主体

↓

損保ビジネスモデルの大変革（進行中）
（グローバル標準のモデル）

10-2 企業物件市場の開拓と新たな損害保険市場の創設

　右ページにみるとおり、これからのわが国損害保険市場を取り巻く環境は決して楽観できないどころか、むしろ悲観的な要素が多い。

　一方、わが国においても損害保険会社は強靭な体質への転換を進めており、企業物件に強く、リスク対処のプロである日本版独立代理店が大きな勢力に育ってきた。この強みを活かし、わが損害保険市場を大きく拡大させることが今後の損保業界に課せられた課題である。まず、開発・深耕が遅れている企業物件、特に、中堅・中小企業物件に新たな資源を投入する必要がある。また、どうしても忘れてはならないのが、官が独占する保険市場を民間にシフトさせるという発想である。損害保険市場が縮小気味であるのであれば、新たに市場を創設する必要がある。

　まず、企業物件市場の拡大・深耕については、今回訪問ヒアリングをした若手社長は、「いくらでも市場はある。開拓する能力のある営業がいれば、ライバルはいない」と豪語していた。課題は、わが国損保市場全体にR/Mノウハウをもつ人材が少ないということである。そのため、実践的なR/M資格制度の創設や研修制度の充実が課題となってくる。

　また、海外を含めた多様な専門機関とのネットワークの構築や〈コラム17〉で紹介したようなリスク関連DBの構築もその実現が急務である。官がほぼ独占しているリスク関連の基礎的DBの民間活用を求める動きも必要である。損害保険業界が共同で取り組む課題である。

　一方、これからは、「官」から「民」への動きが加速してくるものと思われる。この流れに乗って官の運営する保険市場を民間にシフトさせ、民間が官を補完するような発想をもって商品や制度・サービスを考える必要がある。

　また、官が担っている認定、認証や検査業務などを民間損保が代替するという発想も必要である。かつて、安田火災（現損保ジャパン）が「ボイラー保険」で切り開いた分野である。ただ、これらの分野への参入には一定のリスクも予想される。まずは、保険会社と保険代理店が一体となって、基礎的な調査・研究や既存商品の充実等、地道な一歩から始めるべきである。

第10章　結びにかえて―損害保険業界のさらなる発展に向けて―

[10-2]　企業物件市場の開拓と新たな損害保険市場の創設

損害保険市場を取り巻く今後の環境

- 少子高齢化の進行
- 産業の空洞化（企業の海外逃避）
- 地球温暖化の進行と気象災害の増加
- 長引くデフレ、長期不況
- 若者のクルマ離れ
- 地震多発時代　など

⬇

グローバルに通用するビジネスモデル

| 強靭な体質の損保会社に脱皮（進行中）
● 事業費率＝27％程度 | 日本版独立代理店の誕生（流通の主力に）
R/Mのプロ、企業物件主体 |

⬇

企業物件市場の開拓

《中期課題》
- R/Mノウハウをもつ人材の育成
- 実践的R/M資格と研修制度の創設
- 多様なネットワークの構築
- リスクや事故・災害DBの充実　など

新たな市場の創設

《中期課題》
- 規制緩和による「官」の運営する保険分野の「民」へのシフト、「民」による補完
- 認定、認証、検査業務等の民間損保による代替

《取組課題》
- 既存損保商品の見直し
- 海外事例の調査・研究
- 官のもつリスク情報の民間利用

10-3 損害保険代理店の役割と社会的認知の向上に向けて

　保険代理店の役割はますます重要になることは確実である。一方、残念ながらわが国における損害保険代理業への認知度は低い。わが国の保険代理店の役割と社会的認知を高めるための方策を最後にまとめてみた。

【損保市場の創出に向けた基礎的活動】
　まずは損害保険産業の活動領域を拡大するための基礎的活動を継続して行う必要がある。保険会社と保険代理店が一体となって、基礎的な調査・研究から始める必要がある。いずれは、政治や行政へのロビー活動が必要となる。

【優秀な人材の確保】
　R/Mの世界は優秀な人材の確保が何より重要である。保険とリスクのプロの仕事の魅力を広く知ってもらうことがまずは重要である。インターンシップ制の導入も検討に値するテーマである。

【リスクと保険に関する専門教育と資格の充実】
　米国では、リスクと保険に関する専門教育と資格制度が充実している。日本では高度な資格と思われているようなCPCU（Chartered Property & Casualty Underwriter）ですらR/M推進上の入門編にすぎないのである。

【保険代理店／保険仲立人制度の改善】
　序章－5で述べたとおり、現行の保険代理店と保険仲立人制度には改善する余地がある。過去の経緯にとらわれず、保険会社と保険代理店がよりWIN-WINの関係になるような内容に変えてほしいものである。

　日本においては保険代理店の地位向上や専門教育の充実、保険会社や政府等への改善要求を行う機能は日本代協が担っている。頑張りをみせているが、本部における10名弱のスタッフ数と財務基盤の弱さではその活動には限界がある。
　全国の多くのプロ代理店を結集し、現在の日代協をつくり直すくらいの覚悟をもって、その機能・活動を思いきって拡充すべきである。

第10章 結びにかえて―損害保険業界のさらなる発展に向けて―

[10-3] 損害保険代理店の役割と社会的認知の向上に向けて

損保市場の創出に向けた基礎的活動
- 保険会社と連携をした市場創出の研究
- 規制緩和や法改正に向けての政府等へのロビー活動

リスクと保険に関する専門教育と資格の充実
リスクと保険に関する高い専門性と実践的なノウハウを教える専門の教育制度と資格制度の拡充

保険代理店の役割と地位の向上

優秀な人材の確保
- 保険代理店や保険仲立人の認知度向上
- 優秀な学生の確保や他業界からの誘導
（例）インターンシップ性の導入

（保険代理店／保険仲立人制度の検討）
- 代理店登録申請時における「代理申請（代申）制度」の見直し
- 保険代理店が他損保に乗り合う場合の承認ルールの緩和と明確化
- 保険仲立人（ブローカー）登録要件の緩和

↓

日代協の機能・活動の思いきった拡充
（スタッフの拡充、自前活動資金の確保）

（注）　日代協（日本損害保険代理業協会）。

事項索引

【A～Z】

ACORD ················· 115, 132
BCP（事業継続計画）············188,
　　　　　　　　205, 221, 222, 223
Best Practice ·········· 130, 136, 218
Best's Review ················ 14, 16
CSC（顧客サービスセンター）·······106,
　　　　　　　　　　　　　134, 142
CSR（Customer Service Representative）················160,
　　　　　200, 201, 219, 223, 226, 227
HPR ····························· 110
IIABA ···························· 114
ISO（Insurance Service Office）······· 114
SEMCI（セムシー）················ 228
TAP ······························ 50
XML ···························· 132

【あ】

アグリゲーター ··················· 150
アドミニストレーションフィー ······· 140
アフィニティ ···················· 150
アンダーライティング ·············· 10
意向確認 ························· 58
1社専属制 ······················· 46
インターンシップ ········130, 146, 222, 236
営業担当（スーパーバイザー）·······138,
　　　　　166, 168, 170, 200, 208, 224, 232

【か】

家計地震保険 ······················ 2,
　　　　　　180, 182, 184, 186, 188, 190
ガット・ウルグアイ・ラウンド ········ 44
間接販売 ························· 38
機関代理店（インハウス代理店）··· 32, 168
危機管理 ························ 192
企業物件 ························· 10,
　　　20, 26, 32, 36, 42, 52, 70, 76, 78, 92, 110,
　　　112, 114, 116, 118, 120, 128, 134, 138,
　　　140, 146, 148, 152, 188, 198, 204, 206,
　　　208, 210, 228, 232, 234
逆選択 ·························· 98
競業避止義務 ······················ 8
共同保険 ························· 52
業務改善命令 ····················· 58
業務停止処分 ··················· 6, 58
銀行窓口における保険販売 ············ 56
個人物件 ························· 32,
　　　36, 42, 48, 76, 92, 94, 96, 100, 112, 114,
　　　116, 118, 126, 128, 134, 140, 146, 152,
　　　158, 188, 196, 204, 210, 228, 232
コンティンジェンシー・コミッション
　　　　　　　　　　　　　　　　136
コンバインドレシオ（C/R、合算比率）·························· 60

【さ】

サープラス（Surplus）商品市場······ 148
再保険取引 ······················· 64
算定会料率制度 ···················· 44
事故処理フィー ··················· 140
地震危険拡張担保特約 ··············· 188
地震保険損害処理総合基本計画 ······· 186
地震利益保険 ···················· 152

地震リスク対策 188
新ノンマリン代理店制度 32
誠実義務（ベストアドバイス義務） 8
製造物賠償責任保険 112
生損保の相互参入 42
生保第三分野 46
専業プロの第一世代 28
損害保険料率算定会制度 20

【た】
第三世代 34
第三分野 56
第二世代 32
代理申請（代申）制度 12
代理店委託契約書 4, 8, 10
代理店研修制度 32
建物更生共済 182, 184
直接販売 38
通信販売（通販） 92
通販型自動車保険会社 42
積立特約 34
テーブルファイアー事件 26
特定地震危険補償利益保険 188
取引信用保険 152

【な】
二重構造問題 10
日米保険協議 34
日本損害保険代理業協会（日本代協）
　　　　　　　　　　　196, 236
日本版独立代理店 198,
　　　200, 202, 204, 210, 220, 232, 234
ノンマリン代理店制度 28

【は】
東日本大震災 178
引受規制 30
非効率代理店 80, 86, 162
非標準自動車保険 104
物件選択 4, 10
法令遵守 10, 12, 54
ホームオーナーズ保険 92
保険業法 42
保険金不払問題 56
保険の価格比較サイト 150
保険募集従事者 164
保険募集の取締に関する法律 24
募集チャネル多様化 48

【ま】
マーケッティングフィー 140
満期継続率 102
満期表所有権 12, 100, 126, 138
無認可共済 58

【ら】
リスク細分型 48
料団法（損害保険料率算出団体に関
　　する法律） 50
ロスコントロール 136

参考文献

[1] 『東京海上火災保険株式会社100年史』（日本経営史研究所編、東京海上火災保険刊）
[2] 『東京海上の100年』（同上）
[3] 『東京海上125年史』（同上）
[4] 『安田火災百年史』（㈱ライフ社編、安田火災海上保険刊）
[5] 『損害保険代理店100年の歩みと今後の展望』（塙善多著、損害保険企画刊）
[6] 『直販保険会社』（日吉信弘著、保険毎日新聞社刊）
[7] 『保険ブローカー』（増補改訂版）（同上）
[8] 『保険代理店のサバイバル戦略』（野田節子著、保険毎日新聞社刊）
[9] 『海上保険史研究』（近見正彦著、有斐閣刊）
[10] 『イギリス保険史』（H・E・レインズ著、庭田範秋監訳、明治生命100周年記念発行会刊）
[11] 『図説　損害保険ビジネス〔補訂版〕』（株式会社トムソンネット編、鈴木治・岩本克著、金融財政事情研究会刊）
[12] 『損害保険の軌跡』（木村栄一監修、日本損害保険協会刊）
[13] 『損害保険読本（第4版）』（高木秀卓・中西宏紀著、東洋経済新報社刊）
[14] 「The Insurance Fact Book 2012」（III=Insurance Information Institute発行）
[15] 「Best Practice Study 2011」（IIABA）
[16] Accredited Adviser in Insurance 83（AAI 83）（The Institutes）
[17] 『損害保険の法務と実務』（東京海上日動火災保険、金融財政事情研究会刊）
[18] 『保険とリスクマネジメント』（S・E・ハリントン+G・R・ニーハウス著、米山高生+箸方幹逸監訳、東洋経済新報社刊）
[19] 保険大学校講座コースⅠ・保険概論「代理店委託契約書」（日本損害保険代理業協会）
[20] 「代協活動の現状と課題（平成23年度版）」（日本損害保険代理業協会、都道府県損害保険代理業協会）
[21] 『保険業界の闘い「東日本大震災特集」』（保険毎日新聞社刊）
[22] 『インシュアランス損害保険統計号』各年度版（保険研究所刊）
[23] 『アメリカの損害保険料率制度』（越智隆著、損害保険事業総合研究所刊）
[24] 日本損害保険協会ホームページ
[25] 損害保険料率算出機構ホームページ
[26] 金融庁ホームページ
[27] 『週刊東洋経済』臨時増刊　生保・損保特集2004～2012年版
[28] 『週刊金融財政事情』2012年夏季合併号「問い直される金融機関システム」
[29] 『欧米諸国における業務標準化等のための共同取組・制度とその法的位置づけについて』（損害保険事業総合研究所　研究部）
[30] 損保ジャパン総合研究所ホームページ

ヒアリング先一覧

(50音順)

(1) 保険代理店

本社所在地	代理店名
岐阜市	株式会社　ウィッシュ
東京都	共立　株式会社
大阪市	株式会社　甲南保険センター
東京都	株式会社　三枝
横浜市	株式会社　TACK
東京都	株式会社　バリュー・エージェント
福岡市	株式会社　ヒューマン＆アソシエイツ
東京都	マーシュ ジャパン株式会社 マーシュ ブローカー ジャパン株式会社
東京都	ワールド保険グループ

(2) 関連団体

本社所在地	団体名
東京都	一般社団法人　日本損害保険代理業協会

図説　損害保険代理店ビジネスの新潮流

平成25年5月29日　第1刷発行

編　者　株式会社トムソンネット
著　者　鈴木　治・岩本　堯
発行者　倉　田　　　勲
印刷所　大日本印刷株式会社

〒160-8520　東京都新宿区南元町19
発　行　所　一般社団法人 金融財政事情研究会
　　編集部　TEL 03（3355）2251　FAX 03（3357）7416
販　　売　株式会社きんざい
　　販売受付　TEL 03（3358）2891　FAX 03（3358）0037
　　URL http://www.kinzai.jp/

・本書の内容の一部あるいは全部を無断で複写・複製・転訳載すること、および磁気または光記録媒体、コンピュータネットワーク上等へ入力することは、法律で認められた場合を除き、著作者および出版社の権利の侵害となります。
・落丁・乱丁本はお取替えいたします。定価はカバーに表示してあります。

ISBN978-4-322-12196-4